河北省社会科学基金项目 HB19FX

清朝监察立法制度及其历史镜鉴研究成果

清朝监察立法制度及其历史镜鉴研究

薛秀娟　著

九 州 出 版 社
JIUZHOUPRESS

图书在版编目（CIP）数据

清朝监察立法制度及其历史镜鉴研究 / 薛秀娟著
. -- 北京：九州出版社，2019.12
ISBN 978-7-5108-8635-5

Ⅰ．①清… Ⅱ．①薛… Ⅲ．①行政监察法－立法－研
究－中国－清代 Ⅳ．① D922.114.2

中国版本图书馆 CIP 数据核字 (2019) 第 289416 号

清朝监察立法制度及其历史镜鉴研究

作　　者	薛秀娟　著	
出版发行	九州出版社	
地　　址	北京市西城区阜外大街甲 35 号 (100037)	
发行电话	(010)68992190/3/5/6	
网　　址	www.jiuzhoupress.com	
电子信箱	jiuzhou@jiuzhoupress.com	
印　　刷	三河市华晨印务有限公司	
开　　本	710 毫米 ×1000 毫米　　16 开	
印　　张	11	
字　　数	210 千字	
版　　次	2019 年 12 月第 1 版	
印　　次	2019 年 12 月第 1 次印刷	
书　　号	ISBN 978-7-5108-8635-5	
定　　价	46.00 元	

监察制度是国家政治制度的重要组成部分，是调节国家机能、保证国家机器正常运转的制衡器。监察制度在中国有悠久的历史，战国时期，职掌文献史籍的御史官就已有明显的监察职能。我国古代的职官司法监察制度萌芽于西周到战国时期，发展于隋唐时期，融合于宋元时期，而在明清时期趋向完备成熟。清朝作为我国封建社会最后一个王朝，其监察制度是我国封建社会监察制度之集大成者。对清代监察制度进行研究，总结经验教训，对健全社会主义监察制度，维护国家和人民的利益，具有重大意义。

清代监察法是古代监察法发展的巅峰，是中国传统法律文化的延续，在维护清朝政治稳定和社会发展方面发挥了重要作用，其政治文化的睿智，伦理道德的凝重，法律思想的实践理性，对丰富现代法治的内涵也有很大的积极作用。监察活动本身是一项非常复杂、具体和细致的工程，同时有很强的技术性要求。因此，具体、明确、缜密、富有可操作性是监察立法必须达到的状态，这样古代监察便可达到"彰善瘅恶，激浊扬清"的目的。在技术方面，清代监察法运用极其自如。其详密的监察法典和完备的监察制度，是中国法制史上的一大建树，是一笔巨大的法律财富。

本书正是基于上述背景写成，共分为五章。第一章较为详细地阐述了清代的监察制度，介绍了清代监察制度的沿革、特点、运行、局限性以及清代监察立法体制。第二章对清代监察立法体系进行了研究，在介绍了清代监察思想的前提下，对清代的主要监察法典和法规——《钦定台规》《都察院则例》《五城巡城御史处分例》进行了重点介绍。第三章研究了清代的监察立法技术，包括对监察官员的管理制度以及对监察运行的规定。第四章则详细介绍了清代监察立法的实施。第五章是全书的重点内容，分为三部分：一是对古代优秀的法律传统和立法经验进行了分析；二是指出并分析了清朝监察立法的立法技术对完善当前监察立法的借鉴之处，阐述了清代为惩治腐败而实行的措施及其启示；三是结合清代的社会现实对清朝监察立法实施的效果进行了分析，以此为参考，以把握监察的本质为前提，以提高监察效能为目标，探索构建我国监察制度的思路。

　　本书在撰写过程中参考和借鉴了部分专家、学者的研究成果和观点，在此致以最诚挚的谢意。由于时间和精力有限，书中难免存在缺点与差错，不足之处，敬请指正。

目 录
CONTENTS

第一章　清代监察制度概述

第一节　清代监察制度的沿革

我国的监察制度可谓源远流长，其是古代政治制度的重要组成部分，是确保封建王朝顺利运行的制衡制度。随着我国古代整体法制的进步，开设监察机构、建立监察体制、规范监察活动方面都不断法律化，产生了独立性较强的监察法系统。其既形象地凸显了中国古代法制文化的鲜明色彩，又在世界监察法史占据重要位置，对于表现我国法律体系的独特性有着十分重要的意义。

历史上的帝王为了发挥监察机构的功能，在监察制度的优化以及监察法的制定上都做出了极大的努力。历史上的监察法实际上属于行政法律体系，其与监察制度的进步密切相关。监察法涵盖的内容具有广泛性和形式多样化的特质，其制约体制的功能具备独特性，这是因为历史上职官、行政、立法、人事、司法、经济、军事、仪制监察等方面皆和监察制度密切相关。

一、监察法的形成阶段：战国、秦汉时期

战国第一次产生了君主专制制度，政治法律制度发生重大变革，其具体表现为封建官僚制代替世卿制，由于官僚体系急需监督管控，因而负责监察的御史一职诞生。在法家"明主治吏不治民"理念以及官僚制代替世卿制的现实的作用下，认真监察并严惩官吏已然变成法律体系建设的关键性工作之一，监察法也从以皇帝的诰、命、训、誓日益过渡为成文法。例如，齐威王让邹忌担任丞相一职，制定了用来监察奸臣的《七法》；魏国李悝在《法经·杂法》中列举的为官不廉洁、逾制等职官犯罪的规定，更好地监督了官员的日常行为，更便于惩罚犯罪的官员；

等等。1975 年云梦秦简的出土证实了秦朝监察法的变革过程。根据秦简的内容，行政监察的范围很大。例如，"啬夫不以官为事，以奸为事，论何也？当迁。迁者妻当包不当？不当包""为（伪）听命书，法（废）弗行，耐为侯（候）；不辟（避）席立，赀二甲，法（废）""当除弟子籍不得，置任不审，皆耐为侯（候）。使其弟子赢律，及治（笞）之，赀一甲，决革，二甲。除弟子律"。

《秦简·尉杂》里对于司法监察的规定是"岁雠辟律于御史"，史书中也有"始皇三十四年，谪治狱吏不直者筑长城及南越地"的记载，反映了秦朝司法监察的具体执行情况。除此之外，《秦简·效律》中的"计用律不审而赢、不备，以效赢、不备之律赀之，而勿令赏（偿）"，当属秦朝在全国落实的经济监察法。

综上所述，秦朝即便没有系统完善的监察法体系，可是对于官吏的监察要求已然是秦朝法律的关键性组成部分，表现了秦朝依法治国、用法治官的策略以及法制文明的进步。

秦灭六国，一统天下大局，但是六国余留的旁枝杂系依旧不容小觑，郡是监察制度建设的重心，郡设立监察官郡御史一职。郡御史的工作对象以及职权范围在《秦简·语书》记载的"举劾不从令者，致以律""独多犯令，而令丞弗得者，以令、丞闻"中可以体现出来。

汉朝专制主义的中央集权受到了汉朝初期七国之乱、地方豪强势力的膨胀与地方官员严重失职等种种情况的威胁。汉朝为了完成大一统以及发挥官僚机构治理国家的作用，在学习与反思秦朝监察法的基础上进行了较为广泛的监察立法。惠帝三年，"相国奏遣御史监三辅不法事：词讼、盗贼、铸伪钱、狱不直、徭赋不平、吏不廉、吏苛刻、逾侈及弩力十石以上、作非所当服，凡九条"，这就是《监御史九条》。它的出现反映了汉朝初期在制定监察法方面的进步。

汉武帝即位后，实施"强干弱枝"举措，进一步完善监察法，将国家分成十三个州郡，各个部门设立刺史一职，其事实上是皇帝派遣到地方专门负责监察的官员。随后在《监御史九条》的基础上发布并推行了《六条察郡之法》（又名《六条问事》）。《汉官典职仪式选用》记载："诏书旧典，刺史班宣，周行郡国，省察治状，黜陟能否，断治冤狱，以六条问事，非条所问，即不省。一条，强宗豪右，田宅逾制，以强凌弱，以众暴寡；二条，二千石不奉诏书，遵承典制，倍（背）公向私、旁诏守利、侵渔百姓，聚敛为奸；三条，二千石不恤疑狱，风厉杀人，怒则任刑，喜则淫赏，烦扰刻暴，剥截黎元，为百姓所疾，山崩石裂，妖祥讹言；四条，二千石选署不平，苟阿所爱，蔽贤宠顽；五条，二千石子弟恃怙荣势，请托所监；六条，二千石违公下比，阿附豪强，通行货赂，割损正令也。"

全国性的地方监察法便是《六条问事》。其具有明确的针对性，重点监察地方二千石俸禄的高官及其子弟甚至是和其有关的强权势力，但是并不是普通守令。部（州）刺史虽然是仅仅拿着六百石俸禄的低等小官，并无很大能力，可是拥有监察、奏弹拿着二千石俸禄的当地大官和王侯。汉朝监察法的特点以及封建监察体系里的统一规则便是以下级监察上级、以卑督尊的规定。可是对于部（州）刺史也要避免其滥用职权，所以规定其需要依据《六条问事》工作，一旦不遵守，便会受到惩处。

另外，律也是汉朝用来监察诸王侯国的主要方式。例如，发行《尚方律》，对于王侯国有悖规则的行为进行相应制裁；为了避免王侯国机构膨胀，颁布"事国人过律"（依据颜师古注"事役吏之员数也"）。汉朝律例中的"阿党""附益"的方法，同时具备监视或避免王侯独大或是内外官员同流合污的监察法功能。

汉代已有遣史巡行天下，但不一定是监察官。武帝元狩六年发布诏令："今遣博士大等六人分循行天下，存问鳏寡废疾，无以自振业者贷与之……详问隐处亡位，及冤失职，奸猾为害，野荒治苛者，举奏。郡国有所以为便者，上丞相、御史以闻。"

二、监察法的发展阶段：唐、宋、元时期

在三国时期，曹魏贾逵担任豫州刺史一职，鉴于"长吏慢法，盗贼公行，州知而不纠"，建议仿汉朝《六条问事》，"考竟其二千石以下阿纵不如法者，皆举奏免之"。贾逵的建议获得皇帝的赞同，因而"布告天下，当以豫州为法"。

在晋朝统一以后，监察立法与整体立法一样越发活跃。泰始四年六月，制定并颁布了《察长吏能否十条》和《察长吏八条》。前者是"田畴辟，生业修，礼教设，禁令行，则长吏之能也。人穷匮，农事荒，奸盗起，刑狱烦，上陵下替，礼义不兴，斯长吏之否也"。后者是"若长吏在官公廉，虑不及私，正色直节，不饰名誉者，及身行贪秽，诡黠求容，公节不立，而私门日富者，并谨察之"。同年十二月，又颁布了《五条律察郡》："一曰正身；二曰勤百姓；三曰抚孤寡；四曰敦本息末；五曰去人事。"但在士族门阀制度条件下，地方监察法规很难发挥作用。

北朝统治时期，度支尚书苏绰在西魏大统十年九月奉命编订出《六条诏书》："一修身心；二敦教化；三尽地利；四擢贤良；五恤狱讼；六均赋役。"对这六条，"太祖甚重之，常置诸座右，又令百司习诵之。其牧守令长，非通六条及计账者，

不得居官。"以上六条不仅是考绩的统一标准，还是考察官员的原则性规定。

北周宣武帝即位后，颁发《诏制九条》宣下州郡，以此来考察相关官员。《诏制九条》中涉及："一曰决狱科罪，皆准律文；二曰母族绝服外者，听婚；三曰以杖决罚，悉令依法；四曰郡县当境贼盗不擒获者，并仰录奏；五曰孝子顺孙义夫节妇，表其门闾，才堪任用者，即宜申荐；六曰或昔经驱使，名位未达，或沉沦蓬荜，文武可施，宜并采访，具以名奏；七曰伪齐七品以上，已敕收用，八品以下，爰及流外，若欲入仕，皆听预选，降二等授官；八曰州举高才博学者为秀才，郡举经明行修者为孝廉，上州、上郡岁一人，下州、下郡三岁一人；九曰年七十以上，依式授官，鳏寡困乏不能自存者，并加禀恤。"《诏制九条》首察官吏的工作任务便是决断狱科罪是否妥当，且符合朝廷规定，既是为了司法公正，更是为了变革拓跋族随意施以刑罚的陋习。

唐朝是我国封建社会的盛世之一，也是监察制度与监察法的重要发展阶段。《文献通考·职官七》有如下内容："自贞观初，以法理天下，尤重宪官，故御史复为雄要。"唐玄宗在《敕御史、刺史、县令诏》中说："御史执宪，纲纪是司。"睿宗做出更为详细的说明："彰善瘅恶，激浊扬清，御史之职也。政之理乱，实由此也。"

唐玄宗时制定的《监察六条》，实际上是有关监察工作的条例，对于后人借鉴学习是十分有意义的。依据《新唐书》卷四十八的记载，玄宗开元年间模仿汉朝法律编订了《监察六条》，其内容为"凡十道巡按，以判官二人为佐，务繁则有支使。其一，察官人善恶；其二，察户口流散，籍帐隐没，赋役不均；其三，察农桑不勤，仓库减耗；其四，察妖猾盗贼，不事生业，为私蠹害；其五，察德行孝悌，茂才异等，藏器晦迹，应时用者；其六，察黠吏豪宗兼并纵暴，贫弱冤苦不能自申者"。唐代《监察六条》事实上是依据《六条问事》编制而成的，但鉴于汉唐两朝相距时间太长，因而其内容根据唐朝当时情况有所变化。开元二十二年二月十九日，玄宗在《置十道采访使敕》中谈道："且十连为率，六察分条。周汉以还，事有因革，帝王之制，义在随时。其天下诸道，宜依旧逐要便置使，令采访处置。若牧宰无政，不能纲理；吏人有犯，所在侵渔，及物土异宜，人情不便，差科赋税，量事取安。朕所奏成，贵在简要，其余常务，不可横干。"

从上文内容来看，不难发现唐朝的《监察六条》学习吸收了汉朝编写完成的《六条问事》，另外巧妙地运用了"义在随时"这一理论。汉朝建立了十三部（习惯上也称作州）监察区，唐朝改为十道（之后又增添到十五道之多）；汉朝的监察重点对象是豪门贵族、俸禄为二千石的官员及其子弟，唐朝不然，其将宰相与官员作为首要监察对象，从中不难发现官僚制获得显著进步与朝廷对地方官的依重。再者，由于豪门贵族、显耀之人受到了隋末农民起义的巨大冲击，封建地主经济已然没落，无法再给皇权造成压力，所以其被列于六察之末。除此之外，唐朝不仅学习汉代把官员品质、政绩、文化程度列为考察地方官员的基本素养，还把户口、赋役、农桑、库存当做核心经济指标，与汉朝相比，监察区域有所扩大。该策略不仅让御史的活动变得有据可考，还对御史的活动有所限制。

唐朝修订的《唐律疏议》与《唐六典》为设立监察机构以及监察官的行为提供了大纲。加上统治者随时颁发的有关诏令和专门监察法规，形成了较为严密的监察法网。这体现了唐朝法制的完备性。

在宋朝，监察官被认定为皇帝的"耳目之司"。为了杜绝监察官以权谋私，编订了监司互监法："诸官司无按察官而有违法，及不公事者，发运监司按察奏，发运监司互相觉察。其经略、按抚、发运、监司属官，听逐互行按举。"监察官制约监察官同僚，充分表现了宋朝统治者驾驭大臣的政治权术在监察制度方面的体现。

元朝建立后，统治者虚心学习汉文化，即位诏书中明确提出要将"稽列圣之洪规，讲前代之定制"作为治国策略，监察制度与监察法制方面尤其"附会汉法"。元朝统治者从历史经验中总结出，治理官吏的条例应当"重御史按察之权，严纠弹考核之任"。史书上说："世祖尝言，中书朕左手，枢密朕右手，御史台是朕医两手的。此其重台之旨，历世遵其道不变。"

在江南、陕西两个地方建立中央御史台派出机关——行御史台，又名"行台"，用来加强对地方行省州县的监察力度，行台"主察行省宣慰司已下诸军民官吏之作奸犯科者，穷民之流离失业者，豪强之夺民利者，按察官之不称职任者，余视内台立法同"。

事实上元朝的法律是粗疏的，远远比不上唐朝及宋朝的律法，可是其监察法拥有突出的地位，呈现出多样性、协调性。仁宗时就出现了"用格例条画有关于风纪者，类集成书"，即名为《风宪宏纲》的法典。其是从元世组到仁宗时期关于风纪的法令汇编，在性质上属于监察法。沈家本研析后进一步解释说："元仁宗之时，又以格例条画有关于风纪，类集成书，号曰《风宪宏纲》。按武宗纪两言修律令，据何荣祖传其书已成。何以总未颁行？仁宗时亦屡有修律之事，唯《风宪宏纲》见于志，纪亦不书也。"

在此之后，在《风宪宏纲》的基础上又编订了《宪台通纪》《南台备要》《宪台格例》《行台条画》等单行的监察法。监察法的很多具体内容在《元典章》《至元新格》中也有所体现。《宪台格例》在元朝的监察法律系统里是监察法的总则，分则部分是《行台条画》。这是前所未有的，实属在立法技术方面的新进步。除此之外，监察立法方面也将封建刑法典融入其中。《行台条画》中规定"其余该载不尽，应合纠弹事理，比附已降条画，斟酌彼中事宜，就便施行"，该规定是专门避免失监、漏监事件发生的。依据《行台体察等例》的内容，行御史台的监察目标也仿内台之列，有权"弹劾行中书省、宣慰司及以下诸司官吏"。

即便元朝的监察法律相对唐朝宋朝来说更为细化，可是以法治国并不是元朝的主旋律，元朝统治多是依赖军事及民族特权，不太注重立法、执法。特别是当皇帝昏庸或是相权过重时，很多监察立法便变成具文。

三、监察法的完备阶段：明、清时期

明朝建立以后，由于朱元璋恐致使元朝覆灭的"宽纵"情况再次发生，提出重典治国的策略，对于监察机构异常关注。他在接见都察院部分臣子时谈论道："国家立三大府，中书总政事，都督掌军旅，御史掌纠察。朝廷纪纲尽系于此。而台察之任尤清要，卿等当正己以率下，忠勤以事上，毋委靡因循以纵奸，毋假公济私以害物。"皇帝为了方便且严格地管制好监察机关，在洪武十五年十月丙子时彻底将御史台的三院制废除，之后由都察院负责行使监察权，展开监察工作，监察官有监察以及向皇帝上奏双重权力，逐渐成为皇帝在地方探索消息的专门人士。

在废除相制、六部地位得以提升后，设立了六科给事中，用来监察六个部尚书，这是出于避免部权过重和无法集权。从此，以前用来向皇帝谏诤的给事中，变成了监督六部官僚、为皇帝做事的独立存在的监察机关。

明朝依据唐朝制度，将全国划分为十三省监察区，每省设立用来监察的御史，这就是明朝的地方监察制度。对于地方的监察，皇帝会随时派遣出巡御史，"代天子巡狩"由此而来。"大事奏裁，小事立断"便是出巡御史的权力。

关于都察院及六科的工作内容、权力范围及活动准则等在《诸司职掌》和《大明会典》里有着明确的规定和要求，更有价值的还是单行的监察法规。洪武四年（1371年）正月，"御史台进拟《宪纲》四十条，上览之亲加删定，诏刊行颁给"。此为明朝最早、最重要的监察法规。洪武二十六年前后，《宪纲总例》《纠劾官邪规定》《通政使司典章》总例及事例、《六科给事中》总例及各科事例、《出巡事宜》《巡抚六察》及《责任条例》等有关监察的法律也相继出炉。在这之后经惠文帝、

成祖、仁宗、宣宗，各个时期皆补充了些许内容，至英宗正统四年（1439 年）《宪纲条例》编订完成。史料中明确说明："及正统中所定《宪纲条例》甚备，各以类分列。"此后，每一朝代都从中学习，将其定为遵循准则。

嘉靖六年（1527 年）九月之际，"张璁以署都察院，复请考察诸御史，黜蓝田等十二人，寻奏行《宪纲七条》"。当年十月，胡世宁作为左都御史，进奏《宪纲》十条有余。以上皆对《宪纲条例》做出了有效补充。此外，还制定了《监官遵守六款》《监纪九款》《满日造报册式》等用来管制监察官员的律法。

由此可见，明朝所有的监察立法都继承和发展了汉唐宋元的监察法，在对官僚的监察方面获得了良好效果，为清朝监察立法做出了榜样。可是不得不说明的是，明朝专制制度太极端化，致使宦官坐拥权力，监察立法多成为具文。

清朝是我国最后一个封建王朝，清朝法规是封建法律的最为完整的呈现，单拿监察法来说，吸收了各个朝代律法的优点。清代监察法除了在《大清律例》"职制门"与其他门中有相关规定以外，主要集中于在乾隆时期编订的《钦定台规》。该监察法较为完备，之后由于嘉庆、道光、光绪皇帝继续补充修订合称"四朝台规"。嘉庆朝出台的《钦定台规》二十卷，于嘉庆九年（1804 年）钦准刊布。道光朝的《钦定台规》四十卷，在道光七年（1827 年）得以公示于众。都察院在光绪十六年（1890 年）公布了光绪朝的《钦定台规》四十二卷。

光绪朝《钦定台规》分为八门。（1）训典。将皇帝下发的有关监察的谕旨编订进去。（2）宪纲。分为序官、陈奏、典礼、考绩、会谳、辩诉六项。（3）六科。编入各科给事中共同执掌及分科执掌的规定。（4）各道。将各道共同执掌及分道执掌的规定编订进去。（5）五城御史。汇集有关治安监察的法律条文并对其进行整合。（6）稽察。将关于派遣御史稽察钱粮财务和考核官员的规定编订进去。（7）巡察。整合关于经济监察的规定。（8）通例。涉及御史官员考选、升转、礼仪的规定。《钦定台规》对于监察活动的方方面面都做了要求，是中国封建社会最后也是最完备的一部监察法典。

《钦定台规》对于行政监察的基本纲要做出了规定，和监察法相差无几。嘉庆朝编订的《都察院则例》则不然，其内容和监察法分则基本上相同，二者相互配合，便于监察官顺利进行监察工作。

《五城巡城御史处分例》是嘉庆五年（1800 年）针对五城巡察御史怎样依法行使职权编订的，用来避免御史在行使职权时发生失职或不法行为。

第二节 清代的监察体制

清朝在全国范围内建立了监察网络，用来开展对地方行政、军事、财政、司法、文教等机构及其大小官员的监察。第一举措是中央与地方并举都察院，可谓清朝监察机构的重中之重。根据《钦定台规》的规定，都察院可以分为两部分：京官是左都御史、左副都御史，其是清朝朝廷监察单位的长官，负责都察院的日常事务，都率下属六科给事中、各道御史行使对朝廷各部门及各地方的监察权；地方总督兼都察院右都御史衔，各省巡抚以及漕运总督、河道总督全部兼右副都御史衔。也就是说，地方监察是中央监察系统的一部分，负责为皇帝传递实时消息，监察地方各个级别的官员。如此一来，监察制度越发显得严密，形成了朝廷和地方交互为用的网络体系，从而更好更全面地开展对官员的监察。第二举措是设立稽察、巡察御史。根据《钦定台规》的相关内容，清朝除了在京各机构及各地形成的系统的监察机构网外，曾经在重要机构及特殊系统以及边远地区设立专门监察御史，以补其不足。对于"京通十六仓""户部三库""八旗""宗人府第衙门""内务府""理藩院"等重要机构，以及文武乡试、会试、殿试、朝考、官员铨选等，全部需派遣科道官员为监察御史。针对特殊系统和边远地区，也派专门御史进行巡察。

一、朝廷监察执法机构

（一）都察院

清朝中央的监察机构学习和借鉴了明朝体制，于皇太极崇德元年（1636年）五月设立都察院，其属于清朝最高的监察机构。《清史稿》中便提到清朝初期借鉴明朝体制，建立都察院。"天聪十年，谕曰：'凡有政事背谬，及贝勒、大臣骄肆慢上者，许直言无隐。'崇德元年，置承政、参政各官。明年定承政一人，左、右参政满、蒙、汉理事官各二人。（后省。）顺治元年，改左都御史掌院事，满、汉各一人。左副都御史协理院事，各二人。汉左佥都御史一人。（先用汉军，后参用汉人。乾隆十三年省。）外省督、抚，并以右系衔。（右都御史、右副都御史、右佥都御史为督、抚坐衔。乾隆十三年停右都御史衔。）司务，（后改经历。）满、汉各一人。都事，满洲二人，（乾隆十七年改满、汉各一人。）汉军一人。（康熙三十九年省。）"

就清代的监察体制而言，都察院是与六部、大理寺等行政、司法机构并立，直辖于皇帝的监察机构。都察院左都御史、左副都御史为京官。左都御史的品秩，"初制，满员一品，汉员二品。顺治十六年并改二品。康熙六年仍升满员为一品，九年并定正二品。雍正八年升从一品"。其地位与六部尚书相当。左都御史、左副都御史主持都察院的工作，率下属六科给事中、各道御史行使对朝廷各部院及各地方的监察权，这种与行政、司法并立的监察体制保证了监察权的相对独立性，有利于监察权等的有效行使。

都察院有经历厅、都事厅、值月处、督催所承办院内行政事务。

（二）六科

清初延续明朝体制，六科是独立机关，本不隶属于都察院。六科给事中即"吏、户、礼、兵、刑、工"六科掌印给事中，其职责多是科抄、封驳、注销各衙门文卷、颁发官员敕书、审核京察、大计册、常朝侍班纠仪等。其面对的主要是京城各部院衙门，其功能在于监督并催促各机构积极工作，加快办事速度，即便负责稽察，可这并不是其核心任务。

秦朝和汉朝开始有给事中封驳的体制，延续到唐代给事中隶属于门下省，封驳便由其专门准备，"凡百司奏抄"，则给事中"驳正违失，诏敕不便者，涂窜而奏还"。给事中封驳体制，相对来说制约了君主，能够减少由于君主的情绪变化而产生的错误。该体制与专制皇权相悖，直至清朝雍正元年（1723年），为了增加监察机构的工作内容，确保皇权专制，将专察六部的六科规划到都察院。

清朝统治者用科道合并变革了监察机构，这还是监察制度的一大特点。科道合并扩大了监察队伍，监察区域也得以扩充，提升了朝廷各个衙门的工作效率，确保了朝廷各衙门能够顺利运行。最为核心的是，在这之后，但凡有重大性稽察任务，通常科道并称并用，对重大事件的稽察，由科、道共同负责，结合双方意见，这样方能彼此弥补，互相稽察。

科道合并后，六科的工作内容变成"传达纶音，勘鞫官府公事，以注销文卷"。特别是清朝雍正皇帝建立军机处以后，核心密旨皆需要利用"廷寄"方能传输，六科给事中便没办法再制约君主，六部官员的监察力度也因此变弱。

科道合并以后，事实上六科的主要任务是由都察院负责展开对吏、户、礼、兵、刑、工六部的日常监察，而对口所设的为吏、户、礼、兵、刑、工六科。六科的职官，每科掌印给事中和副给事中满、汉各有一人，共有二十四人。六科的属吏，吏、户、兵、刑四科每一科皆有笔贴式十五人，礼、工两科各十人，共有八十人。六科还有经承六十三人。因而，六科掌印给事中和笔贴式、经承的官吏是一百六十七人。六科主要任务是"掌言职，传达纶音，勘鞫官府公事，以注销文卷，有封驳即闻"。

（三）各道

各道都察院下设十五道监察地方，是按行省划分的，计分京畿、河南、江南（包括江苏、安徽）、浙江、江西、山东、山西、陕西、湖广（包括湖南、湖北）、福建、四川、广东、广西、云南和贵州十五道。每道设置掌印监察御史满、汉各一人。而监察御史则各道人数不一。十五道监察御史，初有"坐道"和"协道"之分。"坐道"为空衔"不治事"；"协道"也不固定办理某道事务。到乾隆十四年（1749年），始"诏按道定额"，固定各道的职掌。各道不仅仅需负责审核该省刑名案件和纠弹任务，还需要稽察朝廷各个衙门的日常工作。

（四）五城察院

这是稽查京城的东、西、中、南、北五城的监察机关，直属于都察院。每城设一监察机关，被称为察院，被统称为"五城察院"或"五城御史衙门"。五城察院设满、汉、汉军"巡城御史"各一人，雍正元年改为满、汉各一人，又设经承二十人。其职掌，顺治三年规定，为防各地来京官吏"钻营属托""交通贿赂""由五城御史督令司、坊官员时加访缉"。顺治十年规定，"五城御史各率所属，办理地方之事，厘剔奸弊，整顿风俗"。对杖刑以下案件，可自行办理，而徒刑以上案件则交刑部审理。中、东、西、南、北五城兵马司指挥各一人，副指挥各二人，康熙十一年省五城各一人。乾隆三十一年改东、西、南、北四城副指挥分驻朝阳、永定、阜成、德胜诸门外，钤辖关厢，中城如故，吏目各一人。

（五）宗室御史处

宗室御史处的另一个名字是"稽察宗人府衙门"，是在雍正五年（1727年）建立完成的。宗室御史处由二人负责管理，其中一人负责掌印，一人负责协理，下面还设立三个人负责经承。负责监察宗人府的事务，比方说监察核对银库钱粮册籍，以及盛京将军领发的宗室觉罗红白事银两数值，全部是需要监察核对的。

（六）稽察内务府御史处

稽察内务府御史处又称"稽察内务府御史衙门"，乾隆三年（1738年）建立完成设立了四个御史，以后变成由协理陕西道及贵州道满族御史两人负责管理，下面设立了三个经承。负责监察核对内务府事务，如核对府中所属各司、院每年使用的钱粮数目，同时针对其注销核对。对内务府广储司六库，可以随时随地检查核对，定时定期注销。紫禁城还有御史负责监察，以防闲杂之人于各处客留和混行出入。

（七）通政使司

通政使司所属有"登闻鼓厅"，管军民击鼓申冤之事。由参议一人兼管，由知事率役巡查，并有笔贴式满洲一人、汉军一人，经承六人，分设吏、户、礼、兵、刑、工六房，分别办理所属事务。如系诬告，即送刑部按律加一等治罪。此外，负责大政事下九卿议办的，通政使司必须参加。"登闻鼓案"初设于都察院（顺治元年，1644年）由御使一人监管。顺治十三年（1656年）安置到长安右门之外，以给事中或御史一人轮流工作管理。一直到康熙六十一年（1722年）才纳入通政使司范围。

（八）稽察钦奉上谕事件处

雍正八年（1730年）建立了稽察钦奉上谕事件处。掌稽察各部院及下旨八旗安排的事务，监督其在相应时间内及时完成。各部院经手的一切案件，一个月稽察存案一遍，到年尾整合好上报及引见官员是否接见或遗漏，需要每三个月汇报一次。另外，并稽察修书各馆的课程（即修书工作）。宣统三年（1911年）四月，连同内阁一起被禁止工作了。

二、地方监察机构

清朝建立了十五道监察地方，应用多轨制增添监察官与政务。例如，各个总督还兼领都察院右都御史衔，各省巡扰，还有漕运总督、河道总督皆兼领右副都御史。现实来说，地方督抚是类属于中央监察体系的一小部分，全部是皇帝在地方的眼睛，对地方每个品级各个衙门的官员拥有考核权与监察权。

（一）各省总督衙门

总督是正二品官员，加尚书衔的人是一品官员，俗称"制军"或"制台"。负责管辖部分地方的文武、军民，工作日常是总理戎政，守护边疆。总督、巡抚另外身兼宪衔。依据清朝的有关要求，总督需要兼领都察院右都御史衔，巡抚需要兼领都察院右副都御史衔。总督事实上是代表朝廷管一至三省的官吏，有"综治军民，统辖文武，考核官吏，修饬封疆"的重大权力，鉴于总督兼宪衔，因而负责监察地方文官和武官以及学政。

（二）各省巡抚衙门

巡抚，俗称"抚军"或"抚台"，是从二品官员，负责管辖一个省份的政务，还兼都察院右副都御使一职，"掌宣布德意，抚安齐民，修明政刑，兴革利弊，考核官吏，会总督以诏废置。标下有参将、游击等官。其三年大比充监临官，武科充主试官，督抚同"。巡抚能够监察当地政务，有的还兼领兵部侍郎衔（提升官位后就是二品官员），负责监察管控全省官员，权力只是比总督低一点儿，没有总督衙门所在的省份，自己便是当地最大官员，因而巡抚和总督没有多大地位差距，皆为地方高官。

（三）各省按察使司

按察使司按察使，一般称"臬司"或"臬台"，即司法。清朝的按察使属于三品官员，地位在布政使之下。机构的名称为"提刑按察使司"，一般称为"按察司衙门"。按察使的职责是"掌一省刑名按劾之事，以振风纪而澄吏治"。各行省的按察使除了需要负责刑侦案件，兼有按劾官吏和乡试之监试的监察权力。

（四）各省道员衙门

道员，俗称"观察"，是藩、臬两司的辅佐官，有"守道"与"巡道"之分。道员兼有"司风宪，综核官吏"的监察地方之职责。

（五）行省的布政使和提督学政

行省的布政使以及提督学政同样负责监察地方一职。清朝各行省的布政使的核心任务便是收取税收、田赋等，同样拥有监管、监督和罢免下属官员的监察权力。在每一个行省都设立一个提督学政，负责一个省的学校生徒考课黜陟的相关事情，还能够监察。

三、负责专门事务的监察机构

《钦定台规》提到了许多内容，清朝除了在京城和地方设立监察机构外，还对其他关键性机构以及具有特殊作用的系统及边远地区设立了专门的监察御史，用来弥补缺点。主要涉及三个方面：有关极易发生弊端的钱粮布帛发放机构；很难到达的皇室服务机构；被称作"抡才大典"十分盛行的事件，就是用来选拔官员的各种形式的考试。《钦定台规》规定监察机构专门派遣人员前去稽查，按照年份进行轮流前往（比如稽查京通十六仓御史一年一替换），以防错误产生。清朝还建立了巡按、巡盐、巡漕、巡仓、巡查和巡农等御史，负责监察工作。

第三节　清代监察制度的特点

清朝将满族贵族作为最高政治集团，是满汉地主阶级一同处理政事的封建王朝，是中国封建主义中央集权发展到极端的历史时期。专制主义中央集权的独特性决定了监察体制的独特性。

一、专制皇权登峰造极，监察制度维护法制，协调政治的作用进一步削弱

清朝在入关前和入关时期，满族的王公、贵族拥有很大的权力。限制满族亲贵，诸王贝勒的权力，加强皇权是建立监察制度的主要目的之一。公元1636年，当清朝才建立都察院时，清太宗皇太极就谕群臣说："凡有政事背谬，及贝勒，大臣骄肆慢上，贪酷不清，无礼妄行者，许都察院直言无隐，即所奏涉虚，亦不坐罪，倘知情蒙蔽，以误国论。"其后不久，皇太极又谕曰："都察院各官皆系朝廷谏诤之臣，诸王贝勒有旷废职掌，或朝会轻慢，冠服不具，以及不适己意，托病偷安，不朝参人署者，尔等察奏。"以上诏谕表明，皇太极建立监察制度是为了集权专制，确保皇帝至高无上和严格的等级体制。该制度被以后的嗣君所奏行不替。举例来说，顺治九年（1652年），清世祖顺治帝谕都察院曰："都察院为朝廷耳目之官，上至诸王，下至诸臣，孰为忠勤与否及内外官员之勤惰，各衙门政事之修废，皆令尽言。"清朝各代皇帝还采取许多举措加强监察制度以保护法制、协调政治、制约君权，进而维护皇权。

（一）将六科并入都察院，实行科道合一

科道合一体制让六科给事中没办法制约君权，无法好好监察六部。明朝把门下省给事中分为六科，独为一署，分别监察六部，即便依据封驳职能而言事实上无法"封"，"驳"却可以，六科拥有封驳的外在权力，并且六科给事中权力较大，心理及其舆论都可以让君王倍感压力。从皇太极至雍正时，日益强化的专制皇权无法受到约束，便以"廷论纷嚣""恣情自肆"当作解释，把六科并入都察院。从此，六科便无实权。六科给事中品级相对各道御史来说是高很多，事实上比不上御史的权力大，仅仅负责"掌言职，传达纶音，勘鞫官府公事，以注销文卷"而已。特别是从雍正帝确立军机处之后，核心谕旨，大多通过"廷寄"，内阁不允许参与其中，六科仅循例奏报而已。封驳之职，全然消失，因此戴璐《藤荫杂记》，

记载从前六科之言："吏科官，户科饭，兵科纸，工科炭，刑科皂隶，礼科看。"语虽近谑，亦是事实。

（二）准许监察官员"风闻言事"

顺治元年，统治者重启明代一度被禁止的"风闻言事"告讦之风。顺治十八年，又谕令监察官员弹劾大臣，可实封御前入奏。这种做法，虽然有利于控制臣下，加强专制，但它却损害了监察工作的严肃性，坏了封建法制，致使"生事之小人，恃为可以风闻"，竟"擅作威福以行其私""声言纠参，妄行吓诈"，因而"各官不能自安"。这在客观事实上帮助攻讦之风更甚。例如，康熙当政时御史彭鹏被言官王度昭参劾，异常生气，反而讦奏王度昭。事实上彼此互讦，"并未指出实据"。他们毫无害怕之意，是由于"及至败露之后，则藉口风闻官事，未曾确访，以此解免其罪"。这种现象，清统治者是十分清楚的。清圣祖康熙帝十一年（1672 年）指出，"汉人中有请令言官以风闻言事者，朕思忠爱之言切中事理，患其不多。若不肖之徒借端生事，假公济私，人主不察，必至倾害善良，扰乱国政，为害甚巨"。康熙三十九年（1700 年），他又说："朕听政四十余年，言官有为人而言者，有受贿陈奏者，有报私仇而颠倒是非者，此等条奏，朕无不知。"既知"风闻言事"有害政治，为何偏要实行而不禁止？康熙帝说过："朕于科道官员，许其风闻入告者，专为广开言路，使自督抚以下各官……皆知所顾忌而警戒。"可见清统治者提倡"风闻言事"，主要是为了专制独裁，可是专制主义的增强一定会对法制产生不可避免的危害。清朝讦告行为的泛滥，呈现出监察体制没有维护好法制。

（三）建立密折奏事制度

密折制度是清朝独有的文书制度、政治制度。密折是各个官吏呈交给帝王的秘密奏折。其包括政治、经济、军事、文化等各个层面。该类奏折，全部是直接交给皇帝，直接由皇帝自己审批，别人不得知道内容或参与其中。

清朝初期的官员向帝王呈送的奏折有题本与奏本两种。"大小公事，皆用题本"，题本涉及弹劾、钱粮、兵马、刑名等，需要钤印具题；"本身私事，俱用奏本"，奏本用来赴任、开转、代替别人行谢恩之责以及自己私事，无需印章。题本具有两个弊端：一是繁复迟缓。题本要求用宋体书写，应带有"贴黄"字样，还需准备副本，需要内阁先行审理拟旨，交由帝王审阅批准后，才能用满汉字体进行誊清。步骤过于烦琐，容易拖累进度。二是泄露机密。题本要通过通证司，再转交给内阁审核，最终交给帝王审阅。由于多人看到其内容，所以难以保密，进而阻碍皇帝政权的正常行使。奏本没有题本烦琐的步骤，可是通政司与内阁也是其必经之路，所以依旧不容易保密。

这种状况极不利于君主控制臣僚，独裁专制。综观历史，一般来说，君主实行其独裁的手段，一是加强监察制度，一是实行特务政治。可是，明代监察官员之中，党争激烈，难以成为君主的有效工具，而厂卫特务则声名狼藉，人人痛恨，成为明代弊政。清以明鉴，对监察机关不甚放心，却又不敢公开重建特务组织，就采用密折手段，了解下情，控制臣僚。

密折制度始于顺治，康熙帝时期只有宠臣才有权使用，至雍正而大盛。光绪年间，密折取代题本和奏本，成为官员向皇帝奏报事务的唯一公文书形式。

密折制度导致官僚之间彼此制约，互相监控，方便统治者展开对所有官员的控制。具备奏折权的官僚通常是帝王发送折匣给相关官员，匣子上用锁保护，帝王及其官员各有一把钥匙，官员在递送秘折时，需要专业人员送给皇帝批阅，批阅之后交由专门人员返回到官员手中。帝王及其官员都要严格保守密折内容的秘密，不能向任何人透露。这样，清朝虽未建立特务机构，却有着一个庞大的特务网。"诸王文武大臣等，知有密折，莫测其所言何事，自然各加警惕修省矣"。

二、强烈的民族统治色彩严重影响着监察制度的职能

满族贵族迁都入关以后笼络汉族地主一起治理国家，但是满族贵族一直推崇维护满洲的特别地位，将自己置于权力的重心。因而，监察制度便异于政治、经济、法律体制，呈现出强烈的民族统治的特点。

（一）清代监察机关中满汉监察官员的地位、权力和人选来源极不平等

满洲贵族及其官员是清朝核心衙门的重用之人。督察院在刚刚建立的时候，和六部、理藩院一块称作八衙门，每一个衙门仅仅设立一个满洲承政，其下酌情建立参政、理事等职位。随后，清朝统治者想要让汉族地主认同自己，官场上全部设置汉族与满族两个职位，对外宣称"不分满汉、一体眷遇"。而从现实来说，满汉两族的合作其实是处于一种不公正地位的，并不是平分政权。汉族的地位及其权力不能和满族相提并论，督察院里更甚，规定左都御史满员一品，汉员二品（直至雍正八年，雍正帝为了进一步拉拢汉族地主阶级，始皆定为从一品。严格意义上来说依旧处于不平等地位）"满官左右御前，时领圣谕""汉官思觐龙光而不可得"。在行动上，汉员须仰满官鼻息，"各衙门印务，俱系满官掌管"。凡议论朝政，往往满人说了算，汉官只能"相随画诺，不复可否，一切皆惟所命""汉六部九卿奉行文书而已，满人謦劾，无敢违者"。

满汉两族在任用官员方面也不公平。依据前例，汉缺科道，要求正门大家出身，但是满缺科道，只要"通晓满汉文字，品行端谨者"即可充任。在拥有右都御史、右副都御史头衔的总督和巡抚方面，清初时期委以重任的基本上全是满洲贵族，"而汉人中十无二三焉"。直到清朝中后期这种现象才逐渐改变。

（二）清朝以法律的形式确认满族享有特权，是监察机关监察的对象，主要针对汉族官僚

"详译明律，参以国制"的立法观念早在清朝初期皇帝制定律法以前便已经建立，清朝在顺治四年时制定并发行《大清律》。清朝不仅仅利用立法方式要求满族贵族拥有"八议"（议亲、议故、议贤、议能、议功、议贵、议勤、议宾）特权，另外也有所规定，如满人若是犯法，不用交由一般司法机构处置，应当由步军统领衙门或是慎刑司展开处置，宗人府负责处理宗室贵族犯罪，满人犯法也可以根据条例采取"减等""换刑"方法。例如，笞刑可以用鞭刑来代替，一年徒刑可以由二十天枷号来替代，流放三千里可以换成六十天枷号，极边充军能用九十天枷号来换，死罪斩首之刑可以减轻为斩监候等。该法凸显满汉两族人民不平等，满族官员犯罪能够避免严重刑罚处罚，这样一来，监察法及监察机构只是针对汉族官员设立。

监察体制及其法律表现出清朝统治的不公正，使得监察体制在行使保护法制，调整政治的责任时自相矛盾，进而伤害监察体制。清朝，为了确保满族贵族的独特地位，展开了大规模的圈地以及投充活动，以此获得土地与劳动力。"八旗圈地属于王公大臣者，辄置庄，设庄头，主征租，遂以病民"。但是汉族官员和监察官员就"无敢上言其实者，至好民窜入旗下，寻仇倾陷，狡桀莫能制"。清朝监察体制的局限在清朝初期"逃人"事件发生时越发显露。清朝时期的满族贵族及其大量官员迫使很多汉族人民当奴隶或者农奴，农奴需要缴纳繁重的地租，受到严重剥削，因此生活困苦。这些农奴根本没有人身自由，且时常遭到毒打，生活极其黑暗，很多农奴想要逃跑。为保证满族贵族及部分官员的利益，清朝政府在顺治元年制定严苛的"逃人法"，规定"逃人鞭一百，归还本主，隐匿之人正法，家产籍没。邻右九甲长乡约，各鞭一百，流徙边远"。之后建立兵部衙门，负责将逃跑的农奴捉拿回来。"逃人法"的核心是重点惩治带头人，在一定程度上导致社会动乱，甚至有些不良官员，威逼利诱捉拿回来的逃人虚报带头人，想要以此获利。"使海内无贫富，无良贱，无官民，皆惴惴莫保其身家"。有些汉族监察官员，如魏琯、赵开心、吴正治等反对严惩窝主的律法，要求修改"逃人法"，并劝告满族贵族官僚减轻对奴婢的迫害，结果被指责为"偏护汉人，欲令满洲困苦，谋国不忠，莫此为甚"，还分别被降级、流放，从此"凡涉旗务，汉大臣莫敢置喙"。由此可知，清朝的统治对于监察制度协调政治方面有所伤害。

（三）总督、巡抚以封疆大吏兼掌地方监察，实际上削弱了地方监察

清代督抚位高权重，难以受到监察机关的有效监察，以致削弱了地方监察。清代君主专制政治极端化，督抚大臣的选拔任用，一般由皇帝亲自掌握，清朝以少数民族入主中原，必然实行民族统治。故清代督抚不是满人贵族，就是皇帝心腹亲信，如《清稗类钞》所说："自定鼎以来，至咸丰初，满人为督抚者十之六七。"这些满人督抚以亲贵之尊，复加以封疆之权，趾高气扬，位卑权轻的地方监察官员谁敢触犯虎威，即便是汉人督抚，也因其受皇帝宠信，很少有人敢于招惹，否则弹劾不成，反获其咎。例如，雍正时，山西布政使田文镜深得雍正皇帝宠信，擢任为河南巡抚。"文镜一以严厉苛刻为治，与帝意暗合，帝之宠信，几与鄂尔泰，张廷玉二大臣等"。御史谢济世露章面劾田文镜不法状，"世宗阅奏，颇不怿，谕之曰：'文镜能臣，朕倚畀方深，尔毋惑浮言诬奏。'掷还其疏"。后来谢济世又因田文镜"诬劾河南属吏黄振国、汪诚、邵言纶等"，而上疏诉共冤并弹劾田文镜。世宗怀疑谢济世同党同黄振国等，"命九卿科道集刑部讯交关状"，严刑拷打，最后谪戍充军阿尔泰。又如，乾隆初，江苏按察使陈宏谋弹劾巡抚金鉷"欺公累民，自开捐报垦不下二十余万亩，实未垦成一亩"，结果朝廷不但未处罚金鉷，反而将陈宏谋降级调用。

督抚是地方最高长官，且兼领宪衔，拥有弹劾、考察、荐举、罢免官吏之权，地方监察官员为其属吏，命运掌握于其手，心存顾虑，不敢弹劾。清制规定，督抚有监察之责，然而，以行政法律学看，督抚作为封疆大吏，其本身应属被监察对象。因此，督抚的监察权成为他们保护自己的铁网，而给监察机关带来了极大损害。在朝廷，顺治时，工科给事中王命岳就说过："督抚本系重臣，且多久任铨臣，言官岁有外转，人怀瞻顾，恐一旦为外吏仰鼻息于属下，故言官参劾督抚者绝少。"在地方，督抚既有弹劾之权，按察司及驻道监察官员又为其属吏，自然受其控制，难以有所作为。例如，康熙时，江西按察使刘荫枢"以争疑狱，失巡按意，劾罢之"。直到康熙南巡，刘荫枢谒见，陈述冤情，才被"诏复其官"。

在封建社会里，做官的都希望安享荣华富贵或者晋级加禄，地方上这一切既然掌握于督抚之手，地方监察官员趋迎奉承犹恐不及，谁又愿意去惹祸？乾隆三十年正月，巡视西城掌云南道监察御史范宜宾奏："近见外省藩臬两司之奏事，皆先将封奏之事，备具稿底，呈禀督抚，准其奏者方行具奏。"他们之所以这样做，主要是"恐督抚见疑，惧以别事苛求之所致"。乾隆五十年，湖北发生灾荒，朝廷发放帑金赈恤，但该省督抚"一任贪官污吏浮冒侵渔，乃饥民乏食，抢夺滋事"。督抚又予以大肆镇压，"活埋三十人"，而对此贪赃枉法之重案，"籍隶湖北之御史等，竟无一人奏及"。又乾隆五十八年，"福崧在浙江巡抚任内，骄纵乖张，胆敢向盐道娄索多赃"，该省监察官员，亦无一人敢于参奏。

清朝督抚权力很大，地方监察机关监察功能被削弱，对于地方官员的治理方面有着不可弥补的影响。例如，雍正时期，"外省督抚怀挟私心，背法呈威，如四川巡抚蔡珽逼死重庆府知府蒋兴仁，浙江巡抚黄叔琳之杖毙无辜小民等"。乾隆时，李梦登初任福建孝丰知县，不明世故，"始谒巡抚，门者索金不应，因持刺不许入"。历官方三月，又被巡抚借故劾免罢官。该情境下，各个等级的官员只能互相贿赂，以此保住官位或是得以升职。"在外文武官，尚有因循陋习，借名令节生辰，剥削兵民，馈送督抚提镇司道等官，督抚司道等官，复苛索属员，馈送在京部院大臣科道等官"。在当时，这种上下"馈送"被视为常例，是明目张胆的公开贪污勒索，所谓"督抚反之馈送礼物为常例，称某州县上等，某州县下等，按定数目，公然收受""州县官员，俱自民间派取，以致百姓穷困"。因此，有人言称："民间之疾苦，皆由督抚之贪酷""督抚贪则监司贪，守令亦不得不贪"。

上述清代政治的特殊性以及对监察制度的制约决定了清代监察制度中的一个最显著特点，即监察官员"勤于自鸣，而疏于纠劾"。

清代科道监察官员的奏疏共有多少无法确切统计，暂据《钦定大清会典事例》《钦定台规》《钦定皇朝文献通考》《清史列传》《皇朝经世文编》《皇清奏议》六部书所载，共有科道监察官员陈奏之疏四百六十四篇，弹劾之疏二百二十三篇，合计六百八十七篇，就数量而言，弹劾之疏不及陈奏之疏之半。而就质量而言，许多奏疏"剿袭陈言""泛泛塞责"，很少深切时政。尤其是科道言官虽有谏诤之责，但对于皇帝行动之奏议仅十一疏，而且在这十一疏中，只有三疏被采纳，其余不是被驳斥，就是交部议处。极端君主专制对监察官员的制约和影响于此可见一斑。清代监察官员"勤于自鸣，而疏于纠劾"的现象在当时情况下有其必然性，因为在君主专制政治下，科道言事之自由，虽有某些保障，然颇不确定，稍一不慎，即受苛责。同时又圣谕频颁，表面上又广开言路。这样，监察官员进谏既有危险，沉默又不允许，"巧取之辈，唯有少事纠弹，多量陈奏，苟幸而能上动清廷，则名

满天下，赏赐有加，即不幸而未获重视，亦可就此塞责，不致开罪"。这就是清代监察官员陈奏多于弹劾的原因。❶

第四节　清代监察制度的局限性

清朝甚至中国古代的监察体制的一个根本缺点便是，完全否定了广泛的人民群众以及普通官员对官员的监督影响。因此，古代的监察并不是行之有效的监察。按照清朝条例，科道官的专门责任便是"弹劾"官员，别的官员不具备该职能。

《钦定六部处分则例》明确要求："无言责官员将公事妄行具奏者降二级调用（公罪），系私事均革职治罪（私罪）。"封建等级专制体制决定了普通官员没办法弹劾别的官员，尤其是品级比他高的官员。在雍正时期产生了密折制度，可是拥有密折权力的京堂与地方督抚镇官员，只不过是君主用来进行官员之间互相控制的工具罢了。密折制的建立也仅仅是为了扩充监察权，总而言之，下级对上级没有监督权力的等级制度根本没有发生变革。更应该说明的是，密折制度恰恰强化了君主专制，而并不是将其弱化。

还应该关注的是，清朝的农民阶级只能服从统治阶级的统治，根本没有监督封建官员的权力。清政府虽然在法律体系内，允许一部分"冤民"到都察院申诉，由都察员负责处理部分民众被封建官员迫害受冤的案件，可是平反的冤情实在不多。从另一方面来讲，由于官官相护，很多冤情要么是被驳回，要么是被搁置，全部是大事化了，小事化小。很多时候监察御史也无能为力。

康熙年间，有一个很有名的噶礼案就是一个监察御史弹劾不正官员的经典案例。

噶礼，满洲正红旗人，姓栋鄂氏，为满洲开国功臣何和礼四世孙。噶礼在仕途上可谓一帆风顺，曾经担任吏部主事、吏部郎中、盛京户部理事官、通政使、副都御史、内阁学士及至山西巡抚、两江总督等官职。噶礼虽然"勤敏能治事"，可拥有贪婪的心，掠夺百姓，极其恶劣，"抚山西数年，山西民不能堪"，百姓皆对其怨愤异常。

康熙四十二年（1703年）十二月，四川道御史刘若鼐听闻此事，十分气愤，

---

❶ 吴观文.中国古代政治与监察制度 [M].长沙：国防科技大学出版社，1991：212.

进而向皇帝呈送奏折，纠举"噶礼贪婪无厌，虐政害民，计赃数十余万。太原知府赵凤诏为噶礼心腹，专用酷刑，以济贪壑"。噶礼遵照皇帝圣谕对御史弹劾情况做出了回应。可其异常机智狡猾，其先赞颂皇帝"至圣至明，洞察细微"，接着恬不知耻地为自己狡辩说"监察御史所参各款，并无年月，且任意编造，以奴才仇人为干证，企图必置奴才于死地"，认为"无故弹劾奴才，其中必有人嘱托"，接着补充说"在山西省有九十七个州、县，岂可保其中未有一二人为公事被奴才斥责，倘违背初衷，诳无为有，以虚为实，则奴才即有嘴，亦不能解答"。皇帝听从其辩解以后，完全放下疑虑进而安抚噶礼："此事知与不知者无不议论，尔不必生气，自有公论也。"皇帝另外对噶礼说："只是官员保的很多，升得太快，因此不能不使人怀疑。此事尔心里亦明白罢。"

种种事件，关于噶礼的被参案件，圣祖并没有问责其恶劣行为，其想法竟然是认为噶礼受到他人的妒忌。御史刘若鼐此次对噶礼的贸然参奏完全没有受到圣祖的关注与仔细探寻，甚而是"复屡颁谕旨"，自己的猜测是"因仇参劾"，做出的处罚就是降旨让噶礼回奏罢了。圣祖也十分相信噶礼的种种解释，这一次受到御史弹劾的噶礼居然顺利而轻松地"得辩释"。

徇私枉法的噶礼自恃独得皇帝的信任和庇护，这次没有得到丝毫惩罚，从此之后依旧故我，更加狂妄，根本不反省其自身，没有丝毫收敛。三年以后，噶礼的恶劣行径便又一次引发民愤。在康熙四十五年（1706年）七月，义勇的山西平遥县人如郭明奇等到京城上报，希望能够惩治贪污不良官员。巡视南城御史袁桥根据其上告内容弹劾噶礼："一、通省钱粮，每两索火耗银二钱，除分补大同、临汾、洪洞、襄陵、翼城、临晋、闻喜、崞县、长治、介休诸处亏帑外，入己银共四十余万两；二、指修解州祠宇，用巡抚印簿，分给通省，勒捐入己；三、纵令汾州府同知马遵婪赃，分润；四、令家伶赴平阳、汾州、潞安三府，勒取富民馈送银两；五、因词讼索临汾、介休富户亢时鼎、梁湄银两；六、纳孝义知县杜连登贿，题调洪洞，及连登以贪婪被揭，复曲加庇护，指称访闻，列款轻参；七、隐匿平定州雹伤不报。请旨究赃治罪。"袁桥的弹劾奏折上交后，噶礼定然惊慌无比，希望山西学政邹士璁以代表太原士民之意出头向皇帝呈交奏折保护自己。御史蔡珍发现事件有所不对，随即接着弹劾。他的想法是学臣职在衡文，但是皇帝拥有决定是否惩治罢免地方位高权重之臣的权力，邹士璁利用此次事件祖护噶礼，目的是和抚臣交好，以后也许会发生官员勾结的危险。蔡珍因而明确指出"袁桥疏于七月十八日甫经奉旨，二十日太原士民何以即行具呈，显系诬捏"，希望皇帝对邹士瑢以及噶礼做出惩罚，以儆效尤。八月噶礼回奏，诬陷郭明奇等是犯案多次的不良民众，告状内容皆是诬陷他的；御史袁桥所奏内容全部是私自伪造的，同时怀疑其背后有不怀好意之人陷害他；御史蔡珍和其指证贿嘱袁桥的郎中蔡璜是兄弟，很明显是存有私心的恶意报复。这个案件通过初次审查，郭明奇等人到刑部被治罪；御史袁桥因而革职；御史蔡珍即便身为旗下人，和宿迁人郎中蔡璜毫无关系，却惨遭降职一级，罚一年俸禄，在旗地行走。两名御史之所以惨遭惩处是由于缺乏可靠证据，而现实并非表面如此简单明晰。进行案件分析查办的王鸿绪说噶礼辩称火耗禁绝是表面夸张的事实，完全是莫须有罪名，同时"噶礼行令布按两司提审被害人家，取其结状，现任巡抚谁敢不与？据此以为款款皆虚，亦难尽信。况平遥知县，岂能保其一无劣迹？"因而要是仔细用心去办案、核查的话，噶礼的恶劣行为定是可以揭露的，同时这个时候关于监察御史禁止风闻言事的禁令早就破除了，并被几次要求希望重申，"言官身在京师，外官劣迹俱是访闻"，噶礼"下属加派之重，富户受累，京师传闻已久"，现从一定意义上来说，御史单单依靠"风闻"参劾噶礼是有理有据的，实在是不需要受到如此严苛的惩罚。事实上，圣祖对噶礼的所作所为并不是毫不知情，康熙皇帝在回应噶礼的谢恩折时就表明："尔之居官，虽无明显好坏之处，但不如初到任之二三年，应愈勤勉。内而部院衙门，外而总督、巡抚、提督、总兵等，朕不时打听询问，故大概无不闻者。满洲在外官员中，只有甘肃巡抚齐世武之名望超群，清名无人不知。"在侧面暗示噶礼要自省自己的所作所为，同时用树立清官作为榜样的方法渴望其可以抓紧改正。

　　从上可知，无论信或不信"风闻"，以及追究谁的责任事实上都由皇帝的主观意志与喜好，从御史袁桥、蔡珍原本没罪反被定罪就能够证明。康熙帝之所以这样判案，和当时宽仁为政的思想有关，难掩其对噶礼的偏袒。贪赃枉法的噶礼又安然解除危机，在第二年甚至升职为两江总督。

　　经过御史的两次弹劾，噶礼依旧仕途得意。一直到噶礼和张伯行督抚互讦案件发生，康熙帝逐渐转变了态度。在这个时候康熙帝反而苛责监察御史们说"噶礼居官如此不善"竟然没有一个人弹劾，对之前后三名御史的弹劾全面忽视，不再提起。虽然经历了如此重大的案件，噶礼也仅仅是被革去旧职而已。

　　在康熙五十三年（1714年）四月，噶礼的母亲叩阍向朝廷告发噶礼与弟色勒奇、儿子干都"置毒食物中谋弑母，噶礼妻以别户子干泰为子，纵令纠众毁屋"。刑部审核以后获悉实际情况，想要给噶礼处以极刑，皇帝要求噶礼自尽以示惩罚。

一直到这个时候，人人唾弃的巨贪噶礼才刚刚由于阴谋弑母案获得惩处，显然这个结局来得太晚。

从噶礼案可以获悉：清朝时，下层农民群众没有监督与控告封建官员的权力，监察机关也只有少部分权力可以进行监察，其受到监察环境的重重约束。虽然有严密的监察网络，可是监察网络却对噶礼、和珅这样的贪官毫无作用。若不是丧失了皇帝的保护，又有谁敢动他分毫。

清代监察法除了难以监督权重贵族，对集体腐败、集体性贪污等问题也没有妥当监察办法。

清乾隆四十六年（1781 年）时查办了一件甘肃官员利用赈灾济民的借口进行伪造灾害，收纳监粮、贪污腐败的大案件，时称"甘肃冒赈案"。这个案件牵连布政使及以下各道、州、府、县官员共一百一十三人，追交贪污之银高达二百八十一万余两，震惊全国，乾隆皇帝异常惊讶，称此案"为从来未有之奇贪异事"。

案件的具体情况是，清朝在甘肃地区实施过"捐监"行动，就是说只要是想要获得国子监监生资格的读书人士，只按照要求向地方官仓交纳一定数量的粮食，就可获得国子监监生资格，这些粮食用来进行发生灾害时的粮食救济。之后"捐监"一定意义上被停止了。王亶望任甘肃布政使时，运用"捐监"粮食来赈济灾民为其贪污做借口，进而得到陕甘总督勒尔谨的同意，勒尔谨上奏朝廷批准。因此，乾隆三十九年时甘肃便开展了"捐监"活动。

可是此次捐监，王亶望另辟蹊径，要求监生把用来捐献的粮食变换成白银，变革了"原令只收本色粮米"为"私收折色银两"。这样，粮食变白银，方便了其与其他官员牟取暴利。

除此之外，王亶望把蒋全迪调任成兰州知府，专门负责"捐监"一职。蒋全迪全面听取王亶望的命令，把收取的白银以赈灾的借口进行花销，从中赚取利润。

蒋全迪与王亶望就赈灾进行商榷，根据各个不同县城的受灾情况决定收捐多少，让藩司衙门把决定好的数额发放到各个县里，让各个县的县官依据名单进行开赈活动，便为"冒赈"。二人还商讨建立"坐省长随"的方法，将兰州设立成捐监收银点。但凡是各县送给王亶望用来充冒灾赈的银两，依据"坐省长随"的方法送到指定地方。

蒋全迪曾暗自贿赂当地官员，希望其积极配合。在此之后，王廷赞在担任甘肃布政使的阶段，即便已然发觉监粮银两远远超过了"捐监"的规定范围，曾经也和总督探讨，想要停止捐监一事，可还是由于经受不了利益诱惑，不仅根本没有上奏此事，竟然将私收折色的事宜，由各州县办事改为兰州知府负责总体办理，情况越发严重，一发不可收拾。

甘肃的各级官员运用"捐监"，皆看似受益匪浅，皋兰知县蒋重熹贪污白银四万七千四百两，宁夏知县宋学淳贪污三万四千五百六十两，金县知县邱大英贪污两万两。

道府官员在贪赃中也发挥了不小的作用，不仅不管县级官员的贪污，甚而是参与到分赃中去，居然做出收取不义之财，向朝廷汇报虚假情况，包庇下属的恶劣行径。狄道州知府郑陈善、后任兰州知府陆玮等全部贪污超过两千两。

各级官吏收取的白银只是表面所谓的监粮罢了。李侍尧依皇帝命令查对各地监粮，发觉甘肃仓库亏空了约一百万石的粮食。

李侍尧说的是，此"俱系历任州县侵亏。查甘肃积弊相仍，折捐冒赈，业已累千盈万，乃于仓库正项复取任意侵欺，甚至应放籽种口粮亦有侵冒。种种昧良舞弊，迥出意计之外"。甘肃当地官员利用"捐监"，如此劣迹斑斑行为，此为乾隆四十六年一系列贪官污吏占据甘肃官场，任性异常，目无王法，表现出的是清代吏治史上最为庞大的集团贪污案件。

甘肃冒赈案于乾隆三十九年（1774 年）开始，蔓延 7 年之久，监察御史在这一重大案件中全部不言不语，直至循化厅撒拉族人苏四十三发动反清起义，与乾隆皇帝亲自前往查办才暴露其官员恶劣行径。

家乡位于甘肃河州管理的循化厅（今青海省循化县）的撒拉族人苏四十三，惨遭清政府严苛的阶级压迫与民族压迫，于乾隆四十六年三月发动起义，将率兵打压的兰州知府杨士玑与河州协副将新柱杀害，逼临兰州。当时兰州仅有八百名守兵，战争一开始，三百名士兵便丧生，甘肃官兵惶惶不可终日。

乾隆帝担心兰州会失守，随即派遣尚书和珅到甘肃，责令大学士阿桂都师，立即整顿陕西、四川、新疆等地的官兵前往甘肃展开围剿。义军十分勇敢，很长时间官兵仍未战胜。皇帝盛怒，将陕甘总督勒尔谨革职，由此甘肃当地的官员惶惶度日，担心牵连自己。那个时候甘肃布政使王廷赞迫切想改变自己的窘境，便上奏皇帝说："臣历官甘肃三十余年，屡蒙皇上格外开恩，不次擢用，荐历藩司，任重才庸，涓埃未报……在用兵之际，需用浩繁，臣情愿历年积存廉俸银四万两，缴贮肃藩库，以资兵铜。"结果却出乎王廷赞的想象，一道奏折被乾隆皇帝发现了不同寻常的地方。清代的地方政权划分为省、道、府、县这四级，总督负责数省的管制，巡抚管制一个省份，布政使（藩司，主管行政财政）是督、抚的辅助官员。甘肃贫瘠异常，一省的布政使不可能捐出四万两白银。乾隆责问："王廷赞仅任甘肃藩司，何以家计充裕……其中情节总未能深悉。"立即要求大学士阿桂与管制陕甘地区的总督李侍尧说："即将王廷赞因何家道充裕，是否即于'捐监'一事有染指情弊，另有取巧之处，严密访查，据实复奏。"

当时前往浙江上任的巡抚是前甘肃布政使王亶望，此时他还在处理浙江海塘工程，接到该消息，他自发捐出银两五十万两，引起乾隆帝的严重怀疑。此后乾隆帝既处于兰州广纳兵力过程中，又在镇压苏四十三起义，还在查办甘肃当地官员贪污事件。这样一来才破了一件骇人听闻的集体贪污案件。

甘肃冒赈案的查处过程中，案中有案，一案接着一案，乾隆帝分路线依次查处，担任了侦探员、警察、监狱长、检察官、法官、公诉人、审判员等多个身份，每一个身份都十分逼真，令人叹服。从此案也可以看出，清代监察法在对于集团性腐败的大案件中无法发挥作用。该案件涉及的官员高达一百多人，相比全部甘肃省官员还要多一半，几乎没有一个人没有参与。官员们团结一致去对付皇上，假冒散赈行善，对付百姓。表面上的确做得滴水不漏，可是到底是因为乾隆皇帝的猜疑，才导致这件事露出端倪。

清末时候，常年战乱，人口数量增加，但是田赋收入却非常少。光绪二十年（1894 年），国家应该征收的杂赋税一共为三千四百余万两，可实际仅仅征收了大约一百四十五万两的赋税，"赋税亏额如此，财既不在国，又不在民，大率为贪官墨吏所侵蚀"。从此处我们便可知道，清朝末期的监察法完全没有约束好官员。

清朝科道法律的监察对象具备广泛性，涉及内外全部的文武百官，可是清朝监察御史所面临的监察环境却是历史上最为恶劣的。

最先说明的是，监察机构是皇帝在地方的眼睛，但是对于地方官员而言，其属于权力单位。在皇帝看来只不过是一个职责部门，是帝王用来管理地方官员的一个辅助机构。监察权和皇权的关联可以用杠杆和支点来比喻，检察机关便是进行官僚治理的杠杆，而帝王便是该杠杆的支点。从一个层面来讲，监察御史是没有权力去监察皇帝的，特别是体现在雍正帝改台例事件上，他实施"台省合一"，将以前内含讽谏皇帝工作的谏官组织六科纳入都察院中去，谏职因此监官化。从此之后，皇帝就把都察院纳为己有，"台省合一"因此成为标志着君主集权更上一层楼的代表。从另一个层面来说，皇帝决定着清朝所有监察御史的升职、选拔、惩治以及是否批准监察御史的弹劾。帝王完全可以依赖自己喜好为言官升职，同时接纳言官提出的建议。可按事实来说，帝王总是用各种借口不理会言官所言，根本不理睬或接纳言官的任何弹奏，如"干涉用人""所奏不实""徇私报复""受人请托"等罪状，甚而会定上言者之罪，该现象体现了君主专制下监察制度的不完善。噶礼案便是皇帝影响的结果。正是由于清朝历代皇帝都将元朝末代"言路"过于膨胀，导致党争的教训用来提醒自己，便加强对监察御史的管束，导致言官经常诚惶诚恐。康熙时期曾发生这样的事情，御史任宏嘉每上一奏疏辄战栗，害怕遭受处分，长久以来患了疝疾；乾隆末年，御史曹一士弹劾山东巡抚国泰，自己发觉可能会被皇帝怪罪，便在呈上奏折后向朋友借钱，之后便做好贬谪的准备。这两件事情表明，清代监察御史全部害怕皇帝权威，完全处于一个尽职不得、欲罢还求的可怕境地。从一定意义上讲，监察御史之所以不敢做出一番作为，是由于害怕不合皇帝心意进而被怪罪，最好的办法便是，在一些小事上展开工作，不求有功但求无过，糊涂终日。

从另一方面来讲，清朝的国家策略是"首崇满洲"，赋予满族贵族及其官吏在法律上的特权。所以监察机构基本不参与他们的事情，从未监察或是表面监察。雍正以来，为了进一步加强皇权，防止在旗人内部出现"一仆二主"的现象，便设立宗宣御史、稽察内务府御史、稽察八旗御史等用来管控宗室贵族议八旗官员，由于是旗人监察旗人，还是地位低的旗人监察比其位高权重的旗人，当然也没有好的效果。同时因为满科道官在授职、外转等层面拥有比汉科道官更多的特权，这种根本不公正的满汉结合的监察队伍，便让监察内部矛盾增生。汉监察御史不仅没办法处理满族官员事务，还受到满族监察御史的约束，这样一来，汉监察御史努力工作的热情便会遭到打击。

这样的结果是，如此严重的政治腐败使监察单位处于一个非常恶劣的环境。政治腐败为监察机关带来了两个层面的影响。最先表现出的是检察机关无法处理的政治腐败问题。无权或无法对位高权重的奸臣进行弹劾，因为往往牵一发而动全身，甚至反遭罪名，而对于小的奸臣的治理，也不过是略抓皮毛而已，没有任何影响。

清朝政治腐败多呈现为官员腐败，而官员腐败的表现便是官员之中的贿赂和索贿行为。监察机关处理一个腐败官员之后便会冒出来另一个腐败官员，捉拿不尽。虽然雍正皇帝是在治理腐败官吏上得以出名的，但是当时还有一个现象是，闽浙总督满保曾叫苦道："总督属员已参劾多员，若再题奏，恐致无人办理！"由此可知，这个时期的腐败官吏之多（依照清朝一贯条例，总督、巡抚兼领右都御史、右副都御史衔，因而，督抚不仅作为地方最高军政长官，还作为地方最高监察御史，也即名为"台长"的官职）。

监察功能在清朝官场官官相护、同流合污的影响下逐渐变弱。历史记载那个时期的官场，"督抚以司道为外庖，司道以府厅为外庖，府厅以州县为外庖，而州县等官又总以督抚司道府厅之为外庖"。一个官员贪污，别人庇护；公钱亏空，没有人向上申报，还有人替其辩护、保守赃物等恶劣情况时有发生。

清代监察御史在这种官场工作，因为弹奏过于过分而获罪的人有很多，如乾隆时期，御史曹锡宝弹劾和珅家人刘全过于奢侈，逾制建造房屋，由于侍郎吴省钦向和珅通风报信，刘全顺利逃脱，而曹御史获得革职留任的处罚。除此之外，监察御史被人挟私反告、辱骂、陷害的事情已经不足为奇。这便降低了监察机关的职能。随着整个官场的腐败，监察御史中也存在没有经受起金钱、美色诱惑的人，即便没有明代人数多，但也不在少数；监察御史图报私怨、互相勾结的人也尤其之多。可是当时的清代科道官多是避重就轻，将台谏当做升官的中转站。有的人将一个州县小官拿来利用，将其弹劾，获得勇于直言弹劾的夸耀后，目的是抓紧升职为高官，赶快脱离监察机构这个地方；有的人甚至是每天用无关紧要之事来应付了事，专心等待俸满后可以升职。因此，诸多皇帝产生对言官"缄口不言"的怪罪也显得不足为奇。总的来说，利用已经腐败了的科道官去监察百官，致使清朝廷逐渐变成腐败不堪的朝廷。

第二章 清代监察立法体系研究

第一节 清代的监察思想

清代监察思想承袭明末"民本""君客"的思想发展而来，从整体看仍然以"纲常名教""礼主刑辅""澄清吏治"的思想为其核心。至清末因"君主立宪"思潮的冲击，监察思想由君主专制向民主政治迈进了一大步。

清初，以顾炎武为代表的思想家主张以君臣"众治"，反对君主"独治"。顾炎武、黄宗羲都提出庶人议政，百官分治。"设乡校，存清议"发挥舆论监督作用，以弥补刑罚之不足，认为"清议"可以保持朝政的清廉。黄宗羲还提出"法治"胜于"人治"的主张，他强调不能只是"有治人而无治法"，应当是"先有治法而后有治人"，以法来监督社会政治生活。顾炎武、王夫之都主张严吏治，减贪赃。王夫之提出："任人任法"并重，他强调"吏治要产之于上官"，因为"严下吏之贪，而不问上官，法益峻，贪益甚，政益乱，民益死，国乃以亡"。一国之君主须知"顾佐洁身于台端，而天下无贪吏"的道理。这些监察思想是颇有见地的。

清朝，以皇帝康熙为代表的监察思想，始终占着统治地位。康熙皇帝主张治民先治吏，以清吏治达到安民心。他认为"有治人，始有治法"，"治国家者，在有治人，不患无治法尔"，他指出"从来民生不遂，由于吏治不清"，只有"吏治纯而不杂，则民心感而易从"。因此，玄烨十分注重监察机构举发奸邪、弹劾不法的作用。清朝诸帝大多认识到这一点，有许多论述，并在吏治上都有所建树。

近代伊始，涌现了龚自珍、魏源、洪仁玕、康有为、梁启超等著名思想家，他们将君主专制的监察思想推向了民主主义的历史阶段。例如，龚自珍的更法改革，魏源的民主议政，洪仁玕的"以风风之""以法法之""以刑刑之"，特别是康有为、梁启超等维新派的"君主立宪"思想，突破了传统的监察御史进谏纠察的监察形式，提出一种民主主义的监察思想，即立宪法，设国会代议民主制的监察思想。康有为认为设议院开国会是"人君与千百万国民合为一体""共议一国之政法"，从而"百废并举，以致高强"，这些监察思想在中国监察思想发展史上是一次质的飞跃，是试图将西方的民主政体引入中国，是对君主专制的一次革新。虽然清末的思想家关于监察体制改革的设想随着戊戌变法的失败而告吹，但是，这种具有民主改革的监察思想，继往开来，对中国监察思想的民主化进程起到了推动作用。

一、监察本质

康熙六年（1667年）三月，皇帝给六部、都察院等各大小衙门下旨，内容为国家平时的政务，都依靠众多大臣努力，共同进行治理。最近以来，入京考核被留任，以及升补部院的各官，均因贤能而于选用，理应竭尽忠诚之心，为国家报效出力。部院的长官，对于本衙门属员是否贤能，了解得最真实确切。如有品行端正贤良者，立即举荐，以备提升任用，而平庸低劣、表现不好的，就应指名参劾处分。这大致可使贤者得到鼓励，使不肖的人受到警诫。如果徇情庇护或挟私报复，有符合己意的，就作为贤能者举荐；有违背己意的，就认为不好而予举劾，这便十分辜负我委任的至诚之意。至于都察院与给事中、御史等官员，其身负监察职责，对国家应施行的重要政务，均须直言陈述，对一切奸邪舞弊行径，则要据实参奏，没有顾忌畏怯之心，才基本上不辜负其所掌职务。从今以后各部院的大小官员，如仍循守旧习，不竭尽忠诚、徇私情庇护庸劣者，忌避、排斥有仇怨之人，或以琐屑的细小事务陈奏，苟且敷衍，不负责任，必定要给予治罪，绝不宽宥。

嘉庆二十年（1815年），嘉庆皇帝·颙琰亲制给百官的十六章句箴言，颁旨赐赠朝内外各衙门并都察院，其箴劝之词为：

做到耳聪目明，责任多属御史，

随时奖善惩恶，加强整顿纲纪。

威严如霜无私，依法纠劾奸宄，

私恩切勿酬报，私仇亦不诋毁。

敢谏刚正不阿，坚守忠贞无违，

言出稳重如山，心清洁净似水。

自勉赤诚效忠，不图夸饰赞美，

陈奏隐伏民情，灾消国力雄伟。

黄宗羲认为人们常说只有致治之人没有致治之法，他却要说有致治之法然后才能有致治之人。自非法之法即恶法桎梏天下人之手足以来，即便有能致治之贤人，仍难免受恶法之禁锢束缚；有所行动作为，亦只能循法定之职分而行，安于苟且简陋，而不能有法度之外的建树；倘使先王之良法尚在，则毛不有法外之善意存于其中；倘使其人是贤人，则可以使先王之意尽行体现出来；即使其人不肖，亦不至于深刻罗网，加害天下人。所以说有致治之法而后才能有治人。

姚萧认为，作为皇帝的侍从左右，拾遗补阙是这些侍从经常性的责任。皇帝即使很明智、圣明，也不能说就没有过失。作为下臣即使并不是大贤大德之人，也不能说只担当职务却不陈述皇帝的过失。与其有了过失而把过失传遍天下再改正，不如当过失只在朝野传播时就改正为好；与其当过失在朝野传播时改正不如当过失只是被皇帝左右侍从知道时就改正为更好。

翰林作为近臣经常在皇帝的左右，那么规谏皇帝的过失也应该比众人为先。如果能看见皇帝的过失，而智慧却不足以明辨是非，那么就不算明智；如果智慧足以分辨是非却忌讳与皇帝明言，那么就不算忠信。侍从，就是挑选那些忠信而且明智的人放到皇帝身边。唐初设翰林的时候，各种人等一律可以进入，那是下人都认为卑贱的职业，之后却变得越来越尊贵，越来越使人感到可亲，越亲显越尊贵，所以责备起他们来就越严重。现在有些人，他当官时，接受翰林这个官职的亲显尊贵而推卸所可能受到的严厉责备，能不蒙骗了世人的认识吗？为官失职的时间不也就更长了吗？因为适于蒙骗世人的认识，所以上下人等也就认为理所当然。因此，安然自得、无所作为，平安度日，领其俸禄。

从唐到宋到元明，官制沿袭变革八九百年了，那些（翰林等）不改革的，御史有弹劾百官的责任而且兼有谏诤之责，翰林有写文章的本行兼有谏诤之责。弹劾与写文章是不一样的，而谏诤皇帝之责是相同的，他们作为言官有什么不同？进入朝廷而面见皇帝，与其他人争论，在朝外而向皇帝陈述世事（上书言事）。他们都来规谏皇帝又有什么不同？现在只是说御史是上言之官而翰林却不必有谏书，因为他们只知道其一而遗失了其一。

君子寻求道义，而那些见识短浅的人却寻求（舞文弄墨方面）的技巧。君子以道义担当其职，短浅之人以技巧担当其职。假使世上的君子作赋像司马相如、邹阳、枚乘一样好，像司马迁、班固一样善于写史，作诗又像李白、杜甫，写文章像韩愈、柳宗元、欧阳修和苏轼，即使这样极为出色，工于此道，也还只是一技巧问题。虽然技术（一技之长）中也包含道义在内，但不像非常忠信敢于谏净的所讲的道义更多。只靠文字做了翰林的，只是技巧而已，像唐初的翰林，那么像就行了，现在的翰林，本来是不行的。如果说都是亲近的人在皇帝左右，然而本来就有亲近的做皇帝侍从的，而且这些翰林、詹事在科道当班，皇上说这些人是近臣。居近臣这样的好地位，却不知晓做近臣的应尽之职，可以吗？明朝的翰林，都知道他们的应尽之职，谏净的人一个接一个，谏净的上书经常是筐载箩装地呈进；现在的翰林，不把谏净作为他们的应尽之职，有的认为议论皇帝之言为超出其本职范围之位。如果把尽职尽责认为超出本位，世人谁还肯再尽其职责？

其实，谏议的纠偏作用只发生在开明皇帝身上。换言之，皇帝的意愿决定着谏议的命运。因而，当元朝强化帝制后，谏议制度就急剧衰落。由此可见，谏议制度并非民主制度。那么，谏议制度何以能在某些朝代得到发展呢？原因在于帝制建立在一些政治和社会的价值观念之上，当这些价值观念受到弊政威胁时，谏议制度有助于在政权的最高层面上表述这些价值观念。皇帝之所以能在符合谏议原则的前提下接受谏臣的异议，是因为皇权承认这些早已为儒家经典所阐明的原则。《孝经》第十五章的篇名正是"谏净"："曾子曰，昔者天子有诤臣七人，虽无道，不失其天下。诸侯有诤臣五人，虽无道，不失其国。大夫有诤臣三人，虽无道，不失其家。士有诤友，则身不离于令名。父有诤子，则身不陷于不义。故当不义，则子不可以不诤于父，臣不可以不诤于君。""事君"章又对此做了补充："君子之事上也，进思尽忠，退思补过，将顺其美，匡救其恶。"

由此可见，谏议基本上是义务，是孝所要求的一种严格的义务。在中国的谏议传统中，这种义务并非空话，许多忠义之士为进谏而不怕惩罚，将坐牢杀头置之度外。明朝镇压进谏者尤为残酷，谏官的舍身精神也最为突出。今人谢渠源在对明代著名谏臣的研究中指出，死于进谏的大臣多达四十余人。海瑞的故事更是广为人知，他向明世宗进谏前，就为自己准备好了棺材。

谏议既然是义务，就不是权利。谏议之所以被视为正当，因为这是一种受到尊重，尤其受到开明皇帝尊重的义务，并非由于这是一种具有民主性质的提出异议的权利。谏议是一种道德权威，是那些自认为是社会价值观念的最佳体现者并准备为捍卫这些价值观念而献身的人的道德权威。因此，中国谏议制度所体现的精神，其基础是承认士为培植善而表现的高尚品德，这一点连皇帝也不否认。换言之，谏议制度与民主无涉，它是一种有别于官僚政治的"士治"，就是说，它是文人学子中的精英以其道德操守所发挥的影响。

从黄宗羲在《明夷待访录》中提出的种种改革方案中不难看出，中国的谏议制度的性质就是"士治"。黄宗羲主张在全国广建书院式的学校。对于他来说，书院不只是教育机构，书院既然能培养士，自然也能培养传统的死谏精神。他认为，所有书院的山长都应具备这种皇帝也必须敬重的精神，他写道："大学祭酒，当推当世大儒，其重与宰相等，或宰相退处为之。每朔日，天子临太学，宰相、六卿、谏议皆从之。祭酒南面讲学，天子亦就弟子之列。政有缺失，祭酒直言无讳。"这段话包含了对东林党人的政治遗产，对明末禁书院，清朝拒不开禁一事表示的看法。

有鉴于上述内容，在皇帝看来，监察无非是"举荐"和"参劾"，在这个过程中，监察人员要"据实陈奏"，负责任而不敷衍；在思想家看来，监察要有"良法"来保障监察的施行；在官员看来，监察除了要监察官员，还要规谏皇帝，监察御史有谏诤之则。但事实上，监察主要还是针对官员来说的，监察御史是皇帝的"耳目"，替皇帝监察四方，为皇权服务。

二、监察的目的和作用

康熙曾说：最近看到谏议官员所陈奏的事项，很不切实恰当，或者是有个人目的而陈奏，或者是怀仇怨而参奏，于国家政事毫无益处。目前政务以广开言路为最紧要，进言者果真能不徇私情，秉公参奏政事，内外行为不端的官员就会惊惧而知道警诫，如此则对言路大有益处。科道等监察官如有所见闻，则根据事实直接陈奏，不得隐瞒避讳。所陈奏的如果正确，朕立即施行；如果有不正确之处，也不议罪。

梁启超认为，中国最大的疾病，首先是言路阻塞不通。如同咽喉堵塞会致死，应食对症良药，消除堵塞咽喉的毛病，使血脉通畅，这样身体才能强盛。当今天下的事大都是虚文而不实际，官吏奸诈营私。皇帝有道德意念却不得通达民间，老百姓呼吁呐喊也传达不到朝廷。这样就造成极坏的风气，政会不通，全是因为上下堵塞，民众的要求不能通达造成的。一个省份地广千里，而只有督抚一二个人统治，仅靠上报奏章，而处于中心关键地位的仅有三五人能每天看到皇帝的颜面，何况朝廷殿堂相隔，大臣见了皇帝畏惧诚惶诚恐，不敢把话说完；州县官员把持一城一地，老百姓含着冤屈最终未敢喊出。造成君与臣隔绝不通，官与民隔绝不通，大臣小臣也是一样像佛塔百层台阶，级级难上，宽大的房子千间，间间相隔。天下万物的复杂多变，土地有千里广阔。假若督抚这些处在要害中枢位置上的官员都是极贤能的人，就他们几个，其所想所见所知道的，一定还有不周密的，他们的才力精神一定有不及的地方。由他们运筹四海大事，处理决定多种事务，已是狭隘受局限了，何况知人之哲理学问自古就很难掌握。唐尧那么了不起却败在谨兜的手里，诸葛亮聪明过人却因马谡失街亭而战败。任用之人偶然发生错误，违反常规的情况常有，皇帝想依靠这些人去挽救危困，经营八方土地，难道不是很难的事吗？晚清全国人口四亿，庶士亿万，皇帝却依靠他们几个人做耳目，这些人又都怕事懦弱只知保住自己的俸禄地位，不敢竭忠尽力，甚至妒贤嫉能，堵塞皇帝的聪明决断。皇上想彻底了解中外的大事，通畅与老百姓之间的阻碍，但这条道不通。皇帝虽然名尊位高，实际上却孤独在上，于是导致割地弃民情况的发生，皇帝还能为这种独尊而感到高兴吗？

梁启超认为，政府是受公众的委托而处理国家这个最高团体事情的机构，不授给全权，则它所办事务一定不会全部完成。既然权力是这样的重大，如果再没有办法加以限制，则虽有极高的智慧，政府也免不了滥用职权，这种事是常会发生的，所以几百年来政治学家所讨论的，各国国民所竞争的，莫不是以尽快地确立这种监督权为重要的事。如果立法、司法两种权力独立，政党互相对立，那么对他们的监督也就有了最有效的办法。

陈廷敬对监察的最终目的看法是，国家制定的法律法规基本上是为了方便人民而成。如果他们使人受益，即使他们暂时不利于国家的财政状况，也应该认真对待他们。国家以人民为基础，需要他们足够强大，才可以在这个国家实现和平，而君主可以保护这个国家。在统治的具体过程中，依靠人民是每个行政官员都应该做到的，思考每一个地方的人民需求，深化对人民苦难的认识，找到农民的困难。要有能力治理国家，提高人民的生产积极性，加强治理国家的基础。

山东济宁地区在康熙二十四年（1685年），发生水灾，灾情严重。以此，陈廷敬指出，急民所急，灵活变通应是行政官吏行使职权时的第一要务，而不是事事待到上奏请示批准后才执行，此种情况应提前开仓放粮、赈济灾民，使"上宣圣主勤民之意，下慰小民望泽之心，中不使吏胥缘为弊窦"。如若不将灾情马上控制住，而是等待皇帝批复，再进行赈灾，即便这样做符合官员依照规定做事的原则，但实际上百姓已经无法得到及时有效的救助。因时制宜以民为本，应当是监察审核部门的信条，不可抱残守缺，应及时更正过时条规。当急民众之急，汲黯矫制而不待汉武帝之命直接开仓救灾而得嘉许的故事，陈廷敬也以此告诫百官。

除此之外，"弛山海之禁，谨储积蓄之防，重恤农事，勤求民瘼，所以便利安全兆姓之道"也是陈廷敬提出的。五谷丰登，当朝盛世，然而即便是尧舜之世也无法避免水旱凶荒。由此，"备及于豫而赒当其急"也是他对行政官吏的期盼，希望他们能在平常时期，把先进的农业科学技术传给百姓，准备好预防灾害的物资，为百姓消除灾害来时的恐惧感。

在康熙二十九年（1690年）时，陈廷敬在他的朋友汪琬的墓志铭上，给予了很多的赞美，因为他的廉政爱民，对豪族家奴以势凌胁百姓的事情惩治的付出。汪琬像爱自己的孩子一样对待民众，在离任时也"空北城，民炷香于道，提酒浆送者填溢衢巷"。在陈廷敬看来，若要获得百姓的拥戴，必须爱护百姓，而治理国家，君王也必须坚持这一条。在陈廷敬的任讲筵官时，就特别强调："民说无疆，可见损上者正所以益上也，有子尝言，百姓足，君孰与不足？百姓不足，君孰与足？"表现在具体的行政监察上，便民和利君是他在考察官吏的安民和严治贪腐中主要着眼的地方。

综上所述，笔者认为监察的目的有三：一是广开言路，警诫官员。监察官员要陈奏对江山社稷有益的事项，通达上下，不徇私，不因个人恩怨而弹劾，使行为不端的官员有所警戒。二是对官员的权力加以限制，避免其滥用职权。绝对的权力导致绝对的腐败，如果不对官员的权力加以限制，那么难免会出现滥用职权的情况，贪污腐败也就不可避免，所以监察的目的是要使官员得到监督，让官员知敬畏，懂收敛。三是便于民众。"安民"是监察的一个重要目的，民安江山才能稳固，所以监察官员要注重民众的利益，遇到天灾时要灵活变通，急民众之所急。

三、监察职责

康熙十二年（1673年）早八月己酉日，下旨晓谕吏部：国家设立言谏官，专门起耳目作用。凡有政治上的得失，涉及民生的利弊，必须详细切实适条陈奏，坦直进言而无所隐讳，这才算作称职；假若只以空洞文句敷衍，浮泛冗赘地抄袭俗套；或说些不紧急事务，借此草率塞责，就不符合朕广开言路之本意。如今将给事中与御史等官亲加考试，其中留用的各官员，特令更加勉励，使他们竭心尽职，以不负朕所委重任。朝内的石文郁、范时起、何名扬，因才干平庸且无文字修养，与言谏之职不相称，特令罢革职务。你部须立即遵照谕旨执行。

康熙三十六年（1697年）二月乙酉日，所下谕旨中讲道：国家设立都察院长官都御史以及六科给事中和各道监察御史，是用以专门负责进言建议的，这可通畅反映下情，消除壅塞蔽障，其职任至为重大。假使言谏官员真能奉法秉公，实心尽职，那么民间的疾苦全可以使皇上闻知，官吏的奸邪贪赃行径，都可以发现并整治。因此广开言路，是治国图强的第一重要政务。

光绪皇帝谕旨：各省的布政使和按察使，都是朝廷直接任命的一等官员，按规定专门写奏折反映情况。朕拜读乾隆十三年乾隆皇帝的上谕知道上述两司是督抚的辅佐之官，总督巡抚真能誓言效忠尽职，丝毫不欺骗隐瞒，当然不等旁边的人去纠察；如果稍有不协调的地方，布政使和按察使真实地报告，则督抚也会有所防范和检点而不敢恣意妄为。乾隆三十年乾隆帝又下圣旨，布政使、按察使均有向皇帝报告的责任，但都心存顾虑，不敢大胆说一句话，倘若督抚中间或有败坏事业枉法不轨的事情，势必会看到徇私舞弊而隐瞒容忍，甘于欺骗蒙蔽上级而不顾忌，这样影响和后果更加大。乾隆五十八年又下旨意，藩臬两司遇到督抚有贪婪不法行为，立即据实报告。皇帝祖宗的训示英明，再三申明告诫，其意义极为深远，应当永远遵照执行。最近几十年来，各省的布政使、按察使除了做些谢恩、奏报到任交接的工作外，根本没有报告监察的事件，这完全不是朝廷兼听则明全面监察的意思。朕作为皇帝总揽全局，总希望有明亮的眼光、聪慧的头脑以有益于国家政务，从今往后各省的布政使、按察使，如果碰到督抚有营私舞弊、歪曲法律、骄横妄为、暴戾嚣张，贻误了国家大事和人民利益的严重问题，立即根据事实罗列条款报告揭发；如果有需要整顿革除的事情，督抚因循偏见，设置障碍不办或分不清是非，督抚随意胡断，不听劝阻的，都可专门写奏折秘密陈奏，并等待皇帝下旨决定处理，不许按老一套一言不发。至于各省一切事务仍由督抚主持，并继续严守规定的制度，同心合力商量办好。倘若因有今天的旨意故意和督抚作对，遇事纷争不息，抱私心攻击别人，则是自取其罪，难以逃脱朝廷的严密监察，将此精神通告大家知道。

清代御史杨素蕴曾说：臣为监察官，应以进言谏议为职责。然而现在天下所忧患之事，在于议论太多而行事成功少。国家建立官制，分配职务，各司其职。假使主管官能够推举纠劾，筹办财政，担当地方之任，清理刑罚狱讼，各负责其职务，那么就使天下大治，不会多事。我更希望皇上推诚心以治事御人，整理国家大的纲常，宽免臣子小的过失，使人人能够施展其才，这尤其是正本清源之要务啊！

张四维，开太平，在陈廷敬看来，其不只是劝说官吏廉洁奉公，不能逾越礼制，监察职责的重点在于官吏自身的素质和能力。其提高行政效率的作用是根本上的，对朝廷的旨意真正实际的落实，使"官奉其职，民乐其生，永臻太平郅隆之风"。

第一，对审核捐纳官吏的过程进行严查。在吏治用经术的年代里，捐纳之官已被要求学习经典，之后才可入官。无论世事如何变迁，录取通晓文义之人则是首选，相反，无论捐纳多少钱粮，也不予录取。文义合格者才能给候补者转正。若不是合格者，则没有选补的机会而是要求进行反复的考试，直到合格才能转正。"查俊秀一项，初捐既是白身，有司曾未一试，而吏部辄与选补，其文义通暗，何由得知？"换个角度看，当朝兵部铨选考课游击等武职官时，考试尤为严格，若弓箭不合格者，则没有选补机会。正因如此，捐纳官吏的铨选考课必须要严格进行。

第二，保荐官吏担保人连坐制度由陈廷敬提出。认真仔细审核是高级官吏在保举低级官吏时，必须做到的一点要求，且将"无加派火耗"的字样与"每月深入乡村进行乡约讲解"的两条字样加在保证书上。若事实与保举情况有差距，则在发现后以徇私舞弊罪处置。若为督抚，将降二级调用；若为主管的道府等官，就会下降三级调用。并且在考核督抚要员政绩时，这些记录是其中的一项重要指标。通过这样的方式，使保荐官吏不因各地督抚大员裙带关系获利。而且也阻止了基层官吏对加派火耗、投机私自分肥情况的增加，同时到乡里深入基层，宣讲教化，贯彻落实上级政策，每月循环进行。保荐官吏担保人连坐制度让荐举官吏在保荐官吏中更加公正，也因此提高了行政官吏的素质。

第三，在行政官吏安民立政时要做到防微杜渐。宣传教化，讲读律令要融入乡里民绅之中，为减少形式化的情况，要经常深入乡村晓谕政令。保障落实乡民知荣明耻、分辨善恶，并以此迁善远罪，可以根除民众触犯法律的可能性。而不是待民众犯法后，再进行惩处。换个角度看，若除掉加派火耗、投机私自分肥这些过去所发生的弊端，民众渐渐衣食无忧，也有足够完善的教化礼节。处于仓廪丰实之势，民众势必会为善去恶。

官吏是在政权的行政中的执行主体，它作为一个重要媒介来上传下达各种国家政策、条令。官吏提高自己素质，能起到政通人和、沟通上下的效果。正所谓上行下效，若是上级官吏贪赃枉法，其手下的官吏必定曲事上意而为。与之相反的是，下级官吏无迫于上官之虞，可以将他们的积极主动性发挥至最大，让他们的工作能够顺利积极地开展。

四、监察体制

康熙九年（1670 年）八月戊子日，下旨晓谕都察院：国家上朝礼仪，是根本体制的表现，可贵之处在于整齐严肃，不只显示殿堂之观瞻，也能看出臣心之敬意。诸亲王和大臣，有的竟逾越分班行列，互相交头接耳，或者轻浮嬉笑，按礼制规定，不能逾阶并互相交谈，更何况比这还严重的呢？你们署衙的监察御史，以及守候班行的近侍臣僚，已看见却未纠劾，难道真是未亲眼看见？这均因畏避生事或徇情庇护的缘故。存在如此一类问题，都察院有重大责任。朕自己有了过失，尚且由你们指明陈奏，而对亲王和各大臣却不予参奏，诸事理揣析，这实在不合适。今后，凡有违失朝仪之？不能再纵容隐庇。

嘉庆七年（1802年），承奉皇上旨谕：据砥柱奏称，"暂代理直隶总督的熊枚，请求携御史费锡章随其前往，以在总督署帮办事务，这实在属于冒昧举动。特为此奏请，往后要严令在京大臣，凡奉命代理督抚者，不能再援用这一先例"等。砥柱所奏非常正确，监察御史属于言谏官，本来不是大臣可以随带的官员。前不久熊枚陈奏，恳请携费锡章随同前往，朕当即感觉所奏之事不尽适宜，因考虑他是代理任职，就暂且允许其请求。待熊枚到任后，随即据奏章所称，先让费锡章回京供职，已做了批示。该代任总督奏请带往之事原属冒昧举动，于是就让费锡章立即启行。费回京的当日，砥柱恰好呈上此奏章，这与朕批语之意正相符合。国家设置职官，京内外各有体制，督抚身任掌管一方的大臣，从司、道往下都是可帮助办事的人；至于署衙中一切案牍事务，自有幕僚吏员办理。如果是由部、院中选人任督抚者，都能各带所属司员前往办事，就恐怕司员揣知本署长官能荣升外任，事先阿谀逢迎，一旦经选中任职，督抚即可带他们前往办事，补用为道府官，这就容易开启属官靠奉承图进之弊，也不可不防微杜渐。往后在京部院大臣，除有兵差、审案等事，仍准许随带司员外，已经选放任督抚以及代理暂任督抚者，不但不准请带御史，即使是所属官员，也都不准奏请随带前往。如有违反规定奏请随带者，就特令交部议处，以便严肃政体，杜绝弊端。现将此旨意广为晓谕，使大家都能知道。

载湉认为，州官县官是亲近百姓的官吏，管理教育老百姓，责任在州县，而教育训导州官县官，责任在上司。古人先学习从事吏治而后当官，现在却是先当官而后才学习从事吏治。曾发现有当官数十年而对公共事务一无所知的人，吏治安能希望有起色呢？今后高级官员应当以老师和长者自居，把自己所属的部下看作自己的子弟，先教给端正品行的努力方向，然后再教以判定刑罚的条文，派他去审讯，测试他能否断案，根据属僚能力给予各种差使，看他是否能妥善解决问题不。上司对下级事事考查追究，下属自然会人人恪尽职守。如果高级官员漫不经心，不予教育监督，一味谋私，属吏就会对钻营感兴趣，只知自私自利，这样终究贪赃枉法、贻害百姓。等到贪腐严重便以弹劾了结，从根本上说，高级官员难道就没有过错吗？官场上的风气最容易转移传播，各级官员若以官邸为家，哪一个甘愿自暴自弃。当上司的真的能整肃自身起表率作用，做出榜样，在自己管辖的范围内对即使当官较久，而无视民众疾苦的，立即撤职检举，属吏没有不惧怕、不服气的，但恐怕不能严格要求自己而去要求别人罢了。总督巡抚为官不可偏向私人，尤其不能固执死板，其要害是要主持公道，而关键不在于迎顺情面和舆论，重要的是进行训练和教育，继之于进行考察，最后才是弹劾、撤职查办。这样于吏治民生皆有益处。

都察院的御史是最直接维护朝廷封建统治利益的人物，所以他们的职级虽然较低，但权力很大，所监察的范围也较为广泛。按照规定，都御史及其下的御史们，凡认为大臣有奸邪、构党、作威福乱政的，各级官僚有猥亵贪冒坏官纪的，甚至学术不正、上书陈言变乱成宪、希图进用的，都可以直接给皇帝上奏弹劾。每个御史都有单独上弹劾奏章之权，可以公开当面劾举，也可以密封上奏，其副本可以不送交都察院或都御史。都察院还有责任会同吏部在进行朝觐和考察大典时对官员是否贤能、有无贪黜渎职违纪等行为进行了解，提出处理意见，对五品以下官可以开具考语，对四品以上官的"自陈"，御史可以提出意见，它还有责任会同刑部、大理寺共同会鞫重囚大案（当时叫作三法司），权威是很高的。但御史同时负有很大的责任，上要监督皇帝，下要监察百官，不可因畏避生事而徇情庇护，御史还要自身行得端、做得正，认真负责，公正无私，同时教导自己的部下，教其品行端正，测试其能力，然后知人善任。只有这样，才能对吏治民生有益。

五、监察主体

监察官，还可以称之为言官，作为国家的耳目之官，监察百官、弹劾不法是他们所承担的职责。为辨别人才正邪、吏治贪廉，其往往以收集、受理、上报官员政声信息为过程。上书奏事进谏是监察官的主要方式，以建白之言让监察目的的实现，也正因此，使澄清吏治、德化清明与监察官的建白之言之间能相互联系。以下是陈廷敬针对监察官建白之言的特别要求。

第一，防微杜渐，绝恶于未萌是建白之言必须做到的。恪尽职守也是监察官员的第一要义，对周围的事情，发生了什么，要有足够敏锐的洞察力，要能及时指出时弊隐患，防患于未然，杜绝事情发生后才慷慨陈词、推卸责任的情况发生。

将检察重点不断前移，尤其是对官员履职的过程之中的监察，其重点不是局限于监察的结果，而是以扼杀官员贪邪的诱导因素为主要方向。

第二，言简意赅是监察官在进言时应做到的。陈廷敬规范了官吏进言的体例形式，并以此提高行政效率，其内容包括官场上的套话与称赞皇帝丰功伟绩的状况需要减少，实际情况的汇报需要增加，奏疏"贵乎明简"，弊病进行重点关注，冗词多的奏章而论事少的情况必须减少，对以前在以往旧制度下的奏疏冗长繁复的缺点，严敕科道监察官员不得沿袭，以实际情况为基础查办不遵守的行为。奏章的简明对日理万机的皇帝而言，有着至关重要的作用。文风随着这项措施的提出，有所改变，浮夸、虚假、阿谀之风在官场上也得到了遏制，从此，不仅提高了行政效率，而且减轻了皇帝的工作量。

第三，指陈真实是监察官建白之言所必须遵守的。在陈廷敬看来，不论地方官还是京官，对奸贪不法之徒和违犯纪纲之人，指陈真实是必须要做到的。正因如此，"持重养锐"的素质是监察官员必须拥有的品质，必须准确真实地参劾，以此让奸邪之徒有所警戒、顾忌。由此，在上书言事之前，监察官必须要先三思，不拘泥于琐碎之事。与此同时，塞责的行为也是禁止的，言官只能直切要害地说，否则就少言。"毛举细事，剔摘成例，以刻薄琐碎坏宽大经久之规"，胡乱上疏，敷衍了事，等等，是绝不能在重大事情中出现的，必须要及时全面真实参奏。细小事务是监察官在参劾奏疏时所不能纠缠的，通过这样的方式要求监察官在奏劾之前必定要有所取舍。

陈廷敬在对监察队伍严格要求的同时，也以自己的行为做出榜样，当他初次任左都御史时，就将京师的十大弊端直呈。在康熙二十四年（1685年），上书弹劾云南巡抚贪污负国，谋私于渔利，以其滥用公帑、私挪捐纳米草这两方面的事为主。为了保证钱财粮饷不被侵吞，且同时可以警示其他官员，希望康熙皇帝立即下旨严查。根据他所奏的情况，康熙皇帝对此事进行了严肃的处理，大小的官吏都为之震惊，官吏的风气，在地方官员、封疆大吏中得到了严肃整顿。

监察官员作为一个重要工具为君主察吏治民。让君子进、小人退，使百官明晰善恶，服从君主约束是国家设立言官的目的，只有通过这种方式才能将监察百官、纠察不法的作用发挥出来。然而由于经历了各朝代的不断发展，腐化也逐渐在监察官中显现，人浮于事，所陈不实，对无关紧要的事情纠缠不清。陈廷敬针砭时弊，帮助监察官在文体、制度、监察核心上进行矫正，强化了行政程序，简化了政权，提高了行政效率。

六、监察对象

官吏是被监察的主要对象，廉洁奉公是官员的基本职业操守。依陈廷敬所见，对官员的行为进行规范要以"德主刑弼"为理念基础，并采取劝廉惩贪监察官员的举措。康熙二十四年（1685 年），很多官吏在皇帝每次出巡之时十分奢侈铺张，左右伴随着成百上千的仆众，他们穿着华丽，车马喧天，交通也被他们堵塞。针对上述现象，陈廷敬提出这是一个治理官员贪邪的重要环节。依陈廷敬所见，嗜欲是导致贪念的原因，而精神上的嗜欲要靠礼制的约束、教化的熏沐来改变。与之有关的监察制度需要被制定并且严格执行，要严厉打击逾越行为，为此官员节俭之风逐渐兴起。

与此同时，陈廷敬上疏朝廷，希冀博考旧章，对行政官吏的品节度数，制礼作乐进行规定，明确上下等级，规定尊卑秩序。相关的品级制度由此规定，以法律条文判断各级官吏的服饰礼制是否合乎身份。以廉、俭为行政监察目标。内容以返璞还淳、合乎礼制为主，规定衣冠服饰、配饰用品、婚丧嫁娶等，严肃处理僭越行为。行政官吏的家仆也被这种衣冠礼制约束着，同样对他们的违犯行为严惩不贷。奴仆所着服饰若出现违法越制的行为，惩罚则是为官的主人罚俸一年。康熙皇帝很认同陈廷敬的提议，因此等级有别、上下有序的要求出现，切实奉行成为必须之事，监察官员不断对官吏进行提醒。并且，在陈廷敬看来，贪污腐化的形成原因是等级不明、尊卑不一、互相攀比所致。"机丝所织花草虫鱼，时新时异，贫者循旧而见嗤，富者即新而无厌，转相慕效，积习成风。由是富者黩货无已，贫者耻其不如，冒利触禁其始由于不俭，其继至于不廉"。若限定各级官吏服饰、穿戴以及出行仆从规模等，不贵难得之货，无有可争之事，那么可以对官品的层次进行确定，明确官民的区别，使人心正、风俗厚、教化淳、廉俭存、贪奢去，天下移风易俗，回心向道，天下归心。

陈廷敬对于汪琬断案"援经附律、毋枉纵降"，在行政监察思想上，陈廷敬同样是引经据典、以礼入法。依陈廷敬的观点，教化先于刑法是劝廉惩贪的行政监察中的重要原则，其与德主刑弼的法治思想是一致的。通过这种方法可以恢复封建道德秩序，防治官吏的贪污腐败问题，短时间内便能见效。

除此之外，陈廷敬在官吏的保荐方面也特别关注官员是否廉洁奉公、在职有无火耗等。康熙二十四年（1685 年），陈廷敬上疏称，督抚保举、荐举府州县官，首先第一步是加上"没有加派火耗"的字样。参照徇私荐举之例，对待所陈不实的保举人，若是督抚，则降二级调用；若是主管的道府等官，则降三级调用。在陈廷敬看来，正上明下是澄清吏治，应对贪官污吏屡禁不止现象的方法之一。级官吏敢有加派火耗、黩货、朘削，并非都是胥吏之罪。稍微知书达理之人都不会沦弃自我。贪墨之风盛行的主要原因是上司所迫。这就是所谓的其身正，不令而行，其身不正，虽令不从。面对此种情况，陈廷敬以身作则，他刚直、清廉，任左都御史之前，就曾言传身教，提出"设官教人非以贿令也"。朱彝尊赞其"直似益都，清如曲沃"。在担任少宰辖钱局到调任大司农的五年时光里，他不为钱所动。他在吏部任职时清除了官员铨选方面存在多年所有的弊政。曾有藩司意欲夤缘，携千金欲求一见，尽被陈廷敬叱去，从那以后，没有人敢找他跑官要官。

监察理念得以实现的重要保证便是监察程序，其也是一种监察制度实施的表现形式。针对当时的监察程序，陈廷敬提出了一些建议，有以下几点。

第一，为便民利国，简化审核程序。陈廷敬在康熙二十四年（1685 年）应对山东水灾之难时，不但对官吏严格要求，分析地亩质量高下、数量多少，防止当地官吏虚报不实，中饱私囊，还提出简化申请灾荒蠲免的程序。水旱之灾，关乎兆民生计，尽快赈灾为便。曾经在上报灾情之时，巡抚总是先奏"情形"再说分数，最后称"没有捏报"。优先派遣官员踏勘，是上级官员审核的第一步，然后进行地亩高下的分析等，最后覆免。以此不断反复，"德音下逮近省已踰半年，远省将不止一载"。这种方式大大降低了行政效率，根本无法及时对应对灾害事件。其中有些手续可以通过简化合并。"被灾之分数即见地亩高下之间，而地亩之高下即宜分晰于分数多寡之内。盖再题而该部可具覆矣，不必驳察至再，而具题至三也。"更何况上级单位委派官吏，勘察分数，分析地亩高下，其准则都是照例根据巡抚之具题，出入并不大，其所言的核实也就成了一种形式。如此的话，不如改变之前的程序，只要保证有册结便可作为依据，"即宜具覆豁免，更不再驳"。如若不然，繁杂的手续很难不让百姓饱受水火之灾，同样鱼肉百姓，以公肥私的情况也会出现在猾吏奸胥之中。

第二，监察官员上奏前的请谒要禁止。请谒制度是一种旧有的，对建言效果有巨大影响的关键因素。以前，预先向堂官僚友透露信息是建白之事的第一步，与此同时还将汇报给上级。其不仅增加工作环节、降低工作效率，还使监察的独立性难以保持，判断难免被人情世故所干扰，也就无法保障正言无隐，必然会大打折扣，难以公平公正。消除这一弊病，有利于优化监察官员上报的程序，降低下情上达过程中被篡改压制的概率，不断提高监察官、监督官吏的积极性与工作效率，使"正言无隐而后克复斯职"。强化了越来越多可以直接面呈皇帝的言官，将第一手消息直接呈报给皇帝，君主集权，皇帝自然加大了支持力度。

第三，注重实地调研，谨慎考核。取消单方面听取官吏的述职汇报和其所管辖地区的税收数据，在监察、考课行政官吏时，要深入基层，对官吏政绩进行全面的考核。"故督抚之能与不能，视其所治之民而已矣。民之安与不安，视其刑之清与不清，政之简与不简而已矣"。其所治之民的切实反应就是行政官吏政绩的最好体现。若百姓在其治理的地界中安居乐业，其政清刑简，政绩会很好。除此之外，不要武断地评论官吏。判断前，做到事久论定之后再判断，客观全面，能够在行政监察中达到"洁己教吏"。

第二节　监察法典——《钦定台规》

清兵入关以后，清朝在沿用明朝法律的同时，还积极参汉酌金，因时制异，进行了大规模的整章建制活动。在监察立法方面，清朝有很大的建树，使立法从简单走向了完备，从专门法典发展到实施细则，从配套法规到专门实施机构，一应俱全，相当完备，将我国古代监察法推向最高峰。

清代的中前期是监察立法的高峰时段，最为突出的是康雍乾时期，此时期的监察法律体系化构建已经基本完成，可谓监察立法的"盛世"时期。已有的监察法律体系在嘉庆、道光时期得到了进一步完善，特别续修了《钦定台规》，完备、细化了监察法规。咸丰、同治时期，监察立法方面建树较少，主要是守成，原因是监察法律体系已经构建完成且比较完善。内忧外患、国势动荡、吏治腐败严重是晚清特别是光绪时期的状况，清政府希望通过整饬吏治振兴国政，因此监察立法又得到了一定的发展，但其主要进行的是法典与则例的续修，从全面的角度来看，并未脱前人窠臼。

我国的封建监察法规，在宋代以前发展缓慢，基本停留在地方监察法的制定上。至元明两代，监察法规才有了较大的发展。清朝统治者比元明统治者更加重视监察法规的制定，《钦定台规》这部法典系统地反映了清代监察制度的全貌。

《钦定台规》是我国封建社会中最完整的监察法典之一，同时被认为是我国监察制度史上第一部以皇帝的名义编纂和颁行的监察法规。《钦定台规》钦定于乾隆八年（1743年）。恭阿拉奉命在嘉庆七年（1802年）领衔重修，嘉庆九年钦准刊布，共分二十卷。道光七年（1827 年），由时任都察院左都御史、礼部尚书和兵部尚书的松筠再续修，增汇 1804—1827 年间都察院所奉圣谕及其陈奏规则，扩展为四十卷。德宗光绪十六年（1890 年），延煦等人再次增辑，增汇 1827—1890 年间的都察院所奉圣谕及其则例，共四十三卷，于光绪十八年由都察院正式颁行。由于这部《钦定台规》是以皇帝的名义颁布的，故谓之《钦定台规》。《钦定台规》以"训典""宪纲""六科""各道"与"五城""稽察""巡察""通例"八大类为主要内容，每类又分为若干目。以文件产生时间顺序排列各类细目的内容。

下面对八大类分别做介绍。

（1）训典：训典主要是清朝皇帝对监察机构和监察事项的敕命，有圣旨、圣谕、上谕等目。

（2）宪纲：宪纲是关于都察院机构设置、职能和任务的规定。有序官、陈奏、典礼、考绩、会谳、辩诉六目。其中，序官是有关都察院设官、职掌、官员品级的规定，并记载了这些规定的沿革情况；陈奏是关于御史上奏与议案的制度；典礼是关于科道官侍班纠仪的规定；考绩是关于"京察""大计"考核、铨选官吏的制度；会谳是关于都察院所承担的复察、参与重案会审及稽核案件的权限、程序的规定；辩诉是有关受理诉讼的原则、程序及处理案件的规定。

（3）六科：六科规定了六科给事中共同执掌和分科执掌的权限。分为通掌和分掌两目。

（4）各道：各道计十五道，十五道包括稽察宗人府御史、稽察内务府御史等通掌和分掌职权、任务及办事原则。

（5）五城：五城是关于五城察院的监察条例、事例，分为纲领、条教、听断、保甲、纠捕、赈恤、禁令、界址、司坊、街道十款。

（6）稽察：稽察是关于都察院派员专察某些特殊机构的制度，分京通十六仓、户部三库、八旗、宗人府等衙门及考试、铨选诸目。

（7）巡察：巡察是关于御史巡察地方的制度，有漕粮、盐政、游牧诸目。

（8）通例：通例是关于御史官员选拔、升转、礼节的规定，分考选、升转、仪注、公署诸目。

通过《钦定台规》的分目，可以看出，此监察法典纲目清晰，规则简要，内容广泛，把清代诸帝颁布的有关监察法规都囊括在内，涉及清一代监察制度的各个方面，它的许多内容很好地发展了历代的监察法。

首先，《钦定台规》明确了监察机构的性质和职能。作为皇权的耳目工具和整肃吏治的独立国家机关，监察机关在皇帝的绝对控制下进行监察，最高的监察权掌握在皇帝手中。《钦定台规》卷一明确规定："台省之设，言责斯专，寄以耳目。"御史是"天子耳目，为朝廷之腹心""明目达聪，责在御史；彰善瘅邪，整纲饬纪"。集中表达了监察机构的特殊性质、地位和职能，是维护君权的"天子耳目风纪之司"。《钦定台规》还规定："条陈在臣下，而允行则出朕旨。"

其次，《钦定台规》明确了监察机关的监察对象和基本任务。由于诸王贝勒大臣对皇权的威胁最大，因此他们是重点监察对象，其次则是诸臣。其基本任务是"凡文武大臣，果系奸邪小人，构党为非，擅作威福，紊乱朝政，致令圣泽不宣，灾异迭见"，具奏弹劾。又题准都察院职掌"纠劾百司，辨明冤枉及一应不公不法事"。还规定："主谏诤，掌风纪、于内外百司政治得失，刑狱出入，无所不当问。"为保证监察机关监察职能的有效实施，《钦定台规》还进一步明确和完善了监察机关履行职责所必需的手段和措施。比如，都察院有参加九卿议事的建议权，审计、注销案卷、稽察朝廷各衙门和巡察地方的检查权，有接受检举、控告、申诉的受理权，又有参与会审重案的司法审判权以及一定的行政、司法处分权，还有弹劾权，等等。这就达到了权责一致，有利于监察职能的行使。

再次，《钦定台规》对监察官的纪律进行严格规定。必须严肃监察官员的纪律，其是对监察机关加强自我监督、自我制约的一种重要措施。《钦定台规》对宋代的《职制令》、元代的《台纲三十六法》及明朝的《监官遵守条款》中有关监察官的纪律条规进行了继承和发展，做出以下规定。

（1）严禁奏事不实。清代统治者为了杜绝诬告、陷害之风，曾多次申饬下诏，要求言必有据。注明年月是处理杜绝纠举之事的第一步，同时将应参事由据实指出，不得妄陈塞责，规定如若言官奏事不据实，则要严加惩处。《钦定台规》卷六十七"康熙九年"题：言官如将贪婪官员列款纠参，审问全虚者，或参官员老病衰庸，涉虚者，"皆降二级调用"，后改为降一级调用。这样做是为了杜绝诬陷之风，但却造成了科道官"心怀畏惧""奏疏寥寥""建白甚少"的局面。从此之后，康熙以后诸帝提出"言官虽有不当，亦不坐罪"的原则，为广开言路、鼓励直言打下基础。既要防止"风闻言事"之弊，又要广开言路，是《钦定台规》制定中的一个比较棘手的问题。清统治者企图以"知无不言，言无不实"为原则解决这个问题，实际上很难办到。

（2）严禁徇私阿党。为了防止科道官利用职权包庇亲戚朋友、同党或陷害他人的行为，《钦定大清会典事例》卷九百九十八中规定，科道官员"若缄默苟容，颠倒黑白，拘私报怨，明知奸恶、庇护党类，不肯纠参，而诬陷良善，驱除异己，混淆国是者，定行重惩"。为了防止科道官员挟私报复，雍正十三年（1735年）规定："科道被人参劾后，并不静听部议，候旨裁夺，倚恃言官之职，妄行具折陈辨者，降三级调用。"此时，一系列回避措施也逐步实施，如巡城满汉御史承审案件时，"遇有同旗同籍之案，如满御史应行回避者，会同别城满御史办理；汉御史应行回避者，会同别城汉御史办理，如满汉御史均应回避，将原案移交别城审办，以杜瞻徇"。又规定，京察甄别时，各衙门堂官不接见属吏。都察院、吏科、河南道门上各贴"回避"字样，不许接见宾客。各地巡按御史，自命下之日起，在门上大书"回避"字样，不许见客，不收书，不接纳书办人役，不赴宴会，且限定领敕后三日出京，沿途不准停留。《钦定台规》中有关这类回避的规定颇多，制度可谓严密，目的是防止科道官员在执行监察时偏袒亲朋党羽。

（3）严禁泄露机密。《钦定台规》规定：广泛查阅院部机密档案是科道官员的职能，但档案不准私自带出院门，不准泄露档案内容。凡科道官员所上奏折，不可与人商量，自行泄漏密奏，私自留存底稿者一经发现，重罚本人。顺治十八年（1661年）规定："言官题奏，应密不密者，罚俸六个月。"这只是对一般机密泄漏者的处分。还规定凡奉旨事件未到部之先即行抄传者，该科给事中罚俸六个月。

（4）严禁贪赃受贿。为防止科道官利用职务权力谋取私利、贪赃枉法，《大清律例》规定：科道官若受人馈送，收人财物以及买卖多取价利，则较其他官员罪加二等处理。《钦定台规》卷三十六也有类似规定。

除上述《钦定台规》规定的监察机构必须遵守的纪律外，还将监察官员的上班制度、官阶礼仪、轮班上奏、案件结案、失察失职等进行了相应规定。

最后，《钦定台规》还发展了历代监察法中关于监察官任用原则、任用方法的有关条规。其具体内容将在下文关于监察官的选任中阐述。

第三节　监察法规——《都察院则例》《五城巡城御史处分例》

除《钦定台规》这样的综合性监察法典外，清代还出现了许多针对专门部门或事项和特定对象的专门监察法规，以补充《钦定台规》的不足。

一、《都察院则例》

现存《都察院则例》有两个版本，其一是上下两卷本，其二是六卷本（第二卷缺失），它们都是乾隆内务府抄本，颁发日期并未被注明。从内容上可以看出它们制定于乾隆年间，且六卷本的《都察院则例》编纂时间晚于两卷本《都察院则例》。将两者进行对比，可以发现，在内容上两卷本的《都察院则例》不如六卷本的《都察院则例》丰富，六卷本的《都察院则例》主要增加了五城巡城御史的职责规范。以下是两个版本的《都察院则例》的目录，两者间的差异一目了然。

（一）《都察院则例》两卷本目录

此为乾隆内务府抄本，共两册，台纲内容截至乾隆十三年，详细目录如下所示。

1.卷上目录

卷上包括 17 部分，详情如下。

（1）台纲。

（2）稽察部院事件。

（3）注销期限。

（4）稽察部院书吏。

（5）京裴道刷卷。

（6）稽察户部三库。

（7）稽察工程。

（8）稽察宗人府事件。

（9）稽察内务府事件。

（10）稽察理藩院银库、内外馆及照看鄂罗斯来使。

（11）稽察八旗事件。

（12）稽察五城事件。

（13）稽察步军统领衙门事件。

（14）稽察直省补参事件。

（15）稽察直省难结事件。

（16）稽察移咨直省事件。

（17）稽察会议会审。

2. 卷下目录

卷上包括 45 部分,详情如下。

（1）京察。

（2）大计。

（3）军政。

（4）盐政考核。

（5）议处。

（6）验看月官。

（7）验看因公降格人员。

（8）科道降格留任。

（9）议叙人员。

（10）满洲荫生。

（11）笔帖式。

（12）六科笔帖式。

（13）笔帖式考试翻译。

（14）司坊官丰满保提。

（15）谳狱。

（16）会审。

（17）热审。

（18）秋审。

（19）巡视监狱。

（20）勾决。

（21）州县揭报。

（22）侍仪。

（23）朝会纠仪。

（24）祭祀纠仪。

（25）乡会试监察。

（26）武乡会试监察。

（27）殿试监察。

（28）考试贴写中书汉中书见任笔帖式。

（29）会同审音。

（30）出差。

（31）巡城。

（32）巡仓。

（33）巡酒。

（34）巡盐。

（35）巡察台湾。

（36）巡察盛京、船厂、黑龙江。

（37）台制沿革。

（38）内升外转。

（39）补授掌道。

（40）补授给事中。

（41）御史定额。

（42）直月。

（43）督催所。

（44）两厅分掌。

（45）笔帖式定额。

（以上资料来源于《都察院则例》乾隆内府抄本，藏于国家图书馆善本书库）

（二）《都察院则例》六卷本目录

以下为乾隆内府抄本目录，共五册，宪纲内容截至乾隆二十年。

则例一为宪纲。则例二已遗失，在此不做叙述。下面重点展示则例三至则例六的目录内容。

1. 则例三目录

则例三包括以下 30 部分内容。

（1）稽查部院事件。

（2）注销期限。

（3）稽查部院书吏。

（4）京畿道刷卷。

（5）稽查户部三库。

（6）稽查工程二库。

（7）稽查宗人府事件。

（8）稽查内务府事件。

（9）稽查理藩院银库、内外馆及照看鄂罗斯来使。

（10）稽查八旗事件。

（11）稽查五城事件。

（12）稽查步军统领衙门事件。

（13）稽查直省补参事件。

（14）稽查直省难结事件。

（15）稽查移咨直省事件。

（16）稽查会议会审。

（17）京察。

（18）大计。

（19）军政。

（20）盐政考核。

（21）议处。

（22）验看月官。

（23）验看因公将革人员。

（24）科道将革留任。

（25）议叙人员。

（26）满洲荫生。

（27）笔帖式。

（28）六科笔帖式。

（29）笔帖式考试。

（30）司坊官俸满保题。

2.则例四目录

则例四包括 30 部分，目录如下所示。

（1）谳狱。

（2）会审。

（3）热审。

（4）秋审。

（5）巡视监狱。

（6）勾决。

（7）州县揭报。

（8）侍仪。

（9）朝会纠仪。

（10）祭祀纠仪。

（11）乡会试监察。

（12）武乡会试监察。

（13）殿试监察。

（14）会同审音。

（15）出差。

（16）巡城。

（17）寻仓。

（18）巡漕。

（19）巡盐。

（20）巡察台湾。

（21）巡察盛京、船厂、黑龙江。

（22）台制沿革。

（23）内升外传。

（24）补授掌道。

（25）补授给事中。

（26）御史定额。

（27）直月。

（28）督催所。

（29）两厅分掌。

（30）笔帖式定额。

3. 则例五目录

则例五包括18部分，目录如下所示。

（1）巡城执掌。

（2）司坊分理。

（3）事件期限。

（4）五城地界。

（5）条教（宣讲圣谕）。

（6）米厂。

（7）栖流所。

（8）孤贫银米。

（9）羁禁口粮。

（10）禁止遗弃婴孩。

（11）捕蝗。

（12）救火。

（13）巡夜。

（14）义冢。

（15）命案。

（16）盗案。

（17）窃案。

（18）发缘之案。

4. 则例六目录

则例六包括35部分，目录如下所示。

（1）官员赴任。

（2）废员回籍。

（3）乡会试禁约。

（4）书吏役满。

（5）驱逐游惰。

（6）邪教。

（7）私销。

（8）吓诈。

（9）拐骗。

（10）霸占。

（11）赌博。

（12）煤窑。

（13）戏馆。

（14）经纪。

（15）马匹耕牛。

（16）火房。

（17）保结。

（18）取保。

（19）送刷。

（20）清理街道。

（21）沟渠。

（22）石路。

（23）民房。

（24）客店。

（25）教场。

（26）河涯。

（27）追承。

（28）羁禁。

（29）递解。

（30）供应。

（31）书吏。

（32）皂隶。

（33）总甲。

（34）捕役。

（35）杵作。

《都察院则例》和《钦定台规》在清代前期同时存在过。乾隆三十九年，《都察院则例》被御史陈朝础奏请修改，乾隆谕旨答曰："殊可不必。"因此《都察院则例》不再续修。相反，《钦定台规》却不断被续修，其作用一直延续到清朝末年。

二、《五城巡城御史处分例》

清朝统治者为了加强监察监督各级监察官员特地定制了违法惩处条例，《五城巡城御史处分例》就是这些条例中的一个。其制定于嘉庆五年（1800 年），规定了五城巡察御史职务职责，与失职行为或者不法行为的处分办法。例如，"窃案获不及十至二三，罚俸六个月；盗案三案未获，罚俸三个月；五案未获罚俸六个月；六七案以上未获，罚俸一年"。

三、《巡方事宜》

顺治八年（1651 年）三月，针对巡按监察制度，曾制定《巡方事宜》五款。

（1）按臣之差额宜定。督学，则直隶一差，江宁、苏松，应分为二差。巡按，则顺天、真定，应并为一差，江宁苏松、淮扬，并为二差，浙江、江西、湖北、湖南、福建、河南、山东、山西、陕西、四川、广东、广西，各为一差。又巡漕一差，宣大一差，甘肃一差，茶马一差。巡视盐政，则两淮、两浙、长芦、河东，为四差。京通巡仓一差。巡视五城为小差。照资序酌用。

（2）出差之限期宜严。御史奉差，一经命下，应照主考分考例回避，不见客、不收书、不用投充书吏员役、不赴宴会钱送。领敕后三日内，即出都门。

（3）在差之员役宜禁。入境之日，止许自带经承文卷书吏。所至府州县，取书吏八名、快手八名，事毕发回随地转换。不得留按差书吏承差名色、不得设中军聘用等官以及主文代笔。暨府州县运司等官铺设迎送，概应严禁。

（4）在差之事迹宜核。命下之日，每一差立为一册，自出都以及入境，一应条陈、举劾、勘报等事，按日登记，以凭考核。

（5）差满之期候宜定。督学奉差，或三年、或二年半，侯岁考科考一周造册报满。巡漕盐政一年交代。其余大差、中差以一年六个月为期，皆照例三月前报满。至于声望应褒、溺职当彻者。不拘年月，差回之日，公同考核。三日内议定优劣，具疏奏请，分别劝惩。从之。

顺治十八年（1661年），制定了《巡方事宜》十款，主要包括以下内容。

（1）禁地方官谄媚巡方，私派供应。

（2）察州县官于额外私派，果有私派，即行纠参。如巡按不纠，以溺职论。

（3）巡按于属官内，清廉贤能者，不举，而反劾，贪酷阘茸者，不劾，而反举，被臣衙门及科道访察纠参，革职，从重处分。

（4）纠参大贪，应首严于藩臬道府。今后若但以庸冗老病塞责者，将该御史从重治罪。

（5）巡按于地方利弊，要必实心详察。差满后，曾兴何利，除何弊，册报臣衙门详核。真实者，以优等论叙。草率虚诳者，题参惩处。

（6）访拏衙蠹，必先本院衙门奸恶，其次督抚、司道、府厅、州县分司衙门及地方棍豪。实系大奸大恶之人，务须严拏，毋致巧脱漏网。其该管官隐匿，即行参处。如已揭报，而御史故为宽纵，指称访拿名色，捉拿无罪之人，诈取财物，随复纵放者，该抚即行纠参。

（7）巡按入境及出巡地方、铺陈等物，应自携带蔬、薪，发银买办。如地方官献媚取荣及巡按携带主文、书役、家人、厨役前站之类，以致扰驿累民，督抚访确，即行题参。

（8）巡按入境后，属员不得越境参谒，其随巡该道刑官办理公事之后，即令速回。其督、抚、按互相馈遗结纳，照旧禁革。

（9）互纠之法，原欲彼此觉察，然从未有督抚指参。

（10）巡方者，今后御史倘有不法而督抚明知不纠者，一并议处。

（11）考核御史，立为上、中、下三等，其在地方清慎端严，恪遵上谕，洁己爱民，奖廉去贪，兴利除害，听断明恪，锄蠹捍患，轸恤民瘼，察核钱粮，招抚流移，垦荒兴学等事，无不修举，又能大破情面，纠察地方恶宦劣衿者，臣等照例酌量分别加级纪录，回道管事。其次，谨慎奉法察吏安民者，准其回道管事，其行事碌碌无实政及民者参送、吏部降调外用。至于有徇情贪贿等弊，臣等访确，即据实纠参，革职治罪。这些都是为稳定国家政治秩序、发展经济的刚入主中原的清王朝的行动。虽然巡按制度几兴几废，但是在清初所制定的许多《巡方事宜》，是针对地方官的监察条例，同时作为监察法律规定也具有很大影响，是《钦定台规》的基础。

四、其他

在清代，统治者十分重视对朝廷官员的法纪监察和政绩考核。清初沿袭了明制，曾定考满之典四条："外吏之实俸难满，宜三年册报，以稽政绩；升转之迟速不同，宜通俸并考，以免遗漏；优考之名实难副，宜详列事实，以杜冒滥；贤否之鬙评贵详，宜公同考核，以昭大公。"

顺治时期，制定满官京察则例，规定凡三品以上满洲官俱于考察之前具本自陈。有出征奉差者，事竣之日补陈。四品以下不论出征奉差，俱由堂官详加考核，注明贤否，密送部院。内三院四品以下官，吏部、都察院会同内院考察。六科掌印官由部院考察。其余俱由各科掌印官开列实迹，注明考语，汇送部院。其考察事宜俱照八法处分。

乾隆时期，为整饬吏治，更是制定了大量专门监察法规。例如，乾隆六年（1741年）制定了《京察滥举处分条例》，乾隆八年（1743年）制定了《开复革职办法》，乾隆十二年（1747年）制定《侵贪犯员罪名》，乾隆十五年（1750年）年钦定《侵亏案条例》，乾隆十八年（1753年）制定《三品京堂京察例》，乾隆十九年（1754年）制定《吏部官员处分划一条奏》，乾隆二十二年（1757年）制定《查灾委员处分例》，乾隆二十四年（1759年）制定《考察内外大员例》，乾隆

二十八年（1763 年）制定《职官犯罪脱逃治罪例》，等等。❶

第四节　其他配套法典、法规

一、国家立法

（一）《大清律例》的形成及相关规定

顺治元年（1644 年）六月，当时的大臣柳寅东、孙襄、吴达海等人建议被摄政之睿亲王多尔衮采纳，并颁下了修订《大清律集解附例》的上谕，并于顺治三年三月颁行。作为成文法典，它是第一部真正意义上较为完整的法典。但其篇目、分卷均沿袭《大明律》，这是由于当时立国未稳，四海未靖，编纂仓促等原因，其与明律律文出入者十分有限。康熙九年（1670 年），复由大学士对喀纳等，会同都察院、大理寺又校正《大清律集解附例》的满、汉文义。其中保留了大量《明律》的内容，同时增加了对于逃人、逃旗等与当时民族征服相关的一些规定，满、汉律文之间对译问题是其关键侧重点。雍正时期，清代律例逐步趋向定型。雍正元年（1723 年），胤禛命大学士朱轼等为总裁，将律例进行"逐年考证，重加编辑"，厘定成书，是为雍正朝《大清律集解》。该书共分六类，三十门，律文四百三十六条，附例八百二十四条，律后又附"比引条例"三十条。律首列有"律分八字之义""六赃图""五服图""狱具图""丧服图"等多种图表。乾隆即位之初，即于乾隆元年（1736 年），命三泰等人"逐条考证，重加编辑"，在乾隆五年（1740 年）最终完成，以《钦定大清律例》定名，是清代最为系统、最具代表性的成文法典。

由《大清律例》构成了清朝的基本大法，其地位是居于清代的各种法规之中的主导地位，是各种法规的渊源和基础。由"名例律"和"六律"构成了它的总体框架。"名例律"列于篇首，是关于刑名、刑等、刑之加减、恤刑、赦免、共犯、自首、类推等方面的原则性规定，其作用大致相当于现代法律之"总则"。"六律"与朝廷六部相对应，即吏律、户律、礼律、兵律、刑律、工律，基本上范围是根据六部的管理事务来进行划分的，并且有十分详细的处罚各级官员在失职、渎职、

---

❶ 张晋藩.中国法制通史：第八卷 [M].北京：法律出版社，1998：385.

贪污、行贿受贿等方面的规定。换句话形容，它就是古代的法律之大成之作，也是效力最高的与监察法专门相配套的刑事法律。以此，我们可以了解到清代的惩贪法律更加系统和完整，试图将严厉惩贪展现出来，并通过这样的方式让朝廷处于长治久安之中。从古代法律体系本身讲，这些条款是非常严厉细密的，而且形成一张法网，让贪官污吏望而生畏。

（二）《大清会典》《大清会典事例》的制定与相关规定

五朝会典是《大清会典》的别称，是五个朝代康熙、雍正、乾隆、嘉庆、光绪所修会典的统称。目的是，规范行政活动，提高行政效能。从清代开国到清末的行政法规和各种事例都在《大清会典》中有详细的记述，高度完备的封建行政体制也由此得以反映。《大清会典》五朝首尾相连，内容翔实丰富，体例严谨。《大清会典》不仅在我国，而且在世界上都是最为完备的古代行政法典。

《康熙会典》的修订仿照了《明会典》，运用"以官统事、以事隶官"的编纂体例。会典的正文按中央各行政机关分卷，每个行政机关之下，具体规定该机关的执掌、职官设置、处理政务的程序方法等。与机关相关的则例附在正文之末，以起到补充正文的作用。"以典为纲，以则例为用"的原则被《乾隆会典》所采用，这是种新的体例，其方式是将典例进行分别编纂，其改变的原因是典与例的不同性质导致的典经久不变、例因时损益。将典制与实行之事例编在一起的方式是康熙、雍正两朝相同的修会典的方式。自乾隆朝修会典之后，典制与事例分别编纂，《大清会典》是典制部分的名，记载修会典时的制度，部分是以前旧制的延续，一部分是改进或新增之制，并在修会典以后延续一段时间。

《大清会典则例》是乾隆会典的事例部分，在嘉庆、光绪两朝时期所修名为的《大清会典事例》，记载制度实行方面的相关史事，反映制度上的某些变化。事例均上溯至清初。其是事例的来源，但并非照录上次所修会典之事例。

都察院和通政使司的专章在《大清会典》《大清会典事例》之中都有设定，并对都察院及通政使司的机构设置与职掌进行了具体的规定。其中都察院的相关规定基本相同于《钦定台规》，只是《大清会典》相对概括，且不可轻易变更，"以典章会要为义，所载必经久常行之制，兹编于国家大经大法，官司所守，朝野所遵，皆总括纲领，勒为完书"。而《钦定台规》则详细具体，并随着世易时移而不断修订，"其诸司事例，随时损益。凡颁之纶绋，议自群寮，旧制新裁，与夫微文末义，缕析条分，并详则例。以典为纲，以则为目，庶详略有体"。

二、部院立法（各部院则例等）

在清代，除将部院立法作为行政宪章的会典之外，纂辑则例是各衙门的工作方式。归纳衙门中经办的事例，编选成册，在皇帝的批准之后颁布实施。作为会典的实施细则，就是让有关官员在办理事务时有所遵循参照。清代各部院的《则例》，实际上就是各机构或各专门事项的规制，与现代各机关的具有一定法律性质的"工作细则""办事章程"等相类似，但在实施过程中不时因事、因时而遵旨变更。自康熙朝始，对各项《则例》不断进行修撰，直到乾隆朝又定每五年小修、十年大修的修撰制度，这反映了清王朝政治制度的稳定。但能够见到的各项"则例"，其纂修年代大多数与规定不符的纂修年代，这种现象也就意味着各种律例条规在不断的变化。❶ 因未至修订之年，而原《则例》已各处增删，乃至承办衙门难以遵守，不得不随时纂办；有的则因应修之年例案增改无多而推移。在清王朝政治统治中，《则例》的作用不可替代，它既是各衙署行政或某种制度比较细致的规则，又是监察人员进行监察的法律依据。

（一）《六部现行则例》

《六部现行则例》的别称则是《新纂更定六部现行则例》。康熙中期，在颁布会典的基础上，将清初至康熙四十一年间的各级官府办事规则、违犯处分条例分门别类作为定例颁发实施。《六部现行则例》按六部及督捕衙门顺次进行排列，对各部的办事规则、程序和权限，以及对越权的制裁，对各级官员履行职责的规定与违反职责的惩处都分别进行了详细的规定。如刑部规定，官员凡因公私借铜银，玩忽职守造成罪犯越狱潜逃，或者监毙人命，通贼叛卖，京官失察，私自出海贸易，以及诬告等多种行为，都属于官员违反刑事规定且要求追究刑事责任。清朝建国以后较为详尽的各部具体执行职务的实施条例，如督捕衙门款里规定，有买卖人、出首逃人、解役疏脱逃人、错行夹讯、文武官员失察等各种例。这对保证官员的清廉和有效的行政效率发挥了重要作用。《六部处分则例》是由《六部现行则例》进一步修订而成，其中对各级官员违反规定的处罚更为严密详尽。❷

（二）《钦定六部处分则例》

《钦定六部处分则例》制定于康熙初年，增删于雍正三年（1725年），颁行于

---

❶ 丁华东. 清代会典和则例的编纂及其制度 [J]. 档案学通讯：1994（4）：50-52.

❷ 张晋藩. 清朝法制史 [M]. 北京：中华书局，1998：171.

乾隆七年（1742 年）。《钦定增修六部处分则例》是在道光时期发展而成的。光绪十三年（1887 年）重修颁行，名为《钦定重修六部处分则例》。其中将吏、户、礼、兵、刑、工六部关于各辖官吏应得之处分与奖励办法逐一排列。主要内容如下：

（1）吏部——降罚、升选、举劾、考绩、赴任、离任、本章、印信、限期；

（2）户部、礼部——催征、解支、盘查、承追、科场、学校、田宅、户口、盐法、钱法、关市、灾贩；

（3）刑部——盗贼、人命、逃人、杂犯、提解；

（4）吏部、户部——归旗、事故、旷职、营私、书役、仓场、漕运；

（5）礼部、兵部——仪制、祀典、文词、服饰、驿递、马政、军政、海防、变法；

（6）刑部、工部——审断、禁狱、河工、修造。

（三）《六部则例》

《六部则例全书》是《六部则例》的别称，首次颁行于康熙五十五年（1716年）。清初到康熙五十五年以前颁行的《六部官员办事遵循规范》是它的基础，即违制处罚定例修订而成的一部则例。相比较于《六部现行则例》，《六部则例》的条款更多，其内容上主要突出吏部条款部分，反映了清代重点治吏的统治思想。

（四）《钦定吏部则例》

《钦定吏部则例》包括吏部办事章程、官员奖罚等规定。在此基础上，清代吏部各司均编有则例，相当于《钦定吏部则例》在各司的实施细则，如《吏部铨选司则例》（为吏部下设的铨选司对于吏部所辖官吏的铨选、奖罚、推荐、革除等各种规定）；《吏部验封司则例》（它是吏部下属机构验封司的主要办事规定。根据成案和钦准条奏编辑而成，内容包括六项：①世爵，有功臣封爵、世爵袭替、世爵犯罪、绿营世职等目；②封典，有请封品秩、封存赠妻、丁忧官给封等目；③恩荫，有承荫次序、荫生考试、荫生录用等目；④难荫，有难荫录用、残于王事赠衔等目；⑤土官，有土官承袭，土官降罚、请封等目；⑥书吏，有充被书吏、书吏调缺等目）；《吏部稽勋司则例》（它主要包括吏部稽勋司考核升降官员的规定与程序，内容包括七项：①公式，有满汉京官相忧分别题奏、无关铨选人员丁忧起复等目；②丁忧，有丁忧治丧定制、官员承重丁忧开明嫡长、居丧不嫁娶等目；③回籍，有外任汉官丁忧起程回籍到籍限期、废员丁忧不准回籍等目；④服满，有官员呈报起复、官员服满无丁忧原案等目；⑤旗员事故，有京职旗员丁忧服满、八旗官员治丧等目；⑥终养，有外任旗员停止终养、汉官呈请终养等目；⑦杂例，有官员呈报出继、独子出继、汉官呈请入籍等目）。

（五）《钦定吏部处分则例》

《钦定吏部处分则例》是吏部对所辖官员奖励与处罚的各种处分规则并吏部下属各司办事细则与规定。《吏部处分则例》是根据呈案通行和钦准的条奏，把官吏办事违制应受处分均按六部定制，主要包括以下四十九项。

（1）吏部：有公式、降罚、升选、举劾、考绩、赴任、离任、本章、印信、限期、归旗、事故、旷职、营私、书役十五项；

（2）户部：有仓场、漕运、田宅、户口、盐法、钱法、关市、灾赈、催征、解支、盘查、承追十二项；

（3）礼部：有科场、学校、仪制、祀典、文词、服饰六项；

（4）兵部：有驿递、马政、军政、兵器、海防、边防六项；

（5）刑部：有盗贼、人命、逃人、杂犯、提解、审判、禁狱、用刑八项；

（6）工部：有河工、修造两项。

《钦定吏部处分则例》的制定，为各级官员的有效行政处罚提供了法律依据，历朝均根据当时的情况重新修编，雍正、乾隆、嘉庆、道光、同治、光绪等各朝先后修编的处分则例，同刑律中的吏律相配合，对职官行使职责中的犯罪行为及其违法违纪行为形成了一套系统的惩罚处治规定，对于清朝在监察法律体系建设中而言这是一个重大成就。

（六）《钦定吏部铨选则例》

《钦定吏部铨选则例》修订于康熙末年，在雍正三年（1725年）颁行，原有的形态是满汉两种文本。内容包括满汉官员的推举、考察、提拔以及重要使节的入选和边塞官员的任用，同时还有具体的选拔程序。《钦定吏部铨选满官则例》和《钦定吏部铨选汉官则例》的拆分是它进一步具体细化后的展现。

（七）《钦定兵部则例》和《钦定兵部处分则例》

康熙末年开始修订《钦定兵部则例》，复修于雍正三年（1725年），军事官员的选拔考核以及违纪处分的规定是则例的主要适用范围。《钦定兵部议处则例》是《钦定兵部处分则例》的别称，内容主要是军事官员违反军纪或军务方面的处罚规定，《钦定吏部处分则例·兵部》中基本规定是它所遵循的内容，其中又增加了处分、量刑、流放等具体条款。

（八）《刑部新定现行则例》

《刑部新定现行则例》是顺治、康熙时期刑部的重要则例，出于顺康时期，由大臣黄机奉命修订，在康熙十九年（1680年）刊布实行。其主要的内容是刑部的职责规定、刑事审判原则以及司法行政方面的具体规定等。

除了以上则例，其他部院中也均有自己的则例，如《钦定户部则例》《钦定礼部则例》《钦定工部则例》《钦定理藩院则例》《钦定宗人府则例》《钦定学政全书》〔乾隆三十九年（1774年）修订，虽取学政全书一名，实则是乾隆二十一年（1756年）礼部所颁学政全书到三十八年（1779年）间的学政则例。它包括学宫事宜、学校条规、厘正文体、考试事例、书院事例、录送科举、讲约事例、学政事宜、考试场规、采访遗书、颁发书籍、贡监事例、官学事例、阅卷关防等八十门，完全是种则例性质的法规〕、《钦定宫中现行则例》《光禄寺则例》《钦定太常寺则例》《钦定总管内务府现行则例》等。

三、专门事项立法

已收集到的清代则例大致可分为两大类：其一，属朝廷各衙门（或其内部机构、所属机构）的。例如，《钦定宗人府则例》《钦定吏部则例》《钦定总管内务府现行则例》等。内部机构的，如《钦定吏部稽勋司则例》《钦定吏部验封司则例》《总管内务府会计司现行则例》等；也有专为各衙门某项职掌而制定的，如宗人府的《王公处分则例》、吏部的《铨选满官则例》、户部的《军需则例》等。其二，属各专门事项的。例如，《钦定八旗则例》《钦定回疆则例》《钦定科场条例》（道光朝）、《续增科场条例》《钦定武场条例》《督捕则例》《武职处分则例》《钦定户部鼓铸则例》《钦定户部漕运全书》《漕运则例》等。其中有很多与监察有关的则例，如顺治十四年（1657年），《劝惩则例》为督垦荒地而制定，规定"督抚按一年内垦至二千顷以上者纪录，六千顷以上者加升一级；道府垦至一千顷以上者纪录，二千顷以上者加升一级；州县垦至一百顷以上者纪录，三百顷以上者加升一级；卫所官员垦至五十顷以上者纪录，一百顷以上者加升一级；文武乡绅垦五十顷以上者，现任者纪录，致仕者给扁族奖。其贡生、监生、民人有主荒地仍听本主开垦，如本主不能开垦者，该地方官招民给与印照开垦，永为己业。若开垦不实及开过复荒，新旧官员俱分别治罪"。

在顺治十五年（1658年）制定了《科场条例》，对科举考试中考官的职责进行了严格的规范："一，解卷迟延，司府官每十日罚俸两月，如系解役耽搁者另行治罪。二，磨勘试卷字句可疑，一卷主考官罚俸九月，同考官降三级；二卷主考官罚俸一年，同考官降四级；三卷主考官降一级，同考官革职提问；四卷主考官降二级；五卷主考官降三级；六卷主考官革职；七卷主考官革职提问。三，文体不正，一卷主考官罚俸六月，同考官降一级；二卷主考官罚俸九月，同考官降二级；三卷主考官罚俸一年，同考官降三级；四级主考官降一级，同考官革职；五卷主考官降二级，同考官革职提问；六卷主考官降三级；七卷以上主考官革职。四，举子试卷字句可疑，文体不正者俱褫革；有蒙词累句者罚停会试二科；不谙禁例者罚停会试三科。五，用墨笔、蓝笔添改字句者，主考官降三级，其同经共阅，查系何官笔迹亦降三级，同阅官降一级。六，卷面主考官列名注批外，同考官俱叙品级列衔。违式者，主考官降一级。七，取中卷内，二、三场同考官蓝笔不全点阅，各降一级，主考官罚俸一年；副榜卷不全点阅，同考官各罚俸一年，主考官罚俸九月。八，用诸生原墨，稍加裁定，以刊程文，各考官轻率改作者降三级。九，殊卷应先填举子名次，后填姓名。墨卷虽有姓名，亦应填写名次。违者，主考官降一级。十，墨卷错落及违式应贴不贴者，受卷官降一级，本生文内笔误一、二字，不碍禁例者，罚停会试一科。错落题目者罚停会试二科。其文内有不谙禁例，字句稍涉可疑者，罚停会试三科。十一，誊写错落数行者，对读任错不改者，誊录、封读官各罚俸九月。十二，对读向用蓝笔，今改用黄笔，违者官降一级，对读生员黜革"。

顺治十六年（1659年），制定《垦荒考成则例》。规定"州县官十分全完者纪录，未完不及一分者降俸一级，一分者降俸二级，二分者降俸三级，三分者降职一级，四分者降职二级，五分者降职三级，六分者降职四级，七分者降职五级，俱戴罪督催，完口开复。八、九、十分者俱革职为民。部差司官见年催征，十分全完者纪录；未完不及一分者罚俸一年；一分者降俸一级；二分者降职一级，照旧管事；三分者降职二级，调用；四分以上者革职为民"。

顺治十七年（1660年），制定《漕粮二道考成则例》。规定"山东、河南二省漕粮数少，粮道十分全完者纪录一次，欠一分者罚俸一年。再运人欠一分者降一级调用。一运欠二分者降二级调用，欠三分者革职。江南、江北、江西漕粮数多，十分全完者升一级，欠一分者罚俸一年。再运又欠一分者降一级调用。一运欠二分者降二级调用，欠三分者革职。其有前官遇丁忧事故，后官接管运事者，如在未开帮以前，后官照例升罚降革，前官免议。如在开帮以后，接管官十分全完者纪录，欠一分者降俸半年，欠二分者降一级调用，欠三分者降二级调用，欠四分者革职。前官酌量议奏。漕道以通漕计算，十分全完者升二级，其罚俸降革例与粮道同。至各省押运通判应照开帮以后接管粮道例"。

四、地方法规（省例和其他有关规章）

除上述的国家法和各部院则例外，还要考虑全国地方广大、不同的风俗习惯，经济发展水平的参差不齐等实际情况，以便加强对各级官吏的监督。因此出现了下述地方性法规，例如，《顺天府则例》《江苏省例》《晋政辑要》《治浙成规》《西江政要》（分别有布政司本和按察司本）、《福建省例》《广东省例》《粤东省例》《粤东省例新纂》《江苏省例》（包括初编、二编、三编和四编）、《四川通饬章程》和《湖南省例成案》等。这些各省针对自己省份的实际制定的条例是以地方性事务、以地方行政法规为主体和少量地区特别法的一种法规汇编，在各地司法、行政的过程中具有重要作用。例如，《晋政辑要》所言："专记政事，专属晋政。所载皆常行之制，事属权宜者均不辑，专辑晋政之要。"

在制定主体上，省例的制定者并非一般基层官员，而往往是出自省级政府长官之手；在形式上和时间上，不是个人进行的重要文件集成的载体形式，也不是只鳞片爪的零星罗列，它是地方官员中地位最高的长官吏治方略汇编，是官方主持的相当完备、系统化的不同于人存政举、人亡政息的其他一般告谕，它拥有的相对较稳定且持久的效力；它的影响力在地域上非常广泛，在一省范围内具有明显普遍的法律约束力。省例作为一种独立法律形式，是律例的有效补充，在地位和效力上受到了时人的普遍承认。与省例并行的还有《钦定训饬州县条规》（嘉庆十五年刊布颁示各省）、《牧令书》（同治七年颁）等。乾隆、嘉庆、道光各朝都编有《布政司一切条例》，这是全国各布政司的办事条例。❶

清代，以地方法规为主体的省例是与朝廷通行立法之间的关系，根据省例中的"照得律文一定不移，而定例则随时斟酌轻重，以补律文所未及；至于省例则又推广定例之所未备。原系融会贯通，并无彼此矛盾，致有窒碍难行之处也。""律一成而不易，例随时而变通，省例则尤因地制宜，助部例所不备""各直省省例于因时制宜之中，仍应（与）定律并行不悖，方可施行"。"举凡通行部章，因时损益，所以辅律例之简严；通饬省章，因地制宜，所以阐部章之意指"，"大部有通行部章，川中各上宪有通饬省章，皆以达律例之未赅，准情法之特平，求合乎大中至正之归。"更被人熟知的是清人王有孚的说法："条例是国家令典，天下通行，一律遵办。省例是外省申详事件酌定章程，各就一省而言。"据此来看，在清人的观念

---

❶ 白钢.中国政治制度通史：第十卷[M].北京：人民出版社，1996：608.

中，补充律例所未备的规定是省例的作用，而其应与朝廷立法保持一致；在效力上应该处于辅助地位。由此，省例也就成为清代对地方基层官员实施监察的法律依据之一。

如某些省例对邮驿递送公文责任的规定："常行公文，迟一时责十五板；三四时廿板；五六时府提责廿五板；七八时卅板；九十时道提卅五板；十时以上，道提责四十板，枷号一月，革役。迟延一日重责二十板，以次递加；迟至五日，满杖、革役。"

某些省例对基层官员审理词讼方面有不同的奖罚规定：

"记功：一季自理词讼全结、一季审结上控、自理均过半者记一次，全结者记二次；一季二十案以上全结，三十以上结九成，五十以上结六成，一百以上结五成，记大功一次；一季新案全结，旧案审结九成，随时奏奖；旧案五成，汇案奖叙。一月内自理词讼二十案以上全结，听断敏速者酌请记功。

"免记：审结过半、一月审结七八成、审结一半。

"记过：审结不过半、一月审结四五成记过一次；审结不及一半，记一次；全不结，记二次；一季审结不及三成，及弄虚作假，审结之数不及新收，逾限每案记一次；此后两月内每过二十日记一次。

"记大过：延宕一年以上、迟延两月，每案一次；迟延两月、隐匿、虚报，每案两次。

"备注：上季未完事件汇入下季；三季不及半者咨参是否颠倒、无故拖延、一月审结二三成及记过累计三次，具揭请参一年记过八次，简缺调繁，繁缺保荐；记过八次，繁缺调简，简缺撤回学习；大过八次以上撤任，如结案虽多而下月新收多于所结之数，可见讼风仍炽，不准记功、记过三次撤任，记过六次，现任者调剂，署事者另署；记过六次、大过三次，现任者撤任，署事者停委一年"。

五、谕令和诏令

中国古代皇帝历来是"口含天宪""言出法随"，清代皇帝也不例外。为了加强官吏的监察，皇帝经常会针对某些事件或部门发布一些谕令或诏令，其这也成为供监察官员执法依据使用。以下摘录一二以为例证：

天聪三年二月谕

谕三大贝勒、诸贝勒大臣，毋得苛敛民间财物，犯者治罪。

顺治三年四月谕

比者益蜀除明季横征苛税，与民休息。而贪墨的官吏，厌其害己，而去其籍，是使朝廷德意不下究，而明季弊端不终厘也。兹命令大臣严加察核，并饬所司详定《赋役全书》，颁行天下。

顺治八年二月谕

国家纪纲，首重廉吏。迩来有司贪污成习，百姓失所，殊违朕心。总督、巡抚任大责重，全在举劾得当，使有司知所劝惩。今所举多冒滥，所多劾微员，大贪大恶乃徇纵之，何补吏治？吏部其详奏以闻。

顺治八年六月谕

朕以有司贪虐，命督抚察劾，乃阅四五月之久而未奏闻，毋乃受贿徇私，为有司所制？或势要挟持，不敢弹劾欤？此盗贼所由滋而黎民无起色也！其即奉行前诏，直陈无隐。

顺治十二年六月谕

命内十三衙门立铁牌，谕曰："中官之设，自古不废。任使失宜，即贻祸乱。如明之王振、曹吉祥、刘瑾、魏忠贤辈，专权擅政，陷害忠良，出镇典官，流毒边境，煽党颂功，谋为不轨，覆败相寻，深可鉴戒。朕裁定内官职掌，法制甚明，如有窃权纳贿，交结官员越分奏事者，凌迟处死。特立铁牌，俾世遵守。"

顺治十二年谕

贪官蠹国害民，最为可恨，向因法度太轻，虽经革职拟罪，犹得享用赃资，以致贪风不息。嗣后内外大小官员，凡受赃至十两以上者，除依律定罪外，不分枉法不枉法，俱籍其家产入官。着为例。

顺治十六年谕

前因贪官污吏剥民取财，情罪可恶，故立法严惩，赃至十两者籍没家产。乃今贪习犹未尽改，须另立法制，以杜其源。今后贪官赃至十两者，免其籍没，责四十板，流徙席北地方，其犯赃罪应杖责者不准折赎。

顺治十六年三月令

定犯赃例，满十两者，流席北；应杖责者，不准折赎。

康熙四年八月诏

赃官遇赦免罪者不许复职。

康熙二十六年二月诏

户部奏：浒墅关监督桑额溢征银二万一千两。得旨："设立榷关，原为奸究。桑额多取额银，乃私封便民桥，以至扰害商民，着严加议处。嗣后司榷官有额外横征者，该部其严饬之。"

雍正初年谕

谕户部、工部，嗣后奏销钱粮米石物价工料，必详查核实，造册具奏。以少作多、以贱作贵、数目不符、核估不实者，治罪。并令各督抚严行稽察所属亏空钱粮，限三年补足，毋得藉端掩饰，苛派民间。限满不完，从重治罪。

乾隆五十年诏

诏博士有枉法婪赃革职治罪者，停其承袭。

嘉庆十年谕

部臣疏请于常例捐复外，增文、武大员捐复革职留用例。帝曰："大员身挂吏议应罢斥，经改革职留任，开复有一定年限。若甫罹重谴，即可捐复，此例一开，毫无畏忌。有资者脱然为无过之人，无资者日久不能开复，殊失政体。"

嘉庆十二年谕

谕漕督不得多派委员，并禁止运弁等收受馈赠。

道光四年谕

候际清赎罪舞弊一案，刑部司员恩德等朋谋撞骗堂官，以谬登荐牍，保列一等，下部议处。谕嗣后京察有冒滥徇私者连坐。

据王锤翰先生所著《清代各部署则例经眼录》所载，他所见到的清代记载谕令的专门条例非常之多，如：

乾隆二十一年上谕条例

乾隆二十二年上谕条例

乾隆二十三年上谕条例

乾隆二十四年上谕条例

乾隆二十五年上谕条例

乾隆二十六年上谕条例

乾隆三十三年上谕条例

乾隆三十四年上谕条例

乾隆三十五年上谕条例

乾隆四十二年上谕条例

乾隆四十三年上谕条例

乾隆五十三年上谕条例

乾隆五十四年上谕条例

道同治元年上谕条例汇刊

同治二年上谕条例汇刊

同治三年上谕条例汇刊

同治五年上谕条例汇刊

同治六年上谕条例汇刊

同治七年上谕条例汇刊

同治八年上谕条例汇刊

同治九年上谕条例汇刊

同治十一年上谕条例汇刊

同治十二年上谕条例汇刊

同治十三年上谕条例汇刊

咸丰十一年上谕条例汇刊

光绪元年上谕条例汇刊

光绪十六年上谕条例汇刊

光绪二年上谕条例汇刊。❶

以上大量由皇帝颁发的诏敕，是国家制定法的补充形式，对于调整以监察为中心形成的国家机关之间的某种制衡关系，发挥监察机关的察吏治国作用，起到重要作用。这是监察法的重要内容。

---

❶ 王锺翰．王锺翰清史论文集 [M]．北京：中华书局，2004：1871-1876．

第三章　清朝监察立法的技术研究

第一节　清朝监察立法对监察官员的管理制度

"都察院各官皆朝廷谏净之臣"，作为"治官之官"的监察官员，非一般官员可比，在选用、考核、奖惩等方面与一般官吏也有所区别。《钦定台规》中规定，科道官员除了像一般官员要经过层层考选外，一般要有一定的阅历，要"明通内外政治""才守兼优"，而"有骨鲠之气，朴质之风"是特别强调的，敢谏、敢言，以此作为上选。监察功能的发挥受到监察官员素质良莠的直接影响，封建监察制度的发挥离不开监察官员的良好素质，也正是这样的原因，使清代统治者对监察官员的选用、考核十分重视，逐渐形成了一套行之有效的法律制度。

一、科道官员的铨选立法

（一）基本要求

清政府认为，对于朝廷而言御史是"耳目之官，关系最要，必须选用得人，方能称职"。也正是这种原因导致了在考选都察院官吏时较为严格。"勤敏练达，立心正直""才守兼优""上之则匡过陈善，下之则激浊扬清，务求知无不言，言无不尽，乃称厥职"。而以上的基本条件都是作为必备条件为御史所必须的。德才兼备之士是对检察官员的必须要求。在政治素质上，要求忠于皇上，忠于职守，这是基本的素质要求。在这之外，清廉正直，不畏权势，刚正不阿等是对个人品格的基本要求。严格的考试是在选任监察官员时的必要一步，清代明确规定了考选监官的范围，只有进士出身才可考虑选监官。其明文制定了要三年考满的知县才能做监官的规定，并且当地官员在任期内如果有不法行为则不能参任检察官。以下条件是除了忠于皇帝的前提之下，监察官员所必须具备的：其一，品质必须清正刚直，嫉恶如仇。其二，较高的文化素质是一种基础要求。监察工作量大面广，行政、经济、军事、司法、文化等是其监察对象和任务所涉及的各个领域，此项工作的运行规律和有关方面的知识要求，监察官必须有一定的了解。"器识远大，学问渊博"正是监察官员所必须做到的一点，因此监察官员必须具有广博的文化知识，能够通晓古今，善写文章，善于言辩。封建统治者，通过选拔有一定知识能力的人，以保障检察官员的高素质。其三，拥有较强且丰富的实际经验和工作能力。有此基础的官员，对行政业务都有一定程度的敏感，对封建官僚制度的法规十分熟悉，深谙官场利弊，并且对民俗风情有着充分的理解和了解。正是这样的特点，让他们在任职时就能对监察职权的行使轻松驾驭。以上的种种特点导致了在清代，凡任职不满三年的捐纳的各部郎中、员外郎，或正途出身的郎中、员外郎都不得选充科道官。"初任部属，并援例捐复，现任捐升，历俸未满三年之员，不准保送"是光绪十年（1884 年）时所规定的。

（二）年龄

最理想的年龄人选是中老年人，他们经验丰富，思想成熟。因为这一缘故，嘉庆四年（1799 年）规定："各衙门保送御史，其年龄过轻者，固不便率行保列，如年逾耆艾各员，精力尚强者，仍准保送，以六十五岁为率，过此者不准保送。"换句话说就是指最佳年龄段为三十至六十五岁。另外，规定了年龄过小或在六十五岁以上者不得选充科道官。

（三）出身

对历代的监察官员入选经验的总结，让清朝统治者严格限制了监察官员的人选出身、仕历等方面的要求。清朝时期有正途和异途两种入仕之途。正途是指依科甲贡监及萌生出身者，异途指的是凡依举荐捐献及吏员的特殊迁秩而出身者。《钦定台规·通例》规定：科道官人选由汉人充当必出正途，是固定的惯例要求。在《国朝御史题名》中记载了在 3 087 人的清朝科道官之中，有 2 135 三人是汉人。汉人御史的 95% 来自正途，而更是有约 80% 的人是进士，在文化素质上，可以看出汉人御史能力较强。与此相关，清朝在限定正途之外辅之以限定考选候选人的资格，历俸二年者如大理寺评事、太常寺博士、中书科中书、行人司行人等是较为常见的，俸深有为的推官、知县可以考选给事中与监察御史；考选的范围也包括各部郎中、内院中书、员外郎主事、国子监博士、京府推官。

在出身上，受重视的是正途，而异途往往被轻视。顺治中期时进行了更新规定，若为贡生出身的汉官，是不被允许考选御史的。到康熙时期又规定了出身非正途的汉官即便有保举，但仍然不准参加考选。康熙十九年（1680年）的七月至闰八月，吏部议覆，身为都察院左副都御史的郝浴疏言：考选科道官，应将正途加捐者，仍照例考选。其非正途出身之员，虽经保举，只照常升转，不准考选。

科甲应该属于正途中的最优待遇。如康熙时规定，满洲给事中员缺，应升官内，先尽科甲出身之人升补。雍正对科甲出身者不以为然，他指出，科道缺出，在京则令各部院堂官于各属司官之中进行挑选，对科甲贡监不做要求，注重勤敏练达、立心正直，若合格者则保送。

（四）考选

清朝有着严密且任命庄重的选拔科道官的程序。在初期时，清朝将六科给事中和监察御史的选择对象范围设定了在历俸二年者中的大理评事、太常寺博士、中书科行人等人之中。"御史由保举考试补授"，部院堂官在京进行保举，督抚在外省进行保举，考试由吏部奏请，皇帝在引见记名之后准备拣用。

顺治时期，考选科道官与行取之制并行。由中、行、评、博等官在内进行考选，由三年考满之推官、知县在外进行行取。顺治元年时规定："考选给事中、监察御史，以大理寺评事、太常寺博士，中书科中书、行人司行人，历俸二年者，及在外俸深有荐之推官、知县考取，若遇缺急补，间用部属改授。"而在后来御史高去奢奏称："台谏之设，所以寄耳目之司，今国运方新，庶司充列，而独令台省班联，晨星寥落，非所以广言路也，请行部曹改授之法，采其声望素著者铨补。"于是世祖遂令部曹列入考选正式候选人，而限制推官、知县等，唯有京府推官可以考选，在上列中、行、评、博官之中再把内院中书和国子监博士等加上。正如同《钦定台规》记载，给事中、御史在顺治二年（1645年）时被定例考选，"由各部郎中、员外郎、主事、大理院评事、太常寺博士、中书科中书、行人司行人、内院中书、国子监博士、京府推官考选。"都察院的科道授官在顺治三年（1646年）时严重不足，因此请求恢复推官、知县行取之制，世祖同意，他们得到许可。然而，谕令停止了部员补授。部属补授制度在顺治十五年（1658年）之时，又因为吏部、都察院联奏御史仍不敷差遣之用，而再度恢复。

科道考选制度在康熙之时，变迁了很多。康熙初期，实行推官、知县行取之制是朝廷的主要方针，大批应考的状况在各行省推官和知县成为一种必然趋势，由此减少了部属入科道的很多机会，因而康熙元年（1662年）时期出台了一个规定，由六部郎中改授以弥补科道员缺的情况，它途皆裁。在康熙七年（1668年）

时，"科道行取，原因亲民之官，谙悉利弊，得以据实指陈，有裨政治，且足鼓励人材"。推官、知县行取制度又因此恢复。在康熙九年（1670 年）时，将郎中补授资格取消，考选的范围为六部主事及中、行、评、博和知县。中、行、评、博升者是规定的主事六部之人，通理前俸，批准考选，由别项升者历俸二年，方准考选。在康熙三十六年（1697 年）之时，郎中、员外郎补授的相关制度再一次恢复。在康熙三十九年（1700 年）之时，又编修了翰林院，检讨列入科道考选之林。然而，未过多久就被取消了。在康熙四十四年（1705 年）之时，御史黄秉中上疏："科道官由满洲、汉军升补者，大抵积俸二十余年，汉人一为知县，俸满三年，行取到部，即行考选科道，殊觉太骤，请嗣后行取知县，先以六部主事用，俟练习有年，始许考选。"❶这段时期之后，行取知县主事后方准考选。

　　考选制度在雍正之时，多数都是将前朝的制度沿袭下去，编修、检讨考选的资格在雍正元年（1723 年）之时得以恢复，雍正四年（1726 年）时，又增加内阁侍读考选资格，其他方面并没有更改。

　　科道考选在乾隆之时，候选人始臻稳定。少举多停，在乾隆十六年（1751 年）之时遂令停止康雍两朝行取之制。在乾隆二十九年（1764 年）之时，御史员缺，则将汉人主事、中、行、评、博补授的方式临时采取。之后，限制了科道考选的候选人以编修、检讨，各部郎中、员外郎、内阁侍读为所选范畴，同时历俸三年是每个人在编修、检讨充科道考选必备符合的条件之一。只在道光二十一年（1841 年）将仓监督增加为科道考选候选人。

　　各部郎中、员外郎、翰林院编修、检讨以及知县大部分是被补授科道官的人。在《国朝御史题名》中记载了有各部郎中 566 人、员外郎 268 人、翰林院编修 594 人、检讨 129 人、知县 188 人，是补授科道者，总共是 1745 人，在汉御史中占了 80%。而在这其中，也出现了具备考选资格但无一人被补授科道者的情况。在顺治元年（1644 年）及三年（1646 年）至乾隆十五年（1750 年），考选候选人将推官列入其中，被补授为御史的资格却没有一个人。从道光二十一年（1841 年）再到宣统三年（1911 年）之时，被补授为御史的有考选资格的仓监督也同样没有出现其中的任何一个人。在顺治二年（1645 年）至乾隆二十八年（1763 年）百余年间，国子监博士、太常寺博士以及大理寺评事都拥有考选资格，而在实际上，被补授为御史的只各有一个人。

❶ 王钟翰 . 清史列传 [M]. 北京：中华书局，1987：233.

（五）引见

获得了考选科道官资格的满、蒙、汉人员还必须由主管堂官选择、自行带领或吏部带领引见。正如在雍正五年（1727年）之时，世宗指出："宗人府御史二员，由宗人府于宗室内简选引见补授。"又称："嗣后科道缺出，在京则令各部堂官，于各属司官内，不论科甲贡监，择其勤敏练达，立心正直者保送，翰林院掌院于编修、检讨内保送吏部，列名引见。""其在外之州县官各省督抚保送之员，到京之日，吏部带领引见，恭候简定。"由此便可以看出，选择、保送和引见补授科道官的权利是在外时由督抚执掌，在京由各主管堂官执掌的情况。清朝初年期间，督抚选择知县保送的标准完全由个人意愿评定。在乾隆四十三年（1778年）之时，四川巡抚能泰奏言其弊，以为"行取知县，不无请托，且钱粮盗案之有无，历俸之深浅，皆注在部册，请停外省荐举之例，由部论俸行取"。然后规定了行取知县，"以俸之深浅论次第，每缺选俸最深者三员，由吏部带领引见以凭采择。"而在京师仍凭堂官意志选择部属，次第不以俸历深浅而论。编修和检讨在翰林院的所有考选资格，自乾隆三年（1738年）之后，不必通过拣选，全部通行引见。在清初之时，对满、蒙人员拣选进行引见只通过俸历，并不计功过。而在同治二年（1863年）之后，采用不凭俸历，皆由各主管长官考核功过，择优保荐引见的与京师汉员相同的方式。主管长官将选择引见的人员的出身、仕历的情况查明是否合格，是否公正无私。如有"选举不实，或贪缘保送者，将该堂官等照例议处"。在嘉庆十四年（1809年）间，御史英纶因受赃、苛征、嫖妓获罪，连带议处其原举的兵部尚书。在引见中，地点多处于乾清宫或圆明园。翰林院掌院率领编修、检讨列前，各部长官率领部属随之，吏部长官则率领行取知县随后，肃立御前，藉供考定。雍正三年（1725年）之前的时期里，他们的考法例用笔试，后来因各汉籍人员皆为正途出身，不必再试，改由皇帝面试，然后在名单上涂圈合意人员。凡被圈定的人员，即分别入翰林候选科道名册及部属候选科道名册，并依品级和俸历排列次序。名册存于吏部。

（六）任命

引见人员经过登记之后，即可等候任命。每逢科道官缺出，由吏部依翰林及部属候选科道名册登记的次序，若缺科道官一名，每册各录三名呈皇帝择一人任命。在被命为科道官后，清初规定，凡由内阁中书及各部员外郎、主事升补科道官者，试用一年，一年之后由都察院长官考核，认为合格者方能实授。

雍正三年（1725年），又将试用期延长为二年。乾隆十七年（1752年），左都御史尹泰奏称，凡御史来自内阁中书及员外郎、主事者，仍须试用二年，而来自其他官职者，立即实授。后来一律改为实授。

至于都察院左都御史和左副都御史的升补，一般多由他官升迁，不由下级科道官升补，如左都御史缺出，则多由备部特郎升补。若属满缺左副都御史，还可从内阁学士、通政使、大理寺卿和詹事等升补。满、汉左副都御史缺出，给事中、御史绝无升补之权利。如果掌印给事中缺出，以给事中升补，给事中则以各道御史升补。

（七）对监察官员人选的其他限制

1. 回避

一套特制的任职回避本籍和亲族的官员回避制度在清政府中出现，为利用宗族、姻亲、师生、同乡等关系的各级文武官员结党营私、破坏法纪做了防御。

顺治二年（1645年）规定：各省巡按御史南北一体差用，但家乡邻近者，虽系隔省，亦不得差。

康熙四十年（1701年）规定：五城兵马司指挥、副指挥、吏目等官应回避顺天府属之人。

康熙四十二年（1703年）规定：官员原籍与任所相隔五百里以内，虽隔省，也应回避。

乾隆时规定，既然都察院所属十五道，是"按省分道，专司稽察该省事务，则本省之人，自应回避本省"。光绪年间规定，满洲、蒙古御史，实行的回避制度也应该对汉御史之例进行参照。

科道官的选充在三品以上京官和外任督抚以上子弟的范围内并不考虑。此项规定是都察院所必须严格遵守的。只要是父兄现任三品京堂，外任督抚，他们的子弟均不准考选科道，这正是康熙三十年（1691年）议准的。"其父兄在籍起文赴补及后经升任者、子弟现任科道，全皆令回避，改补各部郎中"。而且对这一限制不断进行重申。

2. 由科道官降任他职者不得再充选科道官

嘉庆四年（1799年）上谕："由科道降补部属，及捐复改补部员，并由科道升任后，因科道职掌，缘事降至部属等官者，俱不准再行保送。"在道光九年（1829年）的时候，凡由科道降任他职者不许再充选科道官的规定再一次被重申。

3. 曾被保举充任科道官而未经记名者不得再选充科道官

乾隆六十年（1795年）上谕："此后各该衙门保送满汉御史，初次引见，未经记名者，下次不得再行保送，著为令。"

　　限制监察官员人选的设定影响并减少了封建的裙带关系，使监察者能够不受被监察者的控制，促使了监察部门能够积极地行使职权。

二、监察官员的考核立法

　　在清朝，监察官员是一种监察者，对其他官吏进行监察，所以，监察者本身也必须由官吏考绩立法进行制约。从这一点上看，科道官与其他官员是一致的，并且甚至会比其他官员更为严格。清朝注重对官吏的治政和考绩的考察立法。考核制度是现任官吏必须实行的一项规则。大计是地方官的考核，举行一次要三年的期限；京察是京官的考核，举行一次要六年的期限（后也改为三年）。法纪监察与考核同时进行："京察以子、卯、午、酉岁，部院司员由长官考核，校以四格：悬才、守、政、年为鹄，分称职、勤职、供职三等。列一等者，加级记名，则加考引见备外用。纠以六法：不谨、罢软者革职；浮躁、才力不及者降调；年老、有疾者休致。注考送部。自翰、詹、科、道外，依次过堂。"大计的考核与京察基本相同："大计以寅、申、巳、亥岁，先期藩、臬、道、府递察其属贤否，申之督抚，督抚核其事状，注考缮册，送部复核。"强调才干、清廉、勤奋和年轻化正是四格的衡量尺度，换句话说就构成了一种清代考察官吏的基本标准。

　　以"六部管考绩，升授有差"的惯例，执行清朝入关前的职官考绩。"胜任"与"不胜任"两级是文臣分类，"能否率兵"一级是武臣考功所定的分级，同时规定了以"抚养善否、户口繁简"为标准考核汉民各官。通过这样分为了优劣两个等级。在入关之后，日趋扩修的考绩之法，对明朝的制度进行沿袭，而且"品式略殊"，形成了以明的考满、考察制度为基础的独立的清朝考绩法。

　　顺治时期，职官考绩机构伴随着考绩法的确立而建立，等到康熙时期，被确立为吏部考功司，它的职责规定为："掌文职官之处分与其议叙，三岁京察之大计，则掌其政令。"吏科给事中及河南道御史协同办理，以形成极其严格的"三年大计，册报责在抚按，考察责在部院，纠检责在科道"的形势，与此同时又规定了考满之典四条："①外吏之实俸难满，宜三年册报，以稽政绩；②升转之迟速不同，宜通俸并考，以免遗漏；③优考之名实难副，宜详列事实，以杜冒滥；④贤否之评骘贵详，宜公同考核，以昭大公。"

（一）对在京监察官员及督抚的考核：京察与考满之法

　　京察是清朝对京官的考课，每三年举行一次，逢子、卯、午、酉年进行。京察对都察院御史、科道及总督、巡抚进行考核。它在顺治八年（1651 年）之时初次创立，开始时设定为每六年一次，在后来的行使中改成了每三年一次。在顺治十三年（1656 年），吏部奏定了则例，规定三品以上的都察院御史、科道及总督、巡抚等官员自陈。康熙元年（1662 年）曾罢京察，专用三年考满例，京察制度几经反复，于雍正元年（1723 年）成为定制。

康熙元年（1662 年）规定：三年考核，在京三品官以上衙门堂官，以及在外督抚，都各自陈述。其余官员，应立五等考语。一等称职的人加一级。二等称职的记录一次。后来因事降级，其抵销。办事平常的，仍留在原任。办事不到的，降一级调用。不称职的人，革职。以后转升，照考语次序，一等的人先用。又在京城全部四品都御史卿员、国子监祭酒、六科满汉都给事中、中书科、行人司、上林苑掌印官，并在外巡抚兼都御史衔，任满三年，咨送部院考核注考语。此外各官，在京城的，各部院堂官注考语；在外的人，各督抚注考语，仍咨送部院重新核实。

康熙三年（1664 年）议定内外文武官员考核条例：在内官员，在康熙四年（1665 年）正月二十日考起。在外官员，在四月内考到。正月二十内到任，未满三个月的不考。应陈述自己的，仍令自己陈述。在外的各官，每人一本具题，事务繁多。现在考查一等、二等、平常，和办事不到及不称职的人，各一疏，每省会齐具题。其办过事件功过，也造册送部院，部院官仍照例复查。

三式、三等、四格及六法是京察的主要内容。京察的核心是三式，即对朝廷官吏的考课，根据官职的种类与职责的不同，产生了列题、引见、会核三种考核可以采用的方式，列题和会核是两种与监察官员有关的考核。

三品以上的大臣是列题的主要适用范围。其程序是先由大臣本人自陈，再由吏部填写履历列题，等候皇帝敕裁。这其中包括左都御史、副都御史，也包括总督、巡抚。总督和巡抚虽非京官，但由于督抚二职均带宪衔，对朝廷具有特殊的重要性，因此仍然把他们列入与左都御史、副都御史同级的三品以上官员行列。

会核适用于四品以下京官，包括科道。这些官员首先由各衙门注考，然后由吏部会同大学士、都察史科京畿道，实行再讨论，决定其考核等次，再造册上奏皇帝，因此称作会核。

京察三式，既有事先的调查、注考，又有逐级的审核、上报。为严肃考核，康熙时还特别规定：凡是各官陈述，必须将在任期内有什么事加级、什么时候记功、什么事曾经镌罚、什么时候曾被检举弹劾、哪项应惩罚而受到宽恕，一一开列。不应该有华丽修饰的浮词，以混淆清理整饬。

三等第是京察的考核标准。一等是称职，二等是勤职，三等为供职。根据考核等级，最后经皇帝批准，分别对官员给予升降或奖罚。

需要特别注意的是作为对封疆大吏的监察手段之一，清朝统治者十分重视在京察中对总督、巡抚的考核。顺治皇帝曾特别强调："总督管辖数省，巡抚专任一方，得其人则事治民安，非其人则丛奸滋弊，民受其害。如不行考核，贤否无辨，何以示劝惩。着以顺治十一年正月起，尔部（吏部）会同都察院矢公矢慎，将各地方总督、巡抚严加考核，分别确议具奏。不许通贿行私，朦蔽徇纵。向来推用督抚但止举侍郎布按，嗣后遇有督抚员缺不拘品级，务从公会推，择其品行才猷素著者，将政绩事实详注会推本内，毋得听受钻营，滥举匪人。朕以澄清吏治责之督抚，考核督抚，责之部院，如推举不公，着都察院科道官指实纠参。"

（二）对地方监察官员（不包括督抚）的考核：大计

对地方官员的考核称作大计，在寅、巳、申、亥年进行，也是三年一次。它开始于顺治二年（1645年），定制在康熙四年（1665年）。除总督、巡抚外，所有地方监察官员一律要按照大计形式进行考察。凡是布政使、按察使由督抚考核后，送吏部会府具题造册，进行审查，然后上报皇帝，为考题。由于这是对布政、按察驻外的监司使节的考核，因此从吏部到皇帝都比较重视。

（三）京察、大计的考核标准：四格六法

清朝的京察、大计实行统一的考核标准，称为四格六法。四格六方法的前身四格八法，在嘉庆八年（1803年）在四格八法基础上加以修订并颁布实施，一直实行到清末。后来人们通称京察、大计的法律标准为四格六法。所谓四格，即"才、守、政、年"，分称职、勤职、供职三等，列一等的，加级记名，则加考引见备外用；所谓六法，就是"不谨、罢软无为、浮躁、才力不及、年老、有疾"，不谨、罢软无为的人革职，浮躁、才力不及的降调，年老、有疾的退致。四格六法均注考送部。

顺治四年（1647年）所制定的四格八法规定：

"填注考语，用才守政年四格：才则或长或平或短，守则或廉或平或贪，政则或勤或平或怠，年则或青或中或老。督、抚、按考定，咨达部院衙门。吏部考功司、吏科、河南道详核去留；吏部、都察院严核、造报。不实者参"，"其八法处分，贪、酷革职提问，罢软、不谨革职，年老、有疾休致，才力不及、浮躁者降调。虽有加级记录，不准抵销。大计处分官员，不准还职"。

嘉庆八年（1803 年）对四格六法进行更改，四格定制为：守、才、政、年（四格的考评向来以守为重，其次为才，而年仅限于青、壮、健，老不在考核之内）；六法为：一不谨，二罢软无为，三浮躁，四才力不及，五年老，六有疾。其中才守都优秀的，按照卓越举荐。考评差的人，以六法弹劾。不到举荐弹劾等次的人则不赏不罚。卓越官自知县而上，皆引见候旨，贪酷者特参。

三、监察官员的奖惩立法

清代考绩根据京察、大计的标准，对所考察的每一个官员都应做出明确的奖励惩罚处理。即一等称职的加一级，二等称职的记录一次，办事平常的人仍留在原任，办事不到的，下一级调用。不称职的人，革职。例如，大计考题的考核等级有卓越与供职两等。所谓卓越，即政绩卓越，成绩突出，根据《大清会典》规定，"如无加派，无滥刑，无盗案，无钱粮拖缺，无亏空仓库银米，境内民坐得所，地方日有起色"等，均属于卓越之列；所谓供职，指无功无过，政绩平庸。对成绩卓著的人，要特别报告督抚，并转呈吏部，奏报皇帝，给予奖赏和晋升，有的甚至破格晋升为朝廷官吏。

（一）奖励

对监察官员的奖励办法如传旨表扬、赏物、晋级、加恩追赠等很多。对于考绩优秀者的奖赏方式一般有五种。

第一是引见，属于声誉的褒奖。例如，京察题奏引见，一般是升级、加等，而且令堂官记名，加考银，以备将来升调；若大计优异者，则注册，引见者，加一级，回任候升。这属于最高奖赏。

第二是升官、卓异者或加俸。一般对称职和尽职者都升任，晋级加俸，对政绩卓异者可晋升二级。晋级最为常见，也是监察官吏孜孜以求的奖励。

第三是入旗或改旗，即特别批准加入旗籍或升格旗籍。

第四是赏赐衣物或赐匾、赐字、建立祠堂等。这也是清朝官员非常重视的一种荣誉奖赏方式。

第五是加恩追赠，封赠上代，荫及子孙。即按荫子法使先世受荣，子孙受荫，光宗耀祖。这正是清代官吏们所追求的最高境地。加恩追赠一般是给因弹劾蒙冤受过的言官的荣誉。例如，嘉庆年间，和珅当权，他的家人刘全倚仗权势谋取私利，家产丰厚，朝廷没有一人敢揭发检举。御史曹锡宝抗辞执奏，但只是到和珅治罪后才敢查办刘全。皇帝乃颁谕对曹锡宝"加之优奖，以族直言"，并"加恩追赠副都御史官"，荫及子孙。

奖赏的程序规定为举荐。对在京察一等的称职官员及大计中的卓越官员，均给予举荐，根据其政绩升官加俸。这种做法有两点限制：一是《举律》规定比例：京官的举七分之一，笔贴式举八分之一，到府厅州县官吏则举十五分之一，佐、杂、教职举三十分之一。凡列进该举律的，可以说是身价倍增，名利双收。

同时，规定有五不得举：一是没有超过一年期限的不举；二是非实习期满的不举；三是革职留任者和钱粮没有完成的不举；四是满族官员不射布靶、清语不熟悉的人不举；五是来京候简官因案降补京官及等到病好改内用的不举。五不举中的关键是年限。清朝在官员的考察升任方面基本上否定了年资和年限的规定，而提倡破格任用，以政绩晋升，但在后期的政治形势下，由于强烈封建意义的左右影响，年限问题却再次被塞进举荐的行列。

除举荐外，有时也用议叙法。议叙法规定，凡京察的后面，已经题奏、引见完毕，奉旨命议，就由吏部审议，会核为一等，认为称职，加一级；凡在军机处记名的官员，那么作为铨选的对象，以备升任和被缺。凡是大计卓异的官员，都实行注册记录，以备晋升和派遣时使用。清朝还特地制定了《议叙之法》：一是记录，等级有三个，有记录一次、二次、三次的区别；二是加级，有加一级、二级、三级之分；按照记录和加级晋升俸禄、官衔和各种待遇。

（二）处罚

为了督促监察官员忠于职守，公正执法，清朝不仅对称职的监察官员赞赏有加，而且对不称职和渎职的监察官员制定了严格的处理惩罚措施。正如顺治所说："旧制政事悉归六部，而复设都察院及科道衙门者，所以绳愆纠缪，匡正阙失，法至善也。尔等既职司风纪，为朝廷耳目之官，一有见闻即当入告。凡贪污枉法暴戾殃民者，指实纠参，方为称职。近观尔等未尝明举一清廉持正之贤，未尝明劾一受贿贪赃之辈。然则朝廷设立风宪衙门亦复何益。自今以后，凡六部卿寺堂属大小官员，尔等宜从公举劾，直言无讳。贤者即实称其贤，内勿避亲，外勿避仇。不肖者即实指其不肖，勿徇私情畏权势。诗不云乎，柔亦不茹，刚亦不吐，果能如此，则升赏有加，垂名不朽。倘党同伐异，诬陷私仇，门户相持，援引朋类，必置重法。"

1.处罚的范围

综观清朝的考绩，可以看出，行政职守及行政职能的考核范畴是四格的主要内容，而对官员的过失纠劾的侧重则是六法的主要内容，纠治不法是它的主旨，属于行政法纪的监察范围。不谨与罢软无为是六法中的处罚重点。凡京察大计中发现官员有六者之一，均按下列四种程序处置：一是对不谨、罢软无为者革职；二是对浮躁者降三级调用；三是对才力不及者降二级调用；四是对年老有疾者令其退休。

除了按以上所述的一般规则进行奖惩外，还有一些专门有针对性的规定是清朝对于监察官员的处分。正如《举劾》一章在《钦定六部处分则例》和《钦定吏部处分则例》中均有所设立，其是对科道官各种违纪违法行为的处罚办法的一些相关规定。相关的规定在《大清会典》《钦定台规》中也有设定。在清朝，对于监察官员处分的范围大致分为以下几类。

（1）对奏事不实之处分。尽管允许"风闻言事"，但为杜绝诬告、陷害之风，清朝统治者也一再强调监察官员要"知无不言，言无不实"。康熙九年（1670年）规定：言官如将贪婪官员列款纠参，审问全虚的，降二级调用。

（2）对结党徇私之处分。为了对监察的效果有所保障，维护皇权，清朝打击朋党的同时，也对科道官徇私阿党进行了严厉的反对。《钦定大清会典事例》规定：科道官员"若缄默苟容，颠倒黑白，徇私报怨，明知奸恶，庇护党类，不肯纠参，而诬陷善良，驱除异己，混淆国是者，定行重惩"。顺治二年（1645年）规定："各衙门官员拜往宴会，旷职营私，明季弊习，深可痛恨。着都察院严行禁饬，有故违者，该城御史呈报纠参。隐徇者并治。"顺治十七年（1660年）又规定："是私交私宴着依议严行禁革，如仍前违禁私相交结，庆贺升迁，馈送杯币及无端设宴献酬，假馆陈乐，长夜酣歌者，科道官即行指实纠察，从重治罪。如科道官徇情容隐，不行纠参，一并治罪。"

康熙十八年（1679年）规定："督抚司道官员赴任时，谒见在京大臣各官，或自任所差人问候，及在京家人、提塘人等，来往大臣各官之家，将督抚司道，并不行出首之大臣官员，俱革职。若不知者，降二级。两家家人，俱正法。提塘有职者，革职。无职者，亦照家人正法。其在京大臣各官，与督抚司道等，彼此馈送，及差人远赴任所，将大臣各官，并不行举首之督抚司道，亦俱革职。若有因事营求，苟派馈送大臣官员者，将馈送收受之人，俱革职拿问。"康熙三十年（1691年），左都御史徐乾学私自写信给山东巡抚钱珏的事被揭发，徐乾学、钱珏都被革职处分。

（3）对泄露机密之处分。清代科道官员可广泛查阅院部机密档案，但不准把档案私自带出院门口，泄露档案内容。凡是科道官员所上奏折，不可与人商量，如本人自行泄露密奏，或私自存留底稿的，一经发现，将会予以重罚。顺治十八年（1661年）规定："言官题奏，应密不密者，罚俸六个月。"

（4）对贪赃受贿之处分。为防止监察官员利用职务、权力谋取私利，贪赃枉法，清朝对科道官贪赃受贿较其他官员有更为严格的处罚规定。例如，《大清律例》规定：科道官接受别人的馈赠、收取他人财物以及买卖多取价利，较其他官员罪加二等处理。《钦定台规》卷三十六也有类似规定。

（5）对滥保滥举之处分。举优劾劣是监察官员的职位责任，在这之中，举优是其中的一项重要内容，为保证监察官员所举荐人才的质量，清朝对监察官员的滥保滥举进行了严苛的处罚。康熙六年（1667年）规定："督抚徇情荐举不实者，发觉之日，将督抚各降二级调用。申详之司道府等官，各降三级调用。其卓异官于荐举之后，在本任内有不称职者，将原举之督抚，各降一级调用。司道府，各降二级调用。其卓异官已经升转，于后任内有不称职者，与原举之督抚司道知府无涉，应免处分。"

（6）对考核违纪之处分。都察院御史参与官员考核，为保证考核的公平，清朝对监察官员在考核官员中的违纪行为规定了严格的处罚措施。康熙元年（1662年）规定："如注考语官员，徇情不公，及明知属员俸满不考，或地方盗案钱粮未清，冒称考满，及各官历俸已满，规避不考者，在内部院，在外督抚，及本官，一并治罪。"道光四年（1824年）的规定更为严厉："京察有冒滥徇私者连坐。"

（7）审断失误之处分。清制规定凡是官吏百姓有冤屈，可以到都察院控诉。因此，清朝的监察官员也肩负审断平冤的责任。康熙六年（1667年）制定了对叩阍承问官员的处罚规则，规定"嗣后承问各官，将良民审断为逃人者，降一级调用。将奴仆错断为主，及另户之主，断为奴仆者，罚俸一年。凡应革职降级之人，不行议革议降者，亦罚俸一年。凡家产应承受之人，不与承受，错断不应承受之人承受者，罚俸半年。不应革职降级，而错议降革者，亦罚俸半年。凡未经革职之官，即拟杖罪折赎，或遇应降革之人，未叙其功，与不抵纪录，及控告冤枉，又不与准行者，俱问二次应得之罪"。

2. 对监察官员处分的种类与等次

《钦定六部处分则例》和《钦定吏部处分则例》规定了对所有官员通用的处分种类与等次。

第一是罚俸。规定有罚一个月、二月、三月、六月、九月、一年和二年、七年等。

第二是降级留任。有降一级留任；降二级留任；降三级留任。同时，对调用的另外有五个等次，即降一级、二级、三级、四级和五级调用的差别。

第三是革职。革职为三种处分中最严重的一种。但是又规定：如果该革职有其他罪责，就交刑部依法惩处；有病的年老官员，就让其退休。实际上这一条常流于形式，无非是选择几个年老无能的闲官退休做做样子而已。

颁行于光绪十三年（1887年）的六法进一步规定："各省有犯贪、酷官员，该督抚随时访察，题参革审，永不叙用。其不谨、罢软无为者，俱革职。年老、有疾者，俱休致。才力不及者，降二级调用。浮躁者，降三级调用。加级记录不准抵销。"

此外，《钦定台规》对监察官员的处分还有专门规定，大体上有以下几种。

（1）交部议处。部一般指刑部，就是交到刑部讨论如何处理失职的监察官员。形式上是让官员讨论问题，但是许多是根据皇帝旨意给受处分的官员定罪。如果皇帝口令严厉到"交部议处"，则必须定罪；如果皇帝口令较缓，为"交部察议"。所谓"察议"和"议处"有所不同。"议处"一般要处置惩罚，"察议"还有讨论的余地，受察议的官吏有可能避免受到处罚。这种法律形式在《钦定台规·训典》中以皇帝处理科道官言谏弹劾案例的形式出现，极为常见。一般是以皇帝谕令口气的轻重决定"议处"的结果。

（2）罚俸。根据监察官员过失程度的大小，分为三个月、六个月、一年甚至二年。例如，嘉庆五年（1800年）建议巡城御史一年任满，如果有三个案件未结案，罚俸三个月；五案未结，罚俸六个月；六七案以上罚俸一年。

（3）降职。对违法或无能的言官降低职位，调做其他用。康熙九年（1670年）规定，言官纠参贪婪官吏，隐含讽刺或报告不实，降二级调用。后来改为降一级调用。降职主要有三种形式：一是革退后回原衙门工作；二是革退调回原衙门补用；三是革退后回原衙门降职使用。

（4）勒令致仕。乾隆三年（1738年）规定将现任司员年力老迈、不能办事者，"甄别裁汰，令其休致，此等素餐之人仍得原品回籍。"例如，同治二年（1863年）五月同治帝就曾谕内阁："给事中凤宝，老悖昏庸，形同木偶，惟尚无劣迹，著即勒令休致。"

（5）革职。解除一切职位，甚至勒令回籍沦为平民，或充军发配边疆。例如，乾隆四十一年（1776年），御史炳文因奏请殊为错谬，虽系宗室官员仍被"革去御史，发往伊犁，以司官效力赎罪"。同治二年（1863年），"御史许其光，把持京畿道事务，于寻常案件，任意延阁，即特旨交办之案，经该堂官等屡向催问，仍复一味枝梧。御史庆保，声名平常，亦难胜任，均著回原衙门行走。御史福珠隆阿，不知自爱，有玷官箴，著即革职"。除此之外，清代还实行职务株连。都察院监察御史以上的官员如严重失职，而都察院系统不能及时纠察，就要承担职务连带责任，一般多出现在皇帝对监察工作特别不满而予以整饬时，如嘉庆十四年（1809年）广兴出差贪赃一案整饬台纲，不仅将"籍隶山东之科道议降二级"，而且还累及其他道御史"于现任内降一级调用"。

第二节　清朝监察立法对监察运行的规定

清朝相比较于前朝，其监察机构的工作程序在制度上进一步完善，同时，《钦定台规》和《大清会典》保障其有效实施，使得清朝的监察运行机制比前朝显得更为规范化。

一、清朝监察立法中对实施程序的规定

（一）对各部院公文办理的监察程序

封建监察制度的最基本方式和手段就是实行全过程审核稽查文书。一般情况下都是通过一系列的不同文书的起草颁发、上传下达和执行来完成国家权力的实现。为了保证文书有较高质量和处理的效率更高，就要对文书进行审核，并获取其中的信息反馈，对政令执行与官吏优劣的真实情况进行及时了解，这些都是监察信息的重要来源。相比于前朝，各部院公文办理的审核工作程序在清朝监察机构之中，不只是在制度上进一步完善，还将其实施用法律保护起来。对六科及御史稽查本章、照刷文卷之程序，《钦定台规》中都有详细而严格的规范。

1.接本与科抄

凡属例行公事，如钱粮、刑法、军队、地方民务等，朝廷内外大臣都必须按规定题本上奏。题本得到皇帝批示后，每日由都察院六科给事中去内阁领回，传抄给有关衙门分别承办，称为"科抄"。清初规定，凡红本到内阁后，六科立即派给事中一人去领取，然后分发给有关各科，称接本。九卿商议的事情，定稿画押后，由主稿部院将副稿盖上印，再交给应检查的科收集保存。等待命令下来以后，

由该科将副稿与皇帝批出的红本核对，如发现有私自更改的地方，就去参奏。凡是本章命令下，事属某部院，就由某科将皇帝的谕旨用清汉文抄下来，发送某部，称为正抄；如同一件事与其他单位有关联的，将本章送与别科转发，称为外抄。所有内阁发的密本，由该科登号后原封送部。红本已奉命到科，没有送到部，如果将本章内容泄露，那么将泄漏者交刑部议定罪，将科给事中交吏部拟定处罚方法。凡是应行发抄的事，由各省提塘亲自赴六科记录，刷印好后六科查核，再转发到各省。所有在京各衙门的抄报都要由公报房送六科和五城御史访察后才能发出。如果出现有谣传、私抄、泄漏等弊端，就交部治罪。除奉皇上特旨交部秘密商议的事情外，其余传抄的事由该部与该科派人同日抄出，规定时限，如该部迟误遗漏，那么由该科摘参。皇帝颁发给文武官员的敕书非常重要，因此，特别命令六科专门负责。每月逢五为朝廷赏赐的时间，需要给事中轮流检查。皇帝处理政务、经筵、临雍等，六科给事中一定要到现场侍班。验证察看月选拔各官和各省督抚推举的孝廉方正，需要给事中会同九卿等办理。检查军机处则从满汉给事中及御史内选派轮流值班。❶

　　2. 注销文卷

　　在每件事情办完之后各衙门要及时办理注销手续，以示了结。在规定时间内，各衙门要把文卷送主管科道审核。科道对文卷要详核各案是否依限定结，有无其他情弊以及违法等事项。若有违法事项出现，科道即可参奏，按情节轻重将承办官依法惩处。从其实质上看，注销是监督机构对其他部院奉旨应行事件及平时各类行政法规的执行情况进行检查的一种手段。

　　注销制度始于明朝，到清朝则更加完善。清初，六科和都察院分立，各司其事。顺治十八年（1661年）规定：各部院事务，无论奉旨与否、有科抄否，六科各差一员随时稽查，发现迁延愆期的，就去参奏。雍正元年（1723年）六科都入都察院，和十五道双重考核注销在京各衙门文书。平行各衙门之间行查、会办世间以及本部门主管的例行公事，也由都察院注销。各部院督催每月两次到都察院科道注销，倘若督催所对违反规定事件没能查出来回堂，经科道查出来，将督催所一起讨论处理。稽查结果月底由科道题奏，年终由河南道汇总上奏。各道御史按其分工，负责注销各衙门及各寺、院、监、司办理的文书。各部每个月分两次将所办的事造册送交该科注销，无故超过限制的，该科根据实际情况指出参。六

---

❶ 白钢.中国政治制度通史：第十卷[M].北京：人民出版社，1996：359.

科在月底将考核结果题奏，如果有未完成事件而各部书吏报告已完成的，该科随时参劾惩办。乾隆十四年（1749 年）规定，都察院所办事件由刑部负责考核注销。

衡量行政效率的重要标准之一就是办事时间的迟速。在清代时，为了便于监督检查，各种公务的承办时间都有严格的规定，以方便注销或惩处。例如，在《钦定大清会典事例》之中就对各部院、各直省衙门、盛京衙门的办事程限进行了详细规定，为都察院的监察工作提供了法律基础。在监察系统内部规定了严格的依限呈报制度。一种行之有效的监督方式就是注销制度的建立，它可以及时有效地避免拖延积压之弊、事后不检查督促的现象及各级官员在办事过程中罢软无力、事前不报备请示的现象，大大提高了行政效率。

3."照刷"文卷

照，明察的意思；刷，刮扫寻究的意思。所谓照刷，这是指清理整顿文卷，提取有关衙门文卷进行查阅，检查有没有拖延错漏、违法冤屈等情况，如果出现上述情况，就按卷宗多少、情节轻重处罚。

照刷和注销的程序和内容基本一致，所不同的是，前者是各衙门将办事案卷每月两次造册送该管科道处注销，后者是按年度，每年实行一次。凡是在京各衙门将去年所办文卷，在下一年八月送河南道（后改为京畿道）照刷。河南道御史按照刷程序查其有无"稽迟"（办事违限）、"失错"（印信、签名违制，年月日错漏等）、"遗漏""规避"（不应回避而设法回避者）、"埋没"（侵挪钱粮）、"违枉"（刑名违错、拟罪出入）等情弊，如果照刷出卷内有上述情弊，就在卷上分别批注"稽迟""失错"等字，按文卷宗数来惩处，以提高朝廷的行政效率。对送照刷文卷都错的衙门，该衙门的这些官员将被罚俸禄三个月。

《大清律例》也规定："凡照刷有司有印信衙门文卷，迟一宗、二宗，吏典，笞一十；三宗至五宗，笞二十；每五宗加一等，罪止笞四十。府州县首领官及仓、库、务、场局、所、河泊等官，各减一等。失错及漏报，一宗，吏典笞二十；二宗、三宗，笞三十；每三宗加一等，罪止笞五十。府州县官及仓库务场局所河泊等官，各减一等。其府州县正官巡检，一宗至五宗，罚俸一月，每五宗加一等，罚止三月。若钱粮埋没、刑名违枉等事，有所规避者，各从重论。"

都察院各道对部院事件、注销期限、军机处、王公大臣、太监、部院书吏、刷卷等有一定的监察责任，而有些事件是与六科共同监察的，所以往往科道并称。康熙时规定，派各道御史检查各部院事件，每月月底，用该道印都结。部院及督抚套题、考试抄袭事件，也令造册送各道检查。科道对公文办理实施上述监督，毫无疑问对提高行政效率、减少政务杂乱有积极作用。

（二）对官吏的纠举弹劾程序

1.封章密劾

言官弹劾与言行举止密切相关，颇受人注目。清代最高统治者为保护言官的积极性，同时也防止言官挟私报复诬陷，或借建议弹劾沽名钓誉，以谋求皇上宠爱，特别要求言官封章秘密弹劾，要上密奏的人小心谨慎，不与人谋，不向外人泄露，否则将按法律惩处。顺治理十八年（1661年），规定"吏部、都察院、议覆掌河道御史白尚登条奏、科道停止列名纠拾一事。应如所请。嗣后科道纠参；系向官真知确闻者，本官即行纠参。其众员列名，概行停止"，即是为了保证科道官检举弹劾的独立性和保密性。御史弹劾密折，上奏的内容仅由皇帝一人知道。对秘密上奏施行的事，严禁言官私相夸耀显示，更不准贪图他人的功劳，据为己有，贪天之功，以为己力。例如，雍正三年（1725年）上谕：对事关机密等举劾事项"令个人密封进呈，其忠言有可采招怨结冤者，朕将折内职名裁去发出，或令诸臣会议，或既见诸施行，而外间不知何人所奏"。

2.直达御前

科道为皇帝耳目，只对皇帝负责，纠举的时候，注明时间，据实上奏，不徇私情，不用畏惧权势，如果事情属于机密，应密封直接呈给皇帝亲自申诉，弹劾奏疏、奏章一般不假他人之手，而是直达御前。这样做是为了减少中间环节，以防掣肘和壅阻，杜绝机密泄漏。如果科道官不能达到保密要求，就要受到相应的惩罚。"言官题奏，应密不密者，罚俸六月"。

（三）官、民检举与控告的程序

清代为察吏安民，规定"官民果有冤枉，许到赴院（督察院）辨明。除大事上奏闻外，小事立于裁断，或命令该督抚复审昭雪"。

官和百姓的检举和控告程序有"京控"与"叩阍"两种。清制，"凡审级，直省以州县正印官为初审"，官民对初审不服，可以控府、控道、控司、控院，这种有冤屈到都察院、通政司或步军统领衙门呈诉的情况，名为京控。

顺治初年都察院曾设置登闻鼓。顺治十三年（1656年），都察院等衙门会议：登闻鼓应改设于右长安门外面，命令科道满汉官轮流直鼓。凡击鼓者告状，果有冤抑，在京师内必经各衙门审理，在外督抚不为昭雪，科道官审理明白封进。如有越告状者，照例责逐。从此，登闻鼓改设右长安门外面，每天一人科道官轮流值班，后来登闻鼓又移到通政司，别置鼓厅。

官民直接向皇上检举控告的行为叫叩阍，可以到鼓厅击鼓，也可以遇到皇帝乘车去郊外，拦驾申诉。顺治时规定，内外各衙门有如真正贪赃暴虐害人，不公不守法的人，以及地方上发生紧急重大事情，尚书、总督、巡抚、按察使等既不处理研究，又不报告，知道实情的人可以到都察院大门口来击登闻鼓报警。后来又将登闻鼓移到长安右门外面，设有鼓厅，令科道官员轮流值鼓。鼓厅前刻木榜，规定使用登闻鼓的有关事项。例如规定，击鼓报告的事一定得是军国要务、大贪大恶、奇冤的事。至于户婚田土、斗殴相争等民事案件，有的在京内未经该衙门告理，在外未经督抚按告理；有人已经告理，还没有结案的人，一律不准封进，并要笞三十大板。如系在职官员，送刑部折赎，举人送礼部、监生送国子监处理，生员发交顺天府惩治。设置登闻鼓，原为申冤办错，如有无赖之徒本没有冤枉，有的图谋报复，有的受人指使，除不准其申诉外，还要将本犯送刑部，有的打四十大板，并在长安门外上枷示众一月。被革除职务、降级的官员，若想申辩以求恢复官职的人，应到通政司奏报，不允许击鼓呐喊冤情。民间冤案一定要亲自去告诉，如本人被关押在监狱，可以让他的亲属填写籍贯、年龄、相貌、担保，才准许其家属或家人代为诉讼，否则不准。都察院派满汉御史各一名论俸禄题差鼓厅，六个月一换，所收词情况在本任内完结，有卷查可以查的限二十日，没有卷案可以查的限十天完结，由河南道按月稽察具题，河南道议结的事件，一起造满汉清册保存案。直到康熙六十一年（1722 年），鼓厅事务才并入通政司，御史不再管理。

京控及叩阍的案件，有的发回该省督抚，有人奏交刑部审讯。如果是犯罪情节重大，涉及各省大吏的，抑或经言官、总督、巡抚弹劾的，往往钦命大臣到被告犯罪地或居住地审理。发回和驳审的案件，责成督抚率同司道亲自审问，不准再发给原审官，名为钦部事件。"文武官犯罪，题参革职。道府、副将以上，遴委道员审理。同知、游击以下，遴委知府审理"。外省诉讼总汇到按察使司。京城笞刑、杖刑和无关罪名诉讼，内城由步军统领，内外城由五城巡城御史完结，徒罪以上送部按拟，重则上交。如是非常重大案件，有时命令王、大臣、大学士、九卿会同审讯。从顺治至乾隆年间，有皇上亲自审问的，法律规定的"八议"的人犯罪，密封上奏请旨，不允许擅自拘问。在京城大大小小官员也是这样的。

除此之外，清代法律规定：凡有奏告的人，在外的人应先在各该管司、道、府、州、县衙门申诉；如果司、道、府、州、县官吏不与审理，应向该管总督、巡抚衙门申诉；如果总督、巡抚、巡按不准或审断冤枉，再到都察院衙门击鼓鸣冤。都察院进行审问应报告的不予报告，准前往通政使司衙门具本报告。在京有冤枉的人，应在五城御史以及顺天府宛、大二县告理。如果御史、府、县接状不准或审决不公，再到都察院、通政使司衙门准备申请报告。

为减轻都察院的压力，要保证每一级的上控案件均能得到有效处理，清代规定"地方官收理词讼，果有偏徇屈抑滥刑逼勒及延不讯结等情，一经民人上控，该管上司自应即行亲提究办……寻议，嗣后讯系原问官业经定案，或有延不讯结及羁禁诈赃舞弊情事，在督抚处具控，即发交司道或该管巡道审办；在司道处具控，分别发交本属知府或临近府州县审办；在府州处具控，即亲提审办，概不准复交原问官，并会同审问；委审后复经上控者，即令亲提研鞫，不得复行委审；若命盗案件尚未成招，寻常案件尚无堂断，呈内并无抑勒滥押等情，仍令原问官审理，倘有应亲提而委审，或应亲提委审而发交原问衙门者，照例议处"。

（四）官员申诉程序

清初曾规定，"凡人民控告州县官员者，一经题参即令解任"。康熙五十二年（1713年），四川陕西总督鄂海疏言，"凡人民控告州县官员者，一经题参即令解任。恐长刁风。嗣后州县官被告，请暂免解任。先交布按两司，审明情实后再行题参"。康熙批复："应如所请。从之。"此后，不可以立即解任被控告的州县官员，处理需要等审明情实后再进行。

官员对上级机关所给予的处分不服，可以依法提起申诉，这是清朝监察法赋予官员的一项权利。接受官员申诉的部门有三个：吏部、通政使司、都察院。

受处分的官员若有冤抑，可以先赴吏部呈控。《钦定六部处分则例》规定："官员如有应行申诉情节，准其赴部具呈。该堂官交与该司，将应准应驳情由详加查核，明晰批示。"若在吏部呈控后，"倘仍有真正冤抑，许其自赴都察院呈控"。

都察院对于官员申诉案件的处理须遵循以下程序："该院查系应行准理者，即调取部议原案及一应定案，秉公复核，如实有舛错，即为奏请更正，并将堂司请旨察议。如察有营私受托等弊，亦即据实指参。倘本员挟诈怀疑、捏词妄控，即将本员交部治罪。"

除此之外，受降职或革职处分的官员想恢复官职，均须到通政使司奏报题本。通政使司是顺治元年（1644）设立的，具体职责任务是收集各省的题本，检阅后，送内阁。名为"通政"，是将政治事务比喻成水，要它常通的意思。光绪二十八年（1902年）因改题为报告，职务无专门部门，于是废止。在此之前，在京各衙门一切奏本，不分公私，都送通政使司呈交。《大清会典》规定："被革被降之员，欲辨复官职者，俱赴通政司具奏。"为严格官员申诉程序，清会典一再强调："近见辩复官职者，纷纷见告，事多虚罔。不惟长嚚陵之风，且原非国家设鼓之初意也。嗣后凡官员被革被降者，既系职官，均应赴通政使司具奏，庶蝇营之徒，不致日集都门，觊仕宦之捷径矣。"

二、清代有关保障监察法实施的规定

（一）御史出巡之规定

《钦定台规》规定，各地区巡视御史，从圣旨下达之日起，就要在门上写着"回避"字样，不见客、不收书、不接纳私办仆役，不去送行宴会，况且限领敕命后三日内离京，沿途不准停留，到地方后不接受私人书、私下赠送等。

在入境时，只允许自带书吏。到州县官府后，可借用书吏八名、快手八名，事情完毕发还州县官府。御史随地转换，不得用留书吏差役经承名目，不得随意增设中军，任凭调用，铺设迎送，一概严格禁止。如果御史外出办理公事，从命令下达之日起，每一个差事都记录为一册，从走出都门到入境，一应陈述弹劾调查报告等工作，都按天登记于册，凭藉考核。督学奉差两年半至三年，巡酒、盐政限一年移交，大差、中差以一年半为期限，在三个月前都照例报满。奉职有功或失职要撤的，不限年月，差回的日子一起考核，三天内商定优劣，上疏奏主分别奖励或惩罚。

从京师派出去的巡按御史，所有的事情必须设法确实察访，不能只凭府、厅开报；也不能纵容司、道、府、厅，而只参州、县；不能庇护大贪大恶，而只参弹劾年老的、体弱的人。如果御史违犯以上禁令，允许地方文武官员对该御史进行纠举，撤回定罪，另派遣新的御史前往巡视。

御史为朝廷耳目之官，离京出巡前，必须面见皇帝，由皇帝将地方兴利除弊事告之，使御史明白此次出巡目的。进入境内三天内，将御史出巡约束和皇帝的有关敕谕誊黄刊刻，每一个司道发十张，每一个府州县各发十张，公示给城乡士绅百姓。如不加以刊刻，不公示，经都察院弹劾，即以违背君命论处。

总督、巡抚为朝廷的封疆大吏，一般上奏时，御史应列衔在督抚的后面。如该御史系奉皇上特旨钦差办理事件，就应该以该御史列在第一位。巡按御史一般以察吏安民为重要事务，但有时也有特别派遣的御史。例如，农忙时节，特别派巡农御史巡历州县，巡视农事，以定州县的考察。此外，还有巡漕御史、巡江御史、巡视茶马御史等专差巡察御史。

京察甄别时，各衙门长官不接见官员。吏部、都察院吏科、河南道城门上各贴上"回避"字样，不得接见宾客。如有请托的，相关人员要进行揭发，如果隐瞒，科道要对其进行官揭发参劾。

（二）御史不兼部院事务之规定

清朝初年，由各部院保举、考选出来的御史，经该部院堂官奏请皇帝批准后，仍然是可以继续兼理本部院事务。乾隆时期，有人指出来，御史兼理部院事务于政治体制不协调。就是说，御史的职责是监察各部院的工作，应具有相对的独立性，如兼理本部院事务，就难以做到公正无私的监察。乾隆皇帝认为，御史兼管部院事务，因此见闻确切，更有利于对堂官的监督。但大多数御史，尤其是汉御史都力主御史不兼部院事务为好，乾隆皇帝只好勉强同意了他们的意见。然而，御史不准兼管部院事务后，各部院堂官往往不愿意将干练的、有才能的属官保举为御史，只是将平庸之才保举充数；而且本部保举的御史，如果兼管吏部事务，也就不肯纠举本部违法乱纪的事，致使御史难以行使职责，其监察作用有名无实。

经过总结教训，权衡利害之后，乾隆帝于四十一年（1776 年）下令："嗣后由各部院改补御史者，非实系部务必不可少之人，该堂官不得擅行奏留"。只有刑部和理藩院，因为专业性知识比较强，两部院保举考选出来的御史仍兼理本部院事务。到了四十八年（1783 年），乾隆帝又明确规定："科道有纠劾之责，未便令其仍兼各衙门办理司员事务。即刑部、理藩院之熟习部务司员，本部留以办事有何不可，何必又送科道，博升职之虚名，资掣肘之浮议乎？嗣后刑部、理藩院亦概不准兼科道。"从这以后，御史不准兼理部院事务形成制度。嘉庆四年（1799 年）又作出补充规定："嗣后在军机处人员遇有补放御史者，即回本衙门任事，不必在军机处行走。"

（三）"风闻言事"之规定

清初，为广开言路，规定御史对朝廷政事的得失，人生利弊要随时陈奏。文武官员凡有奸邪贪劣等情况，御史应据实纠察弹劾。

顺治二年，皇帝专门指示六部和都察院："朝廷设官分职，各有专司。都察院及科道官原为耳目之寄，凡有政治缺失，贤人蔽抑，不肖贿进及诸司忽略职事，推诿稽延，贪饕作弊，并官民冤苦等事，即指名据实明白陈奏，斯为称职。若浮泛揣摩，辄具章奏，言既失实，事必难行。是以耳目之寄反闭塞耳目也。至在内六部、文武衙门，在外督抚、镇按、道府、州县、营卫等均属政事之司，果能矢忠矢公，清廉勤慎，各尽职业，天下自致太平。若乃舍己职掌，越俎出位，妄言条奏，徒博虚名，贻误政事，实心为国之人断不如是。明季诸臣窃名誉、贪货利、树党羽、肆排挤，以欺罔为固然，以奸佞为得计，任意交章，烦渎主听，使其主心志眩惑，用人行政颠倒混淆，以致寇起民难，祸乱莫救。覆辙在前，后人炯鉴，亟宜痛加悛改，岂容仍袭故套，以蹈颠撅。今天下已将混一，百事创始，政务殷繁，一切事宜当从实遵行，其含糊无用之言必不可听。以后内外大小诸臣宜共体此意，永为遵行。倘或故违，究治如律。该部院作速通行传示"。

所有的事情都有利弊之分，禁止御史"风闻言事"后，又带来了消极的因素，许多御史不敢大胆纠察违反法律的官员了。于是又不得不采取一些补救措施，规定御史论人的善恶，虽然有不真实的地方，还可谅解；如有意挟持仇怨、诬陷好人，则将御史革职下刑部治罪。鼓励言官弹劾，即使说了不应该的，一般不会过多追究，如顺治六年（1649年）规定："以后言官论人善恶，虽有不实，不得竟送刑部，必命廷臣公同议拟。如果挟仇诬陷，革职，下刑部治罪"。

康熙本来不赞成御史"风闻言事"，认为"风闻言事，明末之陋习，此例一开，恐有不肖言官借端挟制，罔上行私，颠倒是非，诬害良善"。然而，为管理、控制官府，康熙三十九年（1700年）又开"传闻奏事"的例子。

乾隆时也强调御史"有风闻言事之责""即或所奏失实，亦不加之谴责，盖以职业所在，若因言事得罪，非所以风励台司"，但"其参奏不实者，亦有应得处分"，以示薄罚。

经过几次反复后，清朝在《大清会典》中明确了御史"知无不言、言无不实"与"风闻言事"的关系，规定御史列款纠弹参劾贪婪官吏，有一两件事确实存在的，即可以免议处；如果证实全虚，或是御史陈述事件隐含讽刺，或是不据实报告，有人参官员年老有病衰庸有不实的地方，都降二级调用。御史凡事不据实上奏，或是并没有确实证据，只说听到传闻来题奏的，降一级调用。御史勾结营私，有意陷害他人，就实行"反坐"，同时令御史之间"互相纠举"。

（四）实地监察各部公务之规定

1. 对吏部的监察

几年举行一次的京察、大计，这是考察京官和地方官的重要制度，称为激扬大典，具体工作由吏部负责，但吏科有权对整个过程进行监督。例如，顺治十三年（1656年）规定，凡是各衙门京察册籍在三月初五日前必须密封后送交吏科。吏科准吏部考功司移会，会同河南道（后改京京畿道）分别封门查核，凡是应移询的，密封移询，应改正的人，马上改正，届时过堂审问，由吏科派掌印给事中满汉各一人，与河南道掌印满汉御史到吏部会同考察。京察时，吏部、都察院、吏科、河南道，一律封门检阅册籍，共同磨对，过堂考察结束，即准备上奏。密封门后，门上各贴"回避"字样，不准接见宾客，各衙门长官也不允许接见属官。如有请托，相关人员可以检举，如果徇私隐瞒，听科道官揭发参。大计时，河南道（后改京畿道）参与考察，大计册内考注优等，而科道以贪婪残酷指参，若发审后有依据，那么将该督抚一并治罪。

顺治四年（1647年）规定，由各省送到京城的大计册，由吏部转吏科核实题奏。乾隆三十八年（1773年）规定，大计卓异人员，如道府等官没有保送文结，而督抚与两司商议，并与道府联名具结保送的，准许该道府应立即上奏请求改正。有的督抚隐瞒情事，准许该道府向吏部和吏科告发，将督抚、两司依法革职。

顺治初年规定，司道以下各官，接到任命五天内，由吏部文选司缮写文凭并盖印章后，送吏科填写期限。各官按吏科规定的日期到科画凭，在文凭上填好赴任期限后，在十天内送到吏部。如超过两个月不赴吏科画凭，将文凭送吏部核销。乾隆五十七年（1792年）规定，新授外任官员按例应到朝廷谢恩，如未经谢恩，就由吏部将文凭交给吏兵二科，详细调查其行为功业。如果有人存心违反和延误，吏兵二科根据实际参奏，从重议罪，以表示惩罚警告。

2.对户部的监察

清初规定，凡是京城各部院衙门向户部支取领钱物后，每一个月必须造册送交户科查核，如发现有浮冒错误发生，户科根据实际情况指出参报。凡田赋杂税奏销，由各省市政使司造册呈巡抚转送，军队钱粮奏销，由提标和军营共同营造册呈总督转送，在每年五月内送到户部，由户科查核。新任布政使走马上任的时候，原任布政使必须将其任内收入钱粮交盘出结，造册呈送到本省巡抚题本上奏，转送户科查核。如果州县钱粮有所拖欠，督抚司道府共同捏报，允许接任官逐项清理，如果起解没有批，州县没有留下银钱，可以直接报告户科，户科根据实际题参。如果前任官员所管钱粮亏空，而督抚却逼迫接任官接受，接任官可以报告户科，为其代为报告，户科应根据揭代上奏，并请圣旨审办。

征收田赋用的易知由单，首先由州县报告到府。用府印钤盖后，由省限期汇报户科重新核实。如发现有人私派分洒等弊，从户科直接题参。各省总督巡抚将全省夏季收获和秋天收获分开收取，抄写两本题奏，交户科查核。

关于漕运粮食奏销，由该管粮道路将开帮日期呈报，与此同时造具各帮兑交钱粮数目清册，呈送到漕运总督。再由漕运总督题本上奏，把册子送户科，由户科负责磨对。京通各仓监督将每年收主米豆数目，按旧管、新收、开除、实在四柱造具清册，呈送到总督仓场侍郎题本上奏，从户科按册磨对。

负责考核盐课的运司、提举司，应在年底将若干已销未销盐引，若干已完未完盐课，造册呈送盐政。再由盐政题本上奏，将册送户科注销。

户部关差监督应到户科领取四季印簿，让本商自填纳税数目，按季送户科。差满之后，造具总册，由户科移取红单核对，如有差错，指名差参。

3. 对礼部的监察

清初规定，学政以到任日期为开始，每年科考都限一年内考完，每三个月将考过的，生童名数报礼科查核。如有逾期混冒等弊端，由礼科题参。各省每年取进文童试卷造册送礼部磨勘后，仍然要搬送礼科重新审核。如有命题奇怪乖僻、文理错误的现象，礼科应根据实际情况指出题参。参与审核试卷的官员，在根据各省学政的出身进行回避，自觉回避本省的考试卷。每考核一次，照科场的惯例，请数位钦派大臣将签出的试卷重新确定准许还是驳回，遇有不公，就去参奏。乡试、会试的试卷，礼科也参与审核。

在贡院考试时，内、外场各场御史二人监察。考试前一天，监试御史在贡院点名，并令本衙门识认官逐名识别，如有假冒入场的人，按规定惩处，同时要将识认官交部议处。进入考场后，监试御史在龙门外按名称发卷，并随时监视考场，对违纪者要进行参处。

在各省举行的乡试和在京城举行的会试，竞争激烈，作弊现象更是严重。因此，顺治时规定，京城会试差汉御史二人任内场监试，二人任外场监试。如防官考场中作弊，允许主考官纠参；如果主考官与房官共同作弊，许监试御史随时纠参。

皇帝登上殿时，以满洲御史十四人，汉御史八人，负责侍班纠仪。大朝日、经筵、临雍、祭祀等，都有御史在场检查文武官员有没有失礼表现，有便纠参。

4. 对兵部的监察

清初规定，凡是遇到军政之年，各省督抚要对本省武官严加考核，填注考语，并造册秘密送兵科查核，超期不送或考对含糊不清的，由兵科题参。凡推补副将、参将、游击、都司、守备、千总，首先由兵部武先司、职方司送到限票，然后由兵科规定日期，命令各官到兵科画凭，依限填注后送回兵部。凡是不遵守期限画凭的，由兵科将限票转送兵部销讫，并题参弹劾该官，照惯例将其革职规避。

武官功加人员，由各省督抚提镇转告该营协州县，将该官三代履历、年龄、相貌、籍贯以记载明白，加上印结，送兵科存案。

各省学政报明到任日期后，就要将考过武科生童人数按日期造册，报送兵科查核。如有违限迟误以及混冒作弊等情况，由兵科题参。

直省官兵俸饷领结，应在奏销前一个月造册送兵科查核，不必按季上报送。凡是直省每年奏销兵马册籍，限五月内造送兵科查核，如有浮冒舛错，由兵科题参。

各省驻京提塘应于每月初一和十五两次到兵科画卯。凡是题奏奉旨的事下到兵科后，就让该省提塘去兵科记录，封发各将军、总督、巡抚、提督、总兵。各省提塘在京久住，常有暗通关节，营私作弊的事发生。因此，由兵科监督各省督抚，务必依照限定日期轮换驻京提塘，否则按钦部案件违限例讨论处理。

直省驿递财政开支数目，由巡抚年终造册送兵科查核，如有浮冒舛错事件，由兵科题参。直省督抚提镇等文武百官，每年年终将领过及已未填用的勘合火牌数造具清册，送兵科查核，如有违反规定发放的，由兵科题参。

5. 对刑部的监察

清初规定，内外立决人犯，收到谕旨之后，刑科照例发抄，密封交给刑部执行。朝审、秋审必须由刑科再上奏，以表示慎重对待百姓的生命。

朝审犯人由刑科给事中监视行刑。直省重大案件，不管结没结，使按察使司各道年终具题，造册送刑科查核，以示慎重。直省州县原审判罪行的结果与律例吻合，但上司有意混驳，那么许承审官吏抄录原审供册和批驳案卷直揭刑科，用来作为依据调查核实。如属实，那么就将上司议处；若情况不实，那么将承审官吏治罪。凡是死罪中应处斩、绞的重大案件，在京的由三法司会审，在外省的由三法司会同重新核实。

在京的会审的考察，先由"小三法司"（大理寺左、右寺官及都察院有关道监察御史、刑部承审官吏），一起参加审查，叫"会小法"。审查完毕，小三法司各以供词呈向堂官。然后，大理寺堂官（卿或少卿）、都察院堂上官（左都御史或左副都御史）挚同属员再到刑部，与刑部堂官（尚书或侍郎）一起来参加审犯人，谓之"会大法"。如有前后口供不一致，那么发司复审。如果三方没有疑问的（对案情认定）以及所定罪名意见一致，由刑部定稿分别送院、寺堂属一体画题。各省由三法司核拟事件，各准备揭帖二通，一揭标明送院，一揭标明送该道。

凡是会审事件，死罪由刑部会同都察院、大理寺重新核实。如果意见相同，合具看语；如果意见不同，各自都准备看语奏报。会审时，刑部移会到的那天，该道满汉御史各一人到部，会同承办司官取供。乾隆时规定，以后秋审、朝审时，除掌道御史照旧参与审理外，其他御史遇到审某省，就让某道监察御史一同和审，朝审令河南道（后改京畿道）御史参与审理。刑部南、北两狱所关的都是重犯，让十五道御史轮流稽察。至于各旗门监，则每月令满汉御史前去稽察。宗人府空房是关押宗室犯人的地方，每月由都察院派满汉御史二名前面去点名验证。御史巡视监狱和空房时，如发现监狱内有违反规章的，即具折参奏。凡是涉及某省时，就让某道监察御史承办，悉心审议验证。

在外各省总督、巡抚具题重罪的案子，同时以随本揭帖分别送刑部、都察院和大理寺。由部、院、寺颁给其下属有关部门道及左、右寺承办。有关部门道及左、右寺先据揭帖，审议推论案情与所定罪名、所引用法律条文是否符合，各自提出重新核实意见（即预定判词）呈堂。由刑部主稿钤印，分别送院、寺。如果刑部看语与院、寺看语意见一致，院、寺就画题，但必须在八天内送回刑部。如果意见不一致，有更改的，也必须在八日内声明原因，交回酌议。刑部再定期移文通知院、寺到部，细绎案情，详推律意，各秉持公正，有一个确定的审判结果。按规定，所有重罪必须三法司的意见完全一致，才能定案。如果意见统一，由刑部主稿，院、寺画题，上奏钦定。如果意见仍然不能一致，允许各抒发见解，候旨酌夺。但不得一个衙门一个意见，与刑部作对；只允许两个审判意见都陈述，等候皇帝裁决。

6. 对工部的监察

对工部的监察应该是非常严格的，工部的各种建筑修建工程都有较大的财政支出，官吏乘机贪污的情况非常多。陕西道专门负责监察工部的工作。工价在五十两以上并且物价在白银二百两以上的工程，上奏到日，由陕西道御史会同工科重新核实，竣工后查销，不符则参奏。

工部每年要派河差对过往的商船征收船税，在其出发前首先要到工科领取四季印簿，船料税课等需要让本商自行填写，按季报给工科。在其一年的工作期满后，要制作一个总册送往工科，由工科取红单磨对，如果有舛错违限就将其题参。

7. 对军机处的监察

军机处是办理军政机要的地方，必须严格保密纪律。只是久而久之，纪律废弛，军机处台阶上下，窗外走廊边，经常拥挤多人，借回事画稿为名，探听消息，所以折稿还没有到宫廷，内容早就传于街市，广为谈论，任人批评。为此，嘉庆五年（1800年）规定，今后军机大臣只允许在军机处承写本日所奏，本院草稿不准在军机处办理，本管司员不允许到军机处回事，军机章京办事的地方不准闲人窥探；从王爷贝勒、贝子、公、文武满汉大臣，都不准到军机处同军机大臣谈论事情；有人敢违反纪律，重处不赦免。为严格执行以上纪律，今后每天特派都察院科道一人，在内务府官员值房监看，待军机大臣退散后，方准退值，如出现违反纪律的事，值班科道立即参奏，候旨严厉惩罚。

　　8. 对其他机构与事务的监察

　　各道对户部三库、工程、宗人府事件、内务府事件、理藩院银库、八旗事件都有一定的监察责任。理藩院银库由江南道御史监察。满蒙汉八旗事务，如补官、挑甲、放晌、练兵、考试等都是由八旗委派出来的御史负责考察监察。乾隆时规定，在京各部院从户部银钱库、缎匹库、颜料库领取物品后，务必在下月初十日以内，造具细数总册和原稿，送江南道逐一考察核实，岁终汇题，如有不符，江南道参奏，由户部查究。嘉庆时又规定，户部三库收发银钱时，要通知江南道官员在现场监视。户部银库本来就管理较严，再加上江南道御史监看收发，制度就更严密了。

　　都察院设有宗室御史二人检查宗人府事务，每月要注销两次，年终将检查详细核算报告，如有不符即行参奏。并从内务府官员中选出四人担任御史，让他们互相检查，其注销、限定等，依照各部院衙门的规定办理。内务府御史除检查钱粮外，还要检查混入紫禁城的闲杂人员。

　　京师是需要保护的关键之地，周围五个方位都有很杂乱的民居，最重要的是治安问题。乾隆初年规定，只要是发生在京城的盗窃案，该坊官需逐个报告给山东道，由该道依期限严厉追捕盗贼。如发现司坊官有纵容盗贼等弊端，由山东道据实参奏。年终该道要逐一核查，汇题注销。河南道检查步军统领衙门事件。

　　乾隆时规定，只有直省照例在报告事件的张贴上注明各道，隶属于吏、户、礼、兵、刑、工各部的疑难事件，按季度分别报给督察院的河南道、江南道、山西道、山东道、陕西道等。如果没有疑难事件，也应该按季度向都察院说明，以此来察核、汇总具题。河南道也参与军政、盐政的考察。

第四章　清朝监察立法的实施

　　清朝监察法制的发展不仅表现为监察立法的相对完备，还表现在监察法的实施上。根据监察法，以都察院为统率的监察机关是"整纲饬纪""纠察内外百司官邪"的风宪衙门，行使着范围广泛的监察权。各项监察任务均已明确分职定责，或由监察官员共同职掌，或由都察院率各科道共同职掌，或令某一监察机关专司掌管。但在行使建议政事和弹劾官吏两项职权时，或以个人名义，或联名具奏，而不以都察院或某科、某道等监察机关的名义，如顺治初年定，"凡朝廷政治得失，民生利弊"，言官可"以时条上"。顺治十一年（1654年）又谕："凡事关政事得失，民生休戚，大利大害，应兴应革，切实可行者，言官宜悉心条奏，直言无隐。"雍正年间，又定科道轮班具奏之制："无论大小时务，皆许据实陈之。"至于弹劾官吏，从顺治朝起便要求监察官员对骄肆慢上、贪酷不法、荒弃职业、独断专擅、虐待属下以及僭越服制器用、违反忠孝伦常风化等行为的内外百官皆可尽言，"分别察奏"。

第一节　立法监察的实施

　　清朝的监察官员不仅参议国政，也监督立法。有些监察官员对国家的典章法制极为关注，并在上疏中指陈缺失，请求修订。顺治二年（1645年）三月，刑科都给事中李士焜奏言："古帝王制律，轻重有伦，情罪允协。今者律例未定，止有杖决二法，重者畸重，轻者畸轻，请敕部臣早定律法，务期援古酌今，详明切当，分别杖流绞斩之例。凡有罪者先期具奏，必俟宸断遵行，则法得其平，而刑当其罪矣。"疏入，得旨："修律官参酌满汉条例，分别轻重差等，汇成一编进览。"

　　顺治二年五月，福建道监察御史姜金允奏言："明慎用刑，重民命也。我朝刑书未备，止用鞭辟。臣以小民无知犯法，情有大小，则罪有重轻，斩之下有绞、徒、流、笞、杖，不忍尽死人于法也。斩有立决，复有秋决，于缓死中寓矜全也。故历朝有大理寺覆奏，有朝审、热审，又有临时停刑，盖死者不可复生，恒当慎之。今修律之旨久下，未即颁行，非所以大锡皇仁也。请敕部速行定律，以垂永久。"得旨："著作速汇辑进览，以便裁定颁行。其覆奏、朝审、热审、停刑各款，著三法司一并详察旧例具奏。"

顺治三年（1646 年）六月，刑科给事中杨瑄奏言："国家制刑，先定律令，所以彰明宪典，示民画一也。龙飞三载，更定律令，尚未颁行，天下无所遵守，不但犯法者不知其得罪之由，而用法者不免乘一时之意。乞敕所司刊定颁示。以几刑措之风。""下部知之。"

顺治十四年（1657 年）正月，兵科给事中金汉鼎奏言："会典一书，上自朝宁之规条，下及庶司之职掌，经纬具备，纤巨毕陈。然以新宪而沿旧号，非所以一王章定民志也。今宜斟酌重订，名曰大清会典。仍请御制序文，刊刻成书，颁布天下。再如海内古文秘录，所在多有，宜特遣词臣分道购求，载籍既多，然后博选名流，校雠成卷，用备大观，亦古文之一端也。""下所司议。"

巡视东城御史在雍正元年（1723 年）之时，汤之旭奏言："律例最关紧要，今六部见行则例，或有从重改轻，从轻拟重，有先行而今停，事同而法晃者，未经画一。乞简谙练律例大臣，专掌律例馆总裁，将康熙六十一年以前之例并大清会典，逐条互订，庶免参差。"世宗于是任命大学士朱轼为总裁，让他修订律例，看哪些需要增加，哪些需要减少，再详加分析，尽快修完。三年书成，五年颁布。

但是，清朝统治者历来以恪守祖制家法为执政的基本信条，因此科道官虽可以监督立法，却不得纷更成例，妄改旧章。有些科道官就因上疏"请变通成例"，而被罢黜处罚。例如，严惩窝主的刑法是清代初期为针对"逃人"问题而制定的。汉人李烟、魏官、赵开心和吴正治为御史，他们先后上疏，对修改"逃人法"的要求极其强烈，同时对满族贵族的官僚进行一定的劝说，让他们减少残害汉人奴婢。但事情的结果是"偏护汉人，欲令满洲困苦，谋国不忠，莫此为甚"，也因为这样都受到了被撤职或流放的惩罚。

乾隆四十一年（1776 年），御史炳文仅因奏请改变京察时对科道的考核程序，即被斥为"辄思变更成例"，被革职发往伊犁。道光十七年（1837 年），御史柏龄上折奏请选将训兵，整顿营伍。宣宗颁谕诘之："我朝武备修明，兵制已臻完善，操练既不为不勤，俸饷亦不惟不厚，惟在遵循旧制，岂容妄议更张。"该御史"率意妄陈，乖谬已极，不胜御史之任"。遂解柏龄职。

第二节　行政监察的实施

一、对部院及地方政务的监察

清制，都察院率六科、十五道职掌稽察中各衙门政务。都察院"察中外百司之职，辨其治之得失"。凡"六部断事偏谬""各衙门政事之修废"，均有权稽察奏闻。"内外各衙门条陈章奏……有专恣徇私者"，亦"明白纠驳"。

六科、十五道则"稽察在京各衙门之政事"。大体分工：六科分别稽察吏、户、礼、兵、刑、工六部，吏科兼察顺天府，礼科兼察宗人府、理藩院、太常寺、光禄寺、鸿胪寺、国子监、钦天监；兵科兼察太仆寺、銮仪卫；刑科兼察通政使司、大理寺及河南道刷卷。

十五道中，京畿道稽察内阁、顺天府、大兴县、宛平县；河南道稽察吏部、詹事府、步军统领衙门、五城；江南道稽察户部、宣课司、宝泉局三库、左右两翼税务衙门、在京十三仓；浙江道稽察礼部、都察院；山西道稽察兵部、翰林院、六科、中书科、总督仓场、坐粮厅、大通桥监督、通州二仓；山东道稽察刑部太医院；陕西道稽察工部、宝源局；湖广道稽察通政使司、国子监；江西道稽察光禄寺；福建道稽察太常寺；四川道稽察銮仪卫；广东道稽察大理寺；广西道稽察太仆寺；云南道稽察理藩院、钦天监；贵州道稽察鸿胪寺。

可见，在京各衙门，除军机处以外，均在科道稽察范围之内。其中，六部、宗人府、理藩院、通政使司、各寺监及顺天府还接受科、道双重稽察。顺治九年（1652 年）谕："上自诸王，下至诸臣，孰为忠勤，孰为不忠勤，及内外官员之勤惰"，"科道皆可尽言"。"满汉各官有贤有不贤，督抚按各官有廉有贪，有明有暗，镇守驻防各官有捍御慎者，有扰害地方者"，俱令科道"分别察奏"。雍正年间，又定科道轮班具奏之制："无论大小时务，皆许据实陈之。"

在对官吏的监察中，以防范官吏结党为重点。明代官僚结党的弊害被清帝深恶痛绝。《钦定台规》明确指出，"结党恶习诚朝廷之大患"。一再要求科道官员要"公正无偏"，不避权贵，勇于举劾官吏中结党攀缘之习。对于"自皇子诸王及内外大臣官员有所为贪虐不法，并交相比附，倾轧党援，理应纠举之事，务宜大破情面、据实指参，勿得畏怯贵要，瞻徇容隐"。同时，严禁各衙门大小官员私交私宴及庆贺馈送，违犯者科道官应指名特纠，敕吏部从重议罪，失纠者一并严处。顺治十七年（1660 年）还规定："私交私宴着依议严行禁革，如仍前违禁私相交结，庆贺升迁，馈送杯币及无端设宴献酬，假馆陈乐，长夜酣歌者，科道官即行指实纠察，从重治罪。如科道官徇情容隐，不行纠参，一并治罪。"世宗时还下诏："外任旗员受该旗都统参领，及五旗本王恣意需索者，许本官据实封章密详督抚转奏；倘督抚瞻循容隐，即许本官封章揭都察院转为密奏；倘不为奏闻，即各御史亦得据揭密奏，务期通达下情，以除积弊。"康熙十八年（1679 年）议准："大小官员在衙门不待事毕，推诿满官、早归迟进、宴会嬉游者，或办理公务瞻徇迟延、不行即结者，司属听堂官题参，堂官听科道题参。"

世祖特别重视对督抚一级高官的监察，曾对监察官员提出明确要求："总督管辖数省，巡抚专任一方，得其人则事治民安，非其人则丛奸滋弊，民受其害。如不行考核，贤否无辨，何以示劝惩。着以顺治十一年正月起，尔部会同都察院矢公矢慎，将各地方总督、巡抚严加考核，分别确议具奏，不许通贿行私，蒙蔽徇纵。向来推用督抚，但止举侍郎布按，嗣后遇有督抚员缺不拘品级，务从公会推，择其品行才猷素著者，将政绩事实详注会推本内，毋得听受钻营，滥举匪人。朕以澄清吏治责之督抚，考核督抚，责之部院，如推举不公，着都察院科道官指实纠参。"

宣宗时期，在官僚中出现吸食鸦片烟的现象，为此，道光十八年（1838 年）十一月，御史万超奏请严查吸食鸦片职官，深得道光帝赞许。遂颁发上谕："大小官员，均有率属临民之责，必使咸知自爱，方可望其正己正人。近来鸦片烟流毒日深，不特军民人等共相吸食，即现任职官，亦多染此恶习，殊堪痛恨。各部院堂官及直省督抚各上司，果能破除情面，留心访察，所属各员内如有吸食鸦片者，不难于察言观色之间，立为指出究办。嗣后该堂官上司等，务当随时认真查察，遇有此等劣员，立即指名参奏，照例治罪。至内而京察，外而卓异，尤属三载考绩大典，断不容以卑鄙无耻之员，滥竽充数。即平日一切紧要差使，亦当慎加遴选，任使得人，方于公事无误。倘平时一味姑容，不能早为甄核，仍将吸食鸦片属员滥列京察卓异，及委派差使，将来别经发觉，或经朕看出，查究得实，除将本人治罪外，定将原保原派之各堂官上司严行惩处，决不宽贷。懔之慎之，将此通谕知之。"

为了保证科道监察官忠于职守和举劾的独立性与保密性，要求上密奏者，不谋于人，不泄于外，否则予以议处。顺治十八年（1661 年）规定，"吏部、都察院议覆，掌河南道御史白尚登条奏：科道停止列名纠参一事，应如所请。嗣后科道纠参，系何官真知确闻者，本官即行纠参。其众员列名，概行停止"。雍正三年上谕：对事关机密等举劾事项，"令个人密封进呈，其忠言有可招怨结冤者，朕将折内职名裁去发出，或令诸臣会议，或既见诸施行，而外问不知何人所奏"。为使密奏直达御前符合保密要求，特别规定："言官题奏应密不密者，罚俸六月。"密折奏事是对科道官纠举弹劾他官不法行为的保护性措施，也体现了科道官只对皇帝负责，为皇帝耳目之司的作用。

二、对各部院文件的监察

清朝时期为将各衙门的行政效率加强，都察院获得了朝廷赋予的督催、注销案卷的权利。对各行政机关所承担的公务进行督促检查，其中督催的具体含义就是检查他们是否如期完成。对所承担事项的注销手续进行办理要更及时，而注销的具体含义是以示了结。清朝时期的督催、注销制度都比较完善，以机构设置、办事程序为始，到督催内容标准及处治办法为终都将相关各种规定进行了明确。顺治十八年（1661 年）上谕："各部事务，虽巨细不同，于国政民情均有关系，理宜速结。今各部一切奉旨事件及科抄俱定有限期，六科按月察核注销。其余不系奉旨事件及无科抄者，若不专令稽察，必致稽迟。除刑部已差科员稽察外，吏、户、礼、兵、工五部，亦应照刑部例，各差科臣一员，不时稽察。如有迁延迟误，即行参奏，仍于差满未交代之前，将已完、未完事件明白具奏。"又定："吏科稽核吏部、顺天府，户科稽核户部，礼科稽核礼部、宗人府、理藩院、太常寺、光禄寺、鸿胪寺、国子监、钦天监，兵科稽核兵部、太仆寺、銮仪卫，刑科稽核刑部、通政使司、大理寺，工科稽核工部。各衙门所办理之事每月两次造册送稽核之科注销，依限完结者，开除；限内未完及逾限有因者，于注销本内声明；无故逾限者，指参。各于月抄缮本具题。"康熙十六年（1677 年）上谕："向来各衙门事件，关系重大者，虽有定限，赴科道稽察，但事有易结者，即宜速结，必俟限满，方行题覆，多致壅滞。更有各项呈状，不系注销者，任意耽延，借端拘提人犯，数月不为审结，无辜牵连，殊堪悯恻。自后题覆本章，俱速行料理，不必尽拘定限。至于审理事件，亦速为完结，著照注销钦件例定限，每月造册赴都察院、科道稽察具奏。尔等各宜力图振作，体恤民隐，以副朕孜孜求治之意。"雍正元年（1723

年）六科并入都察院，与十五道双重稽核注销在京各衙门文卷。各道御史也按其分工，负责"注销"各衙门及各寺、院、监、司办理的文卷。各衙门每月分两次将所办之事造册送交该科注销，科道于月终注销时，详核勘对，所办各案是否依限完结，有无其他情弊，遗漏舛错，紧要事件有无疏忽泄漏、相互推诿、滥驳不理等情。若查出违、限或它项情弊，科道即可参奏，将承办各官分别惩处。乾隆十三年（1748 年）奏准："都察院照各部例设立督催所，按年轮委满、汉御史各一人，凡各厅、各道、五城承办事件，著所委御史实力督催按限完结。如限内不能完结，著该处移知缘由。倘无故迟延，著督催御史具稿呈堂察核纠参，如督催御史有意瞻徇，一并纠参。"

乾隆十四年（1749 年）对各种公务的承办时间进行了严格规定，以方便监督检查，为注销或惩处提供依据："嗣后各部事件在部题结者，吏、礼、兵、工四部及各衙门，各定限二十日；户、刑二部，定限三十日。行询、会稿系吏、礼、兵、工及各衙门主稿者，定限四十日，户、刑二部，定限五十日；内所会各衙门，各定限五日，户、刑二部，定限十日，逾限即行参处。"乾隆三十三年（1768 年）奏准："嗣后各部院及八旗都统衙门一应文移，倘有仅写年月，不填日期者，许收到文书之衙门于每月注销时，送科道衙门验明，于注销内声明附参。"

"照刷"文卷的程序沿袭元、明的旧制而来。"照"为"照察之意"，"刷"为"刮扫寻究之意"，其与"注销"文卷的内涵基本相同，区别是每年一次。按规定：在京各衙门须将上年所办事件文卷，于次年八月内送河南道（原为京畿道）"照刷"。河南道将各衙门文卷提取后，按照刷程序核其有无"稽迟"（办事违限）、"失错"（印信、签名违制，年月日错漏等）、"遗漏""规避"（不应回避而设法回避者）、埋没（侵挪钱粮）、违枉（刑名违错、拟罪出入）等情弊。如照刷出卷内有上述情弊，则于卷上分别批注"稽迟""失错""埋没"等字样，将核参进行汇集，定罪要以文卷宗数而定。《大清律例》中"官文书稽程""照刷文卷"各专条中对承办官吏有详定的惩处办法："凡照刷有司有印信衙门文卷，迟一宗、二宗，吏典笞一十；三宗至五宗，笞二十；每五宗加一等，罪止笞四十。府、州、县首领官及仓库、场务、局所、河泊等官，各减一等。失错及漏报一宗，吏典笞二十；二宗、三宗笞三十；每三宗加一等，罪止笞五十。府、州、县、官领官及仓库、场务、局所、河泊等官，各减一等。其府、州、县正官巡检，一宗至五宗罚俸一月，每五宗加一等，罚止三月。若钱粮埋没、刑名违枉等事，有所规避者，各从重论。"

"照刷"过的文卷依然发还各衙门，令将各违错之处照例改正。"照刷"文卷制度至乾隆年间有所变更。乾隆三十二年（1767 年）规定：凡有关钱粮方面的卷宗全部开送照刷，不得遗漏，其余卷宗停止送刷。自此以后，"照刷"文卷只查核钱粮事件。

清朝由各科道执掌的"注销"与"照刷"制度，有效督励各衙门提高了办事效率，是科道官稽察政务的具体方式。

三、其他日常行政监察

科抄、管理敕书以及察核轮值等事务是科道官的日常行政监察内容。清朝凡涉及钱粮、刑名、兵马、地方民务等方面的意见，内外臣工皆须按定例缮本具题。题本得旨批红后，称为红本，每日由给事中一人赴内阁祇领，称为接本。然后，传抄给有关衙门分别承办，称为"科抄"。凡本章命下，事属某部、院者，由某科即日抄清汉文谕旨，发文某部，为正抄；如一事关涉数处者，将本章送于别科转发，为外抄。原领本章各贮本科，年终汇缴内阁。"凡内阁发出密本，由该科登号，原封送部，取承领官职名附于号簿。该部办毕，仍密封送科"。"凡部、院、督、抚本官已经奉旨，如确有未便施行之处，许该科封还执奏。如阁票签批本错误及部、院、督、执本内事理未协，并听驳正"。

康熙十七年（1678 年）议准："红本已奉旨到科，未经到部，有预抄泄漏者，将该科给事中议处，泄漏之人交刑部治罪。"

清朝皇帝有时针对特定事项向某某官员颁发敕书，以指导施政，因其具有重要价值，特命六科专门负责管理。乾隆三十六年（1771 年）议准："嗣后恭办敕书，如系钦奉特旨者，仍照旧例办理，其余各项敕书，不拘多寡，以半月用宝一次，每月汇为二次，用宝之后，即日发科。至差员应领关防敕书，例需拨兵背护。除已领有关防印信，即将兵票办给，其请领敕书，由内阁用宝发给者，兵部于各衙门行文支取时，即照例办给兵票移送内阁，随同敕书一并交科转发各该省提塘，将兵票封固，照旧赍送本章奏折之差弁，乘便赍交该员祇领，再行令地方汛弁，照依本票拨兵三名背护。"乾隆四十五年（1780 年）议准："嗣后文武官员应缴敕书，俱送该科查验销号送阁，以免遗漏，而符体制。"

此外，科道还要察核轮值事务。乾隆八年（1743 年）议准："嗣后朝期应坐班各官并无事故托辞不到者，给事中核实题参。"乾隆十八年（1753 年）奏准："嗣后六科移取册卷并知会值班官司弁同启封识。如有不行知会，私自开封者，令值班官弁立即拿究。"由于行政监察是监察事务的重中之重，因此在这方面的政绩可陈述者也比较多。例如，顺治三年（1646 年），吏科给事中林起龙针对明末降官故吏私征滥派、压榨百姓一事，连上《请严饬守令重处贪庸疏》《严饬贪吏以肃官方疏》两疏，力请"严饬守令以励官箴，重处贪庸以清民害"。他说："今贪官污吏遍天下，虽有参劾，不过十分之一。至于贪酷暴虐，腹膏血以肥己，错庸罢软，纵虎狼而噬人，守令如此，百姓安得生乎。"贪官之外，"以老聋聩谬膺重寄，任凭书吏纵横，满堂皆官，较贪吏虽未得财，而误国殃民为害更大"。他在奏疏中还提出了明确的整饬办法，建议重申州县一级官员的职责，明定遴选、升擢、管理、惩处各官之法，并派员经常巡视督课。对勤谨优异者升赏，对懒惰旷误者严惩不贷，贪官追赃助饷，庸官立罢不用。林起龙所上两疏，备受清廷重视，多予采用实行。

自明朝以来，胥役书吏干政是败坏吏治的渊薮，清朝入主中原以后，其弊依然严重影响着清朝的行政。对此，顺治八年（1651 年），工科给事中朱之弼上疏，请求禁革："国家宜重名器……今户、兵等部书役别系职衔，非官非吏，有玷班行，此曹起自贫乏，不数年家资巨万，衣食奢侈，非舞文作奸何以致此。户、兵堂司官岁有迁转，此曹年久不去，官为客，吏为主，流弊何穷，请严密裁夺。"疏入，下部议行。然而，胥吏干政是腐朽的封建官僚政治所决定的，远非一纸上疏所能禁革，终清之世胥吏干政擅权，仍是清朝行政中的一大弊端。

康熙六年（1667 年），户科给事中姚文然鉴于各衙门"案牍烦冗滋弊"，建议"一部可迳结之事，即应一部迳结，一疏可通结之事，即应一疏通结。若各省钱粮考成已报完者，部臣宜于议复时即予开复"，上如所请。乾隆二十九年（1764 年），给事中瑭古泰"查奏盛京各衙门逾限事件九十六案，请交部察议"。上准其请，对逾限五日以上者，予以惩处。嘉庆十八年（1813 年），御史冯大中深感有些衙门办事惰慢，而且制造借口规避科道稽察，遂上奏："京外各衙门办事迟延怠缓，请旨设法稽核，以符例限。"上纳其奏，批示："为政之道，敏则有功。""嗣后部中题奏事件，著照该御史所奏，将科抄咨文何日到部，该衙门何日具题，具于本尾声明，如有迟延，即行附参。至题本奏旨后行文，以及咨行外省事件，著各衙门设立号薄登记，如有迟延，分别记过参处。其外省遇有特交咨交审办各案，如实有不能完结者，著分别奏咨，以备查核。即申复部院咨查事件，亦著将何日接准部文，何日咨复，一并详叙，违限者均予参处"。

清朝由于重视监察官员的选任，确实出现了一些疾恶如仇、执法不挠、敢于纠弹权贵，使豪强顽恶为之慑服，贪官蠹吏为之摧沮的"铁面御史"。例如，顺康之际左都御史魏裔介"生平笃诚""弹劾无所避忌"，疏劾大学士刘正宗、成克巩欺罔附和、蠹国乱政诸罪，致使"正宗获罪籍没，克巩夺职视事"。

康熙年间，御史郭琇"于半年中，弹劾参罢三宰相，两尚书，一阁学，直声振天下"。康熙二十六年（1687年），陕西道监察御史陈紫芝弹劾以大学士明珠为靠山，"恃势贪暴"的湖广巡抚张汧，使之革职去官。

乾隆年间，御史曹锡宝不计利害，勇劾招权纳贿、权焰甚张的军机大臣和珅；御史钱沣也劾和珅同党国泰；御史谢香泉竟痛笞其奴，又烧其车，后人称之为"烧车谢御史"。至嘉庆初，给事中王念孙继劾和珅不法状，终使声势熏灼、举朝惧畏的奸相和珅伏法。

乾隆五十四年（1789年），江南道御史初彭龄劾协办大学士彭元瑞循私为婿营事，又劾江西巡抚陈淮以贪著。彭元瑞、陈淮先后被罢。

同治六年（1867年），御史游百川奏劾"宗室宽和等所行多不法"，宽和等被惩治。"一时权贵敛迹"。

光绪年间，御史江春霖据实参劾任总理大臣和度支大臣的奕劻父子"招权纳贿，贪污勒索"，连上八疏，"朝贵颇严惮之"。更有御史宋伯鲁竟然触及势焰熏天、操生杀予夺大权的慈禧太后，确使权贵势力为之震惧。

根据《光绪会典事例》《钦定台规》等官书所载，科道弹劾共有二百二十三篇，其中以弹劾三品以上官占大多数，可见清代台垣直臣"弹劾不避权贵"之说不为虚谈。而且这些弹劾奏章发生效力者，在一半以上，被劾者或遭法办，或被罢官免职。在清朝极端专制的条件下，监察官员能取得这样的成绩确属不易。

第三节　人事监察的实施

清朝考察京官和外官的京察与大计，是人事监察的重要方面。京察、大计虽由吏部主持，但都察院是主考机关之一，吏科更有权对京察全过程进行监察。顺治初年定："京察六年举行一次，在京各衙门官属均听衙门考核，填注考语事迹，造册密送吏部、都察院、吏科、河南道（后京畿道）会考。"顺治十年（1653年）奉上谕："在京官员除吏、礼二部侍郎、学士、詹事等官亲加考试区别外，其六部等衙门有年老疾病不能任事及素行不孚众论，或才力可外任者，俱令本衙门堂官详察严核，汇送吏部、都察院，同吏科、河南道议奏。其通政司、大理寺、太常寺、太仆寺等衙门堂官，开送吏部、都察院、吏科、河南道察核。其六科、各道御史，吏部、都察院察核，具奏。各衙门务秉公并列，具限五日内即为分别，不得迟延推诿，以滋贿托。"顺治十三年（1656 年）议准："在京各衙门属官，不论现任、升迁、公差、丁忧、告病、养亲、给假、降调及行查未结者，俱听本衙门堂官考核，照外官考察格式，填注考语事迹，或贤或否，应去应留，造册密送吏部、都察院、吏科、河南道，以凭会考。如将应考官员遗漏，不应考官员造入册内者，听部院纠参。"

自雍正时起，京察、大计均三年举行一次。雍正四年（1726 年）上谕：京察"三年一次，在京三品以上满、汉大臣，在外督抚、盛京五部侍郎、奉天府府尹，均将三年内事迹、过愆，据实自陈。在京部院等衙门所属官员，于四年三月内，该堂官填注考语，造册密送吏部、都察院、吏科、河南道，俟文册到齐，吏部请旨，另派大学士大臣会同都察院、吏科、河南道详加考察，分别去留。嗣后遇京察之年，著内阁满、汉大学士、吏部、都察院、吏科、河南道公同阅看。著为例，不必另派大臣"。

乾隆五年（1740 年）议准，"京察四格务须切实注明：如守清、才长、政勤、年或青或壮或健，称职者列为一等，守清或政勤，才平或才长，政平，年或青或壮或健，勤职者列为二等，守谨、才、政皆平，或才长、政勤而守平，年或青或壮或健，供职者列为三等。于此。四格之外，再加确实考语。如列在一等而才、守、政、年及称职等字样，不遵定例开注者，考察时即将该员照所注字样改列等次，毋庸驳查。其应行议处者，必将应去之处注明。二等、三等人员均以应留造册。至新任未试未经到任官员，别具一册，亦并咨送吏部、都察院、吏科、河南道分缮黄册进呈"。四格是清朝考核官吏的一种法定标准，以守（操守）、政（政务）、才（才能）、年（年限）为四格。四格又分十个级差：守为清、谨、平三级，才为长、平二级，政为勤、平二级，年为青、壮、健三级。吏部、都察院、吏科、河南道，一律封门检阅册，共同磨对在京察之时，再经过堂考察结束，就准备上奏。

至于大计，顺治三年（1646 年）定："外官大计，各直省督抚核实官评，分别汇题，吏部会同都察院、吏科、河南道详加考察，分别奏请。填注考语，用守、才、政、年四格。在外官评全凭抚按，如有贤否倒置不合公论者，听部院堂官及科道据实纠参，以溺职论。"顺治四年（1647 年）定："外官大计三年一举，永为定制，吏部、吏科会同都察院并河南道考察。"由各省送到京师的大计册籍，由吏部转交吏科会核具题。顺治十八年（1661年）议准："大计考察，吏部考功司、吏科、河南道详核各官应去应留者，照八法议处，吏部、都察院堂官严核，如册内贤否例置造报不实者，科道特疏指参。"

康熙二十五年（1686年）覆准："三年大计，督抚将所属官员贤否文册止造三本，送吏部、都察院、吏科，其布、按二司所造各官贤否、钱谷、刑名等项册籍，分送各部院衙门者，俱停止。"如大计册内考注优等，而科道以贪酷指参有据，则将该督抚一并治罪。康熙三十六年（1697年）奉上谕："国家举行大计，原期黜陟幽明、大法小廉，以为义安民生之本，所关甚重。比年以来，督、抚等官视为具文，每将微员细故填注塞责，至确实贪酷官员有害地方者，反多瞻徇庇护，不行纠参，以致吏治不清，民生莫遂，重负朕爱养元元之意，殊可痛恨。今当举行大典，各督、抚等官应洗心涤虑，力改前辙，矢公矢慎，整肃官方，务期荐举一人俾众皆知劝，纠劾一人俾众皆知儆。傥仍苟且因循，徇私溺职，国法具在，决不轻恕。"

乾隆七年（1742年）奉上谕："国家举行大计，乃三载考绩，黜陟幽明之要典，督抚大臣职司其事，必当秉公去私，杜绝请托，精详鉴别，无党无偏，举一人而众皆知劝，劾一人而众皆知儆，则官方以肃吏治，以清百职修举，而民生共受其福矣。昔我皇祖、皇考严降谕旨，训饬再三。乃朕见近来各省计典，颇有视为具文苟且塞责者，或贤员不行荐举，或劣员不行纠参，或就目前之一端而不察其居官之素，或任一己之爱赠而不参乎舆论之同，又或庇护私人，瞻徇情面，而使贪墨不职之人姑容在位，将教职及佐杂微员草草填注，以充其数，今年乃大计之期，用是特颁谕旨，各督、抚等务精白乃心，矢公矢慎，以肃巨典。傥有仍蹈前辙者，经朕访闻，或被科道纠参，必当加以严谴，该部即通行晓谕知之。"乾隆十九年（1754年）奏准："各省举行大计，年老、有疾二项，向多以教职填注，应令直省督、抚将佐杂等官详加考察。其中有年老有疾之员，俱据实填注，不得稍为姑容。如有仅以教职数员塞责者，经吏部、都察院察明，即行参奏。"

乾隆二十四年（1759年）奉上谕："外省大计八法官员均关澄叙大典，内如贪、酷二款，既有实迹，例应特疏题参，另行审结。其年老、有疾、罢软无为、才力不及等款，尚属见闻所共知，至不谨、浮躁官员，向来参本，内俱未将其何事不谨、何事浮躁一一声叙，此内或有公事本属无误而节目偶尔阔疏，才具尚可有为而气质不无粗率，此等人员其才未必不堪造就，上官不能舍短取长，但以意见不甚相洽，遂概登之白简，固属可惜。甚或该员平日本有败检逾闲，而该督、抚意存瞻徇仅与避重就轻转借此为周旋劣员捷径者，均非整饬官方之意。嗣后三年计典，内如有不谨、浮躁等官，俱著确据实迹详细登注，不得笼统参劾，以昭慎重。著为令。"

正是由于贪、酷随时发现，随时纠参，无须等到京察、大计，因此清朝将明时的八法考吏改为六法考吏。

吏科除参与监察京察、大计外，对吏部人事任命也负有监督之责。顺治初年规定："司道以下各官，接到任命五日之内，由吏部文选司缮写文凭盖印后，送吏科填限。吏科规定各官按期到科画凭，依限填注，限十日内送部。如不赴吏科画凭，逾二月者，将凭送吏部核销。"

第四节　经济监察的实施

清朝无论国家或皇室、军队，还是中央或地方，凡财物出纳、税赋征收、经费开支、工程营缮，以及违犯财经法纪的行为等，都受都察院监督审计。各官府的会计册籍，均须呈送都察院审核稽考、注销。除六科、十五道的常年定期监察与审计外，还沿用唐代以来巡回监察审计的做法，设立巡仓、巡漕等科道差遣，以便对重大财经活动进行不定期的专门监察、审计。因此，清朝经济监察的方面较宽，涉及漕粮、盐政、税收、仓贮、工程以及日常田赋杂税奏销等。

（1）巡粮。顺治初定："凡漕粮兑定，该管粮道将开帮日期呈报，随造具各帮兑交粮米数目清册，呈送漕运总督，该督具题，以册送户科，由科同全单磨对。"又定："凡京通各仓监督，每岁收放米豆数目造具旧管、新收、开除、实在四柱清册，呈送总督，仓场侍郎具题以册送户科磨对。"雍正七年（1729 年）上谕："粮船过淮之时，著差御史二人前往淮安，专司稽察，不许官吏人等向旗丁额外需索，以至扰累。其粮艘中携带物件，除照例许带外，该旗丁如有挟带私盐及违禁等物者，亦著该御史稽察。"乾隆二年 1737 年议奏准："每年派往巡漕御史四人，令一员驻扎淮安府，巡察江南江口起，至山东交界止；令一员驻扎济宁州，巡察山东台庄起，至直隶交界止；令一员驻扎天津府，巡察天津起，至山东交界止；令一员驻扎通州，仍巡察至天津府止。各按所巡地方，务使漕运遄行，剔除诸弊。如有不法官丁，即行题参。"嘉庆十三年（1808 年），上谕："嗣后奏派四处巡视漕差，仍照旧例不分满、汉，所有科道一并带领引见候朕简派外，若经派后因事出缺时，应分别满、汉员缺办理。"

（2）巡盐。顺治元年（1644年）定："两淮、两浙、长芦、河东各差御史一员巡视盐课。"顺治三年（1646年）议准："凡运司、提举司等官一年核办盐课，于岁终将已未销盐引若干，已未完盐课若干，造册送盐政，盐政具题以册送户科注销。"康熙五十年（1711年）议准："各省运司、运同、运判、提举，凡遇交代造具册结，由盐政巡抚送科察核。至云南、贵州、四川、甘肃等省未设运司，其管理盐课各官交代之时，亦造册由巡抚送科察核。"同年户部覆准："运使官员交代亦照藩司交代之例，造具册结呈巡盐御史具题察核，如有迟延徇隐等弊，照例题参，照依藩司交代例议处。至云南等省未设运使，其管盐课官员交代亦照此例，造册呈送巡抚具题。其运同、运判、提举等官均照州、县官交代例，令巡抚、御史取具册结报部。"

（3）查核税收。顺治初年定："凡直省解户部钱粮完欠及田赋杂税、兵马钱粮各项奏销册，有蒙混、舛错者，由户科指参。"又议准："凡田赋杂税奏销，由布政使司造册呈巡抚转送；兵马钱粮奏销，由提标协营造册呈总督转送，均由户部查核。每年于五月内送到，如不能依限，督抚题请展限，知会户科。"康熙十一年（1672年）题准："州县奏销册开解支之数，由单列征收之款，每有册单总散数不符。嗣后奏销册务与由单相符。至实征原额起存完欠，藩司总数务与州县细数相符，送户科察核。"康熙四十九（1710年）年题准："各省解部盐课关税钱粮，该盐政监督皆具批送科，领解官交银讫，将部中所给实收送户科查验，各省督、抚、织造将解部一应钱粮并颜料、缎匹等项，先行移会具朱限批文送科。俟交完之日，即将部中所给实收送科查验发批。如有违限不到及迟延不完，或系仓揽需索侵渔，或系解官挪移挂欠，由户科核参送部治罪。"雍正七年（1729年）议准："凡有省解户部钱粮及各项件皆有批回，解官于掣批之后，即将所掣批文赴户科磨对。"乾隆元年（1736年）议准："督、抚奏报年岁收成分数，除随时奏报外，再将通省之夏收、秋收分数，缮写两本具题，交户科察核。"

（4）稽查仓储。雍正二年（1724年），"特设巡察御史一员总查仓场弊端"。雍正五年（1727年），奉上谕："仓场米石乃国家第一要务，关系最为重大，试思此项米石民间输纳何等辛苦，官员征解何等烦劳，且粮艘运送京师何等繁难，一颗一粒皆当爱惜，不忍轻忽……在京十仓每仓或都统或副都统各派一员，御史不论满、汉每仓各派一员，专任稽察之责。其米石出入、支放、奏销事件不必经管，仍属仓场侍郎管理……其匪类偷窃一切情弊，俱交与派出之都统、副都统、御史稽察。遇有查出之处，即行知会仓场侍郎。若仓场侍郎不及办理妥协，敢致迟延，著派出之都统、副都统、御史奏闻。"雍正十二年（1734年），奉上谕："前因仓米石关系紧要，在京十仓，或都统或副都统各派一员，御史各派一员分任稽察之责，于仓场不无裨益。但从前未定更替之期，现在各员中有历至三、四、五年尚未更换者。朕思日久因循而易生懈怠，且或偶有疏虞，该员虑于失察，因而掩饰弥缝亦未可定。著定为三年更代，届期各仓一同更换。若有接任之员未满三年，即届更换之期者，亦一体更换。"乾隆十三年（1748年），奉上谕："令都统、御史查仓并非祇令稽察仓廒渗漏，原令其兼查盗米等弊，今查仓大臣官员以非关己任，不行察看，实非差往本意。著查仓都统、御史等，凡有偷领私米等弊，严加稽察，毋得疏慢。"

（5）稽察工程。由于工部负责各种建筑修造工程，钱粮开支巨大，所以工科的监察任务繁重。顺治十二年（1655年）覆准："建造宫殿一应工程，先期上请，敕下工部，会同工科估计，以防浮冒。"又议准："凡直省修造城垣、官署、兵房及开浚池塘，并修理堤坝、石闸、桥梁等项工料，均造细册，送工科察核。"康熙时期，由陕西道专司稽察工部事务。一切工程，凡工价在白银五十两以上，物价在白银二百两以上，由陕西道御史料估，会同工科复核。康熙十年（1671年）题准："紫禁城外修造工程白银一百两以上者，令御史稽察，查工完日，将用过物料、钱粮数目开列，咨送该道御史查勘。若修造不如式，责令原修官另造，如有浮冒不符等弊，会同工科题参。"康熙六十年（1721年）题准："将一应修理工程，工价五十两以上、物料二百两以上者，著该处料估启奏到日，御史会同工科覆加核估，工完奏销。"乾隆五十五年（1790年），礼部请修衙署，工部奏准："向例一切工程动，用工部节慎库钱粮者，由工科、陕西道查收。今新例工程银数在千两以上者，钦派大臣查估承修，至工竣之时，应一体奏请钦派大臣查收，以归画一。"

（6）对支领财物与钱粮杂税进行核察。顺治元年（1644年），定京师部院各衙门向户部支领银物后，每月必须造册，"送户科察核，如有浮冒舛错者，指参。""田赋杂税奏销，由布政使司造册呈巡抚转送；兵马钱粮奏销，由提标协营造册呈总督转送"，皆于每年五月内送到户部，"由户科察核"。顺治十六年（1659年）议准：征收田赋用的由单，"先由州县申府，用府印钤盖后，呈报部科复核"，"若出现了私自分散的缺点，户科题参"。各省总督巡抚将全省夏收秋收分数，"缮写两本具题，交户科察核"。

（7）巡屯田茶马。顺治二年（1645年），"差御史一员，为巡视屯田御史"。顺治四年（1647年）议准"停差巡田御史，其事宜归并各该巡按办理"。顺治二年（1645年），题准："陕西、甘肃、姚宁等处，差御史一员督理茶马事务，为巡视茶马御史。"

科道官不仅依法行使经济监察，而且从正面提出经济建设的意见。例如，在康熙年间治理黄河时，刑科给事中陈诜提出："淮、黄自古不两行，迩者修归仁堤，开胡家沟，出睢湖之水；闭六坝，加筑高家堰，出洪泽湖之水。此借淮敌黄不易之理，然淮水入运者多，则敌黄仍弱。"建议"复天妃闸旧制""以全淮注黄"，可"使淮易敌黄，有裨大工"。疏入，河督议行。又如，康熙十年（1671年），云南道御史徐旭龄就垦荒事宜疏陈己见。他认为入关以来，二十年的垦荒政策都没有任何效果，其原因有三："一则科差太甚，而富民以有田为累；二则招徕无资，而贫民以受田为苦；三则考成太宽，而有司不以垦田为职。"因此欲收实效，必须改变起科方法，即"必新荒者三年起科，积荒者五年起科，极荒者永不起科，则民力宽而佃垦者众矣"。他还建议对"流移者给以官庄（官田），匮乏者贷以官牛，陂塘沟洫修以官帑（公款），则民财裕而力垦者多矣"。徐旭龄的建议受到清廷的重视，遂将把垦荒起科年限宽展到六年甚至十年，并采取了借给官牛和银两的办法。

科道官也针对财经弊症，提出奏疏，寻求解决之法。例如，嘉庆二十五年（1820年），巡漕御史在巡漕时发现，押运旗丁将"石灰洒入米上，暗将水灌入船底，复借饭火熏，希图米粒发涨，每石余出数升，盗卖获利，以致储仓之后，易于霉变"。此情奏报后，引起清帝的注意，命令所有收粮、押运及验收机关，务必认真查验。道光十二年（1832年），御史鲍文淳查出漕督衙门需索造成的严重后果，上疏说："帮丁困于漕署之陋规，需索于州县。州县累于帮丁之加费，浮取于闾阎，州县因帮丁之需索，不得不取价于民，而百姓之阴受其害者，不可胜言。"因而奏请"汰漕委冗员，严禁需索"。上准其奏，命漕督务必破除情面，认真查察。

嘉庆年间，御史李仲昭发现"长芦盐课有易称之弊，每引浮数百斤，以致壅滞难销，动损国课，又有鹾贾查氏富逾王侯，交结要津，人莫敢撄"。经李仲昭"露章劾之，枚举其弊"，仁宗遂命王大臣等查询此事，将当地盐政官员分别降革。嘉庆二十四年（1819年），湖北巴东县一带有借查私盐之名肆意勒索盘剥过往商旅之事，仅三百余里水道竟设有盐卡七处之多，御史程伯銮将此情上报，清政府遂即下令：裁撤私设盐卡，官设盐卡也必须照章办事，若有借端需索盘剥者，予以严惩。

道光二年（1822年），御史许乃济在查检京城崇文门税局时，发现书役等恣意苛索过往行旅，每一衣箱索银二两、四两至八两之多，遇不知应税者，一经查出，以二十倍议罚，对已纳税者也百般刁难，奏请严查税局需索之弊。上可其奏，并严申禁令："以惩关蠹，而便商旅"，税局官员务循职守，不得任胥役等滋扰舞弊。

根据《钦定大清会典事例》《钦定台规》《清朝文献通考》《清史列传》《皇朝经世文编》《皇清奏议》六书所载，财政方面的奏疏七十二件，获准者五十九件；水利交通方面的奏疏二十四件，获准者十六件；灾荒仓储方面的奏疏三十三件，获准者二十七件。其获准比例是较高的。因此可见，科道官在经济监察方面的作为，有助于清代社会经济的发展。

第五节　司法监察的实施

司法监察的实施是都察院长官通过参加秋审、朝审、热审等重案会审以及负责审理京控案件。给事中满汉各一人获得都察院所属刑科，"分稽刑名"事务。京师五城词讼案件由五城察院对其负责审理，杖罪以下的问题可以自行解决，送刑部定案需要徒罪以上。

顺治元年（1644 年），设登闻鼓于都察院门首，每日御史一人，轮流监直。顺治八年（1651 年）上谕："自今以后，凡有奏告之人在外者，应先于各该管司、道、府、州、县衙门控诉。若司、道、府、州、县官不与审理，应于该管总督、巡抚、巡按衙门控诉。若总督、巡抚、巡按衙门不准，或审断冤枉，再赴都察院衙门击鼓鸣冤。都察院问果冤枉，应奏闻者不与奏闻，准赴通政使司衙门具本奏闻。在京有冤枉者，应于五城御史及顺天府、宛、大二县告理。若御史、府、县接状不准，或审断不公，再赴都察院衙门、通政使司衙门具奏申告。至于六部其应呈应诉者，照旧例准理。"顺治十三年（1656 年），都察院等衙门会议："改设登闻鼓于右长安门外，令科道满汉官轮流值鼓。凡击鼓告状者，在内必曾经各衙门审理果有冤抑，在外必督抚按不为昭雪，科道官审明封进，如越告者照例责逐。"顺治十八年（1661 年）批准："官民果有冤枉，许赴院（都察院）辨明，除大事奏闻外，小事立予裁断或行令该督抚复审昭雪。"各级官吏有"被上司参劾冤抑者"，亦许"赴都察院控诉"。

为控制赴都察院、通政司或步军统领衙门呈诉的京控案件，在登闻鼓厅前刻木榜，明白告示：击鼓告状"必关系军国重务，大贪大恶，奇冤异惨"之事。至于"户婚、田土、斗殴等细事，及在内未经该衙门告理，在外未经督抚按三处告理，与已经告理，尚未结案者，并不准封进，仍重责三十板。如系职官，送刑部折赎；举人送礼部、监生送国子监、生员发顺天府责治""登闻鼓之设，原以申辨冤枉，近有无赖棍徒，本无冤枉，或希图报复，或受主使，除原状不准外，将本人送刑部责四十板，照例于长安门外枷一日示众。""被革职、降级的官员，欲申辨以求复官者，应赴通政司具奏，不许击鼓喊冤。民间冤案必亲身赴告，如本人被关押在狱，可令其亲属确写籍贯、年貌、保结，方准代告，违者不准。"御史所收词状于本任内（六个月一换）完结，有卷案可查者限二十日，无卷案可查者限十日完结，由河南道按月稽察具题，其议结事件，俱造满汉清册存案。

乾隆三十四年（1769年）议准："嗣后外省民人赴京控诉案件，如州县判断不公，曾赴该管上司暨督抚衙门控诉仍不准理或批断失当，及虽未经在督、抚处控告有案，而案情重大事属有据者，刑部、都察院等衙门核其情节，奏闻请旨察办。如地方官审断有案，即提案核夺，或奏或咨，分别办理。如果审系刁民出现希图陷害、捏词妄控、报复私仇，则按律治罪。其仅止户婚、田土细事，则将原呈发还，听其在地方官衙门告理。"

嘉庆四年（1799年），擅自驳斥或压搁不办普遍出现在京控案件之中，所以颁发上谕："嗣后都察院、步军统领衙门遇有各省呈控之案，俱不准驳斥。倘有案情较重不即具奏，仅咨回本省办理者，经朕看出，必将各该堂官交部严加议处。著为令。"

道光二十四年（1844年）上谕："都察院奏查明各省京控咨交案件逾限，并上次展限已逾仍未审结各案，开具清章呈览。各该管上司自应勒限严催，将未结各案迅速审办，以免悬宕。"

在审理上控案的过程中，慢慢地形成了一种都察院固定的处理方式，其内容是对是否符合上控程序进行一定的核查，此为第一步，对不符合的控察下发越诉的罪名。以"奏""咨""驳"的方法对符合者进行判定。"奏"是指对案情重大者，即刻具折奏闻。"咨"是指原案已经题咨到部，但属寻常案件，即咨回该省，或咨刑部查办，并根据案情多寡，一月或两月将所咨各案向皇帝汇奏一次。对"咨"回各省案件，均勒限完结，半年咨催一次，届期不完者，查明参奏。"驳"是指属于户婚、田土、钱债等民间词讼，予以驳回，照例将原呈发还，听其在地方衙门告理。

都察院受理的京控案，由京畿道协助查核鞫实，呈堂定议。由于京控案来自全国各省，数量很大，以至"来京呈控之案，殆无虚日"。由此可知，处理京控案件是都察院一项较为繁重的事务。

除京控外，其投厅击鼓或乘舆出郊，迎驾申诉者，名曰叩阍。叩阍之案可以选择交由刑部提讯，也可以发回该省督抚。通常钦命大臣莅审的都是情节较为严重的且涉及各省大吏的案件。发回和驳审的案件，责成督抚率同司道亲鞫，不准再发原审官，违者照例议处。都察院还受理官员申诉的案件。受处分的官员若有冤抑，或不服上级机关所给予的处分，可以先呈控于吏部。《钦定六部处分则例》规定："官员如有应行申诉情节，准其赴部具呈该堂官交与该司，将应准应驳情由详加查核明晰批示。""倘仍有真正冤抑，许其自赴都察院呈控"。都察院对官员申诉案件的处理须遵循以下程序："该院查系应行准理者即调取部议原案及一应定例秉公复核，如实有舛错，即为奏请更正，并将堂司请旨察议。如查有营私受托等弊，亦即据实指参。倘本员挟诈怀疑、捏词妄控，即将本员交部治罪。"

都察院的察核权是所属科道对直省及各省案件的核查。顺治十一年（1654年）覆准："凡直省重案已结束者，令按察各道年终具题造册，送刑科察核。"康熙十二年（1673年）议准："各省刑名事件，分道御史与掌道御史一同稽核。"雍正四年（1726年）定："直省州县原谳情罪，果与律例吻合，上司混驳，许承审官抄录原审供册并批驳案卷，直揭刑科，以凭察核。实则将上司议处，虚则将属员治罪。"乾隆十三年（1748年）定："满、汉御史以十五省分十五道，分理各省刑名。"

对于发生在京师及各省的命盗重案（一般为死刑案件），采用会审制，即由三法司（刑部、都察院、大理寺）会审。顺治十年（1653年），都察院题准："自今以后，凡犯罪至死者，刑部必详加审拟，成招定罪，奏请奉旨下三法司，然后会同部寺覆核。"顺治十八年（1661年）题准："凡系重犯及遇热审，刑部会同都察院、大理寺会审。"雍正三年（1725年）议准："凡会审事件，刑部移会到日，该道满汉御史各一人到部，会同承办司官取供；都御史一人，会刑部堂官录供定稿。刑部堂官画题，续送院覆题，若有两议，五日内缮稿送部，一并具奏。"

为了表示重点关注，无论是已结还是未结的直省重大案件，都要求令按察使司各道年终具题，造册送刑科察核。凡是死罪中应处斩、绞的重大案件，在京的由三法司会审，在外省的由三法司会同复核。在京会审之案，先由"小三法司"即大理寺左、右寺官及都察院有关道监察御史至刑部与承审司官一起会审录问，名为"会小法"。审毕，小三法司各以供词呈报堂官。然后，大理寺堂官（卿或少卿)、都察院堂官(左都御史或左副都御史)挈同属员再赴刑部,与刑部堂官(尚书或侍郎)一起会审犯人,谓之"会大法"。如有翻异,则发司复审。如三方对案情认定无疑义,及所拟罪名意见一致,则由刑部定稿分送院、寺堂属一体画题。若都察院、大理寺与刑部意见不合或两议,可另缮稿送刑部一并具题候上裁决。可见,会审重案采用双重审理程序,以示慎重。

特别重大的案件,由三法司会同吏、户、礼、兵、工各部、通政司的官员共同审理,称为"九卿会审"。"九卿会审"是朝廷的最高审级,都察院参与会审重案是传统的监察权的延伸和深化。在外各省总督、巡抚遇到重罪的案子,都是随本揭帖分别送至刑部、都察院和大理寺,由部、院、寺分别承办。有关部门道及左、右寺根据揭帖,详细核查案情与所定罪名、所引用法律条文是否符合,各自提出重新核实意见(马上预定判词)呈堂。由刑部主持稿钤印,分别送院、寺。如刑部看语与院、寺看对意见一致,院、寺就画上题,但必须在八天内送回到刑部。如意见不一致,有改变的,也要在八天内声明原因,交回酌议。刑部再定期移知院、寺到部,细绎案情,详细推律意,画一个审判定罪。按规定,所有重罪,必须三法司意见完全一致,才能确定案。在意见统一的情况之下,由刑部主稿,院、寺画题,奏闻钦定。如果意见仍然不能一致,则允许各抒发见解,候旨酌夺。但不能一个衙门一个意见,明显和刑部意见不同;两个建议都要陈述,等候皇帝裁决。

从会审重案的过程和方式来看,对拟罪、引律各重案的案情的状况,无论是都察院还是十五道都可以对拟罪、引律各重案的案情发表意见。而对待不当刑部的引律,大理寺具有的驳正权,在"律无正条""引律比附"时,要求必须由刑部承审官会同都察院、大理寺官共同商议罪名的议。刑部引律不确,院、寺"即行察明律例改正"。倘院、寺"驳改犹未允协,三法司堂官会同妥议"。

秋审、朝审的全部审理活动,都察院堂官和各道掌印监察御史例应全部参与。"其余御史,遇审某省,某道御史即一同上班与审。朝审令河南道(后改京畿道)御史上班与审。"经朝审、秋审所定"情实"人犯,由十五道分别具题,秋审由各道具题,刑科一并上奏;朝审由京畿道具题,刑科三次复奏,等到皇帝勾决,以表示慎重对待百姓的生命。收到谕旨之后,刑科照例发抄,密封下刑部执行内外立即处决人犯。朝审人犯由"刑科给事中监视行刑,著为例"。

热审是清朝复核京畿地区较轻案件,并予以减等的会审制度。热审时,十五道会刑部各司及大理寺左右丞、审核京师及顺天府所属各监案情,分别减释。包括笞罪释放、枷杖罪减等，其他罪犯也可视情节暂时保释，待秋后发落。

秋审、朝审关系人命重案，因此雍正三年（1725 年）又议准："秋审、朝审令满、汉御史各一员到班稽察。其无故不到班者，指名题参。"雍正七年（1729 年）颁发上谕："凡会议、会审，九卿因有他务不能到班者，仍照例行文知会主稿衙门。嗣后著令满、汉御史二人，将有事不到之九卿注册备考，不必参奏。"

都察院负有查明律例是否准确的责任，为了将律例准确引用，使情罪相符，可以提出意见。雍正十二年（1734 年）议准："凡引用律例，务必情罪相符。如律内数事共一条，全引恐有不合者，许其止引所犯本罪。若一条止断一事，不得任意删减以致罪有出入。其律例无可引用、援引别条比附者，刑部会同三法司公同议定罪名，于疏内声明律无正条，今比照某律某例科断，或比照某律某例加一等减一等科断，详细奏明，恭候谕旨。至都察院、大理寺同为法司，理宜一体详慎，嗣后凡应法司会议者，刑部引律不确，院、寺即行察看律例改正。倘院、寺驳改犹未允协，三法司堂官会同妥议。如院、寺扶同朦混，或草率疏忽，别经发觉，将院、寺官一并交部议处。"乾隆十八年（1753 年）上谕："嗣后三法司核拟重案，如有一二人意见不能相同者，原可两议具题，但不得合部合院各成一稿。"

监狱的管理情况也由督察院派御史负责监察。雍正十二年（1734 年）奏准："刑部南北二监，均系重犯，无论贫富，务使一体办理，并交与都察院委满、汉御史各一人，前往稽察。如有苦乐不均等弊，即行题参，将提牢、司狱等官议处，狱卒立拿严究。"又议准："刑部南北二监，十五道御史按月轮流差委稽察。仍于月底将所委御史知照刑部，转饬司狱，将羁禁人犯，造具花名清册，送该御史稽察。"乾隆九年（1744 年）议准："各旗门监，照稽察南北监之例，每月令满、汉御史前往稽察。"

另外，都察院每月派满、汉御史两名前去对关押宗室犯人的宗人府空房按名点验。在对监狱和空房进行巡视时，如若御史发现了有违犯规章者在狱内，即具折参奏。

在司法领域中，监察官员，对千变万化的积弊进行了不断地抨击，并力求进一步地整治，对提高司法公正与效能起到一定作用。例如，清朝司法中的积案不结和任意压搁都是一种通弊，嘉道以后，愈加严重。京畿道御史多福等在嘉庆八年（1803 年）时上奏，指出了"视民闲争讼细故以为无足轻重"的地方官的常态，既已"批令讯详，仍然置之高阁""请敕下各督抚转敕所属"。仁宗对他所上奏的事情进行了批准，通谕各省："地方词讼申详事件务须依限审结，不得迟逾。"若

"狃于积习""任意延迟"在地方官及督抚中不断出现，则必对他们严惩不贷。

在嘉庆十五年（1810年），被都察院再上奏章指斥外省"因循疲玩"案件不结，并将咨交各省案件逾期不结者，开单进呈，引起仁宗的重视，同时展开对旷废职守的各种惩罚。为杜绝积案的弊端，咨案审理章程由都察院进行了一定程度的更新，规定："凡咨交各省案件，都察院至三个月时，对届期各案咨催两次，参奏两次，年终统计汇参。咨案逾限不完省份的督抚，须自请处分。"此是新立的一章，按期审结地方案件，为制度提供了保证，大大减轻了民间的讼累。

怠忽从事、虚文应事是秋审、朝审中最常见的弊端。嘉道以后，会审官员以苟且的求安稳为日常生活的状态，"若有一人驳斥改一案者，群起而攻，目为多事"。此种状况下，一些预审科道不顾当前的状态和同僚的谩骂，对批评弊端有着十足的勇气。例如，在嘉庆年间，给事中严烺、御史孙世昌、张元模，道光年间御史万方雍，都曾上折指陈会审"徒有会议之名，而无核议之实"的形式主义之风。

此外，在复审案件时，认真核查、务求信谳也能够在一些监察官员中呈现出来。道光年间，在对山西榆次县阎思虎强奸赵二姑一案进行核实时，御史梁中靖在其中发现"情节支离，疑窦多端"，遂奏请"彻底认真审办"。后经"刑部提犯严鞫，始得昭雪沉冤"，并将该省承审各官员贿赂舞弊，以及山西巡抚"听任属员草率迁就，颟顸入奏"，将他们全部揪出，并分别给予一定的处罚。监察官员通过复核案件、平庶冤狱，来维护当事人的合法利益、缓和社会矛盾、维持社会秩序的安定。

第六节　军事监察的实施

军事监察是监察活动中的重要一环，它是通过监察维持武官的素质与人才的选拔，以及军政的整肃。在军事监察中，排在第一位的是稽察八旗。康熙五十七年（1718年），上谕："八旗补放佐领世职承袭事件，有迟至数年不奏，著交都察院查明参奏。"雍正元年（1723年），上谕："八旗内每旗派出满洲御史二员，照稽察各部院衙门例、令其稽察，凡有应奏、应参事件，即行密奏。五旗王等使用旗员以及治罪之处，有违例者，亦著查参。"又议定："凡八旗奏过事件，并八旗与各衙门彼此行文事件，每月细造清册送该御史稽察。八旗一应关系钱粮事件，按月稽察；凡八旗官职承袭与并各省在旗武官，其出缺补授日期有无逾限，由御史按月稽察。"雍正七年（1729 年），奏准："八旗事件照部、院之例，令其每月一次送御史稽察，月终汇奏。如有逾限、遗漏等弊，一并题参。"

乾隆二年（1737 年）议准："八旗都统、参领所办案件，有未妥协以及错谬迟延等事，该稽察旗务御史不行察出参奏，别经发觉，照不行详察例罚俸六月。倘有瞻徇情面，明知错谬不行参奏者，照徇情例降二级调用。"乾隆四年（1739 年）议准："八旗会议大臣内有出差、患病、服制，不得上班者，均移报直月旗（今直隶都统）造册，转送御史稽察。"乾隆五年（1740 年）议准："八旗事件易结者，仍限十日完结外，其各参领会同察办事件，十日限内不能完结者，将情由呈明都统，限二十日完结，仍移咨原行衙门察核，并于注销册内声明，移送御史稽察。"乾隆四十二年（1777 年）上谕："八旗俱有特派御史稽察旗务，唯有前锋护军等营尚未派有御史。嗣后每翼著派御史二员，亦令照八旗之例稽察前锋统领、护军统领所办事务，著为令。"

嘉庆五年（1800 年）上谕："嗣后护军参领、护军校等遗缺，著本翼四旗护军统领、御史会同秉公拣选。如实有事不能前往，务将缘由声明咨报该旗。倘有无事托故不到者，该御史即行参奏。如御史无故不到，亦著护军统领参奏。"

道光元年（1821 年）上谕："昨据八旗都统等会议清查，八旗抱养章程，已降旨照议办理矣。因思各旗设有查旗御史，其本旗挑补各项钱粮。一应户口年岁册籍，均有稽察之责。现经议定章程，嗣后著查旗御史、于挑选之时，秉公察核，如有情弊，该御史即时指名参奏。倘扶同徇隐，一经发觉，定将该都统、副都统及查旗御史，一并惩处不贷。"

排在第二位的是，监察武乡会试。顺治八年（1651 年）定："差满、汉御史各二员监试。"康熙五年（1666 年）题准："武乡会试，监试巡察御史照文场之例行。"乾隆三年（1738 年）覆准："武乡试分围监试，均照武会试例行。"又议准："武乡会试应试人等，俱取同省同考五人，连名互结，无结者不准考，倘有冒名顶替，许互结之人立时出首。"乾隆四年（1739 年）覆准："武乡试令提调、监试各官将外场较射册带入内场，其选人双、单好字号者，于交卷时验明，原填技勇令其覆验，如全不相符者，严加详察，果系顶冒，立参送部。"乾隆二十四年（1759 年）复准："武乡会试中每闱各备一箱，每晚将考试官及监试大臣、御史填注号册封锁箱内，交提调收掌，箱钥交于监试御史，于次日公同取出校阅。外场毕，印完双、单好字号，公同封固，交提调送入，内场箱钥仍交监试御史带入内场，以重关防。"乾隆四十七年（1782 年）议准："开列武乡会试主考、同考官及监试御史、提调、收掌等官时，各处应送人员，如有本族及有服姻亲考试者，即自行呈明，不必开送。凡开送之员均于文内声明并无应行回避之人，始列入本内。倘不自行呈明，经钦点入场，其应行回避之人因而中试者，即照例将本官革职，该生斥革。"

最后是监察军政。顺治四年（1647 年）定："武官军政五年一次，兵部、兵科会同都察院并河南道考察。"顺治十一年（1654 年）议准："内外军政各官升任、裁汰、降调、离任一年以上者，旧任不必注考，于新任注考；不及一年者，仍于旧任注考，均于十月内具题到部。兵部会都察院、兵科、河南道察核题覆。"同年年又准："每阅五年，举行军政，直省提镇以下、千总以上，凡经制员弁，该督抚严加考核，填注考语，造册密送兵科察核。其贤、不肖之尤者，并令开具事实，定限于十日内送到。如违限不到及考语含糊参差者，题参。"

康熙二十六年（1687 年）题准："凡军政册籍到日，兵部会同兵科详看，完结具题。"雍正元年（1723 年）议准："凡军政不入举劾官员，逐一填注考语，造册送核。"

乾隆二十四年（1759 年）定："军政年份，兵部将在京都统、副都统，驻防将军都统、副都统，各省提督、总兵，分列为三本缮具简明履历清单，具题候旨定夺。"

道光二年（1822 年）宣宗下旨："在京各旗营军政。前经大学士、军机大臣会同八旗都统，妥议章程核实考验，各省驻防军政，自应画一办理，著照兵部所议。嗣后各省驻防旗员有年逾六十以上不能骑射者，俱不准列卓异。其精力尚健、弓马娴熟，或曾经出兵著有劳绩，或实心经理营务，仍有该管大臣出具切实考语保荐，另册声明给咨赴部引见。如有年力衰迈，即归入计典内劾参。"

第七节　考试监察的实施

清朝的科举考试分为乡试、会试、殿试，各按定制分别如期举行。为使考试正常进行，得以公平地选拔人才，监察考试成为都察院及各科道定期举办的活动。顺治八年（1651 年）题准："顺天乡试及会试，差满、汉御史各二人监试。"顺治十八年（1661 年）题准："顺天乡试，差汉御史二人入场总理诸务，二人管理搜检。会试，差汉御史二人为内场监试，二人为外场监试。"康熙三年（1664 年）奉上谕：

"监察巡察御史，除应行回避者不开外，其余各员都察院开送，礼部列名题请。"康熙四十年（1701 年）题准："直省乡试解卷到部者，礼部即奏请钦点九卿、翰詹、科道等官，会同磨勘。如有馈送需索事发，按律从重治罪。"乾隆元年（1736 年）覆准："磨勘乡试卷，应令都察院科道五品以上科甲出身之京堂，及中赞以上翰詹官会同磨勘。"

对于殿试和朝考，也派满汉监察御史监试。顺治十八年（1661 年）题准："凡文、武殿试，差满、汉监察御史各二员监试。"光绪九年（1883 年）题准："嗣后新进士殿试，所有各贡生正卷查照朝考成案，即由监试王官臣查收，汇送受卷官点验接收，转送弥封官，并令监试御史于责士净场时，即在受卷弥封处轮流认真监视。如有向受卷弥封处查阅试卷，该受卷、弥封官辄行检付者，即据实参处。倘监试御史扶同徇隐，别经发觉，亦一并交部议处。"

对于新进士朝考，乾隆二十五年（1760 年）议准："派满、汉御史各二员监试，试竣后，即令监看阅卷。"对于拔贡生朝考，顺治十六年（1751 年）题准："拔贡生朝考，用御史二人，分东、西班监试。"乾隆四十三年（1778 年）奏准："向来考试拔贡生在午门内朝房，派御史二员点名、给卷、稽察、弹压。今改归贡院考试，每次拔贡生多至数百人，御史二员稽察难周，嗣后再添派满、汉御史四员，俾于至公堂、聚奎堂及大门外分头照料，庶防范益为周密。"

除此之外，考试贴写中书、现任笔贴式、官学教习、各馆誊录生、贡监生考职等，均派满汉御史各一人监察。

御史监察考试，旨在维护考场秩序，严查考生冒混、夹带、传递，以及考官作弊。根据《钦定台规》，"科场试士时夹带文字入闱乃士子最不堪之劣习，若不严行察禁，则荒疏不学之人，多得侥幸入彀，而真才转致遗弃，于抡才之典，大有关系。着监试御史、先行出示晓谕，临点名时，再加告诫，务将夹带之弊尽行革除。仍有不肖之徒，玩视功令者，即行参奏，交部照例治罪，毋得姑容。至入场之时，监试御史等必须严加搜检，不可虚应故事，倘有宽纵疏漏之弊，必将该管官员从重议处。凡有关涉科场情弊者，着都察院、五城御史、步军统领衙门、顺天府内外帘监试御史即行严拿治罪，不稍宽贷"。顺治十六年（1659 年）六月，礼科给事中杨雍建奏言，会试之期。请禁私谒，定首告，以绝奸弊，得到皇帝首肯，并谕令对私谒考官严加禁饬："会试举人场前投递诗文干谒京官，最为可恶。以后有犯者着革去举人，下刑部究拟。京官不行举首，事发一体重治。科场关节出名告发，授受有据者，着照丁酉科南北两闱例重处。如系诬告、反坐，尔部即严行申饬。"道光十九年（1839 年）武乡试，正蓝旗玉山与正黄旗玉山，卷面填写互相舛错。御史扎克丹遂奏请将武乡会试卷面浮夹名签，改为粘贴，以昭慎重。宣宗十分赞同，遂谕令："嗣后武乡会试卷内浮夹名签之处，着改为长方小签，书写姓名籍贯旗分，粘于卷面空处，印用戳记。俟弥封后，交与监试御史按册填写，与监临提调等官，面对红号印簿无讹，即将粘贴小签揭去，再行交入内帘，以免讹错而杜更换。"

第八节　仪制监察

"朝会纠仪，祭祀监礼"是都察院与科道的日常职掌之一。凡皇帝举行升殿、常朝、天安门宣诏、午门颁朔颁赏、御门听政以及御、经筵、临雍诸典，都察院堂官均带领科道若干人，侍班纠仪。满汉大小官员，如有紊越班行，任意起坐，言语喧哗，轻佻嬉笑，僭越佩戴及无故不到班者，纠仪科道即行指名题参。顺治十八年（1661 年）题准："大朝日，满、汉御史稽察，有失误者，题参。"康熙九年（1670 年）上谕："国家朝仪大体所在，贵于整齐严肃，不止系堂陛之观瞻，亦以见臣心之敬肆。诸王大臣有逾越班行交相接语，或轻佻嬉笑，礼不踰阶而相与言，又况其甚乎？尔衙门监察御史侍班切近，见而不纠，岂真目未之睹？皆缘畏事徇情所以如此。都察院职任重大，朕躬有失尚尔指陈，王及诸臣乃不参奏，揆之事理，实所未协。今后有失仪者，毋行容隐。"

凡祭祀大典，如皇帝亲祭太庙、历代帝王庙，天、地、日、月坛，社稷坛，以及祈雨，救护日、月食，等等，都察院堂官亦带领科道数人陪礼纠仪。陪礼各官如有亵慢谐笑，喧语失仪，祭未毕先趋走往来，或无故不到，不在衙署斋宿者，俱听纠仪科道稽察参奏。康熙二十五（1686 年）议准："凡祭祀各官，排班有喧语失仪及祭未毕先趋走往来者，御史题参。"

总括前述，清朝的监察立法是十分完备的，不仅是秦汉以来监察立法之大成，即使在世界监察法史上也占有极为重要的地位。它代表了古老的中国政治、法律、文化的水准。然而，提供依据给监察职能是立法完善的目的，在实际生活中能否完满地实施法律的规定，则受到诸多因素的制约。法律的规定与实施经常是脱节的，在影响监察法实施的诸因素中，占首要位置的是皇权至上的专制制度。

清朝是君主专制制度极端发展的形态，皇帝"乾纲独断"。事无大小皆决于上，在监察制度中也体现了"人治"的特征。例如，监察法其实是皇帝手中的治吏工具，是为巩固皇权统治服务的，因此如何实施取决于皇帝的意志。监察官员的一切奏章，其"所言可行与否，裁酌自在朝廷"。或准行，或交议，或留中不发，或尽行驳回，均须经皇帝最终裁决。

皇帝又是弹劾案的最高裁判官。监察官对内外大小官员进行弹劾都必须"实封奏闻请旨，不许擅自勾问"。而对被劾之人是否进行调查，对所劾属实的枉法之官是否予以惩处，都由皇帝亲自决定。

都察院对审核的京控重大案件务须即时上奏，咨回各省的案件必须定期汇奏。科道在稽察巡察诸务时，若发现施政违失，也必须向皇帝奏报请旨，无权擅自处断。由于皇帝掌握弹劾案的决断大权，而又每以个人亲疏好恶为标准，不论被劾官员是否触犯了国法政纪，从而损害了监察法的权威，影响了监察效能的发挥。例如，雍正四年（1726 年），御史谢济世参劾雍正帝所倚重的亲信河南巡抚田文镜时，世宗便为其开脱说："以田文镜之秉公持正、实心办事，乃天下督抚中所罕见者，贪赃坏法之事，朕可保其必无。"非但不派官员调查田文镜所行，反而严究谢济世"受人嘱托，听人指使""颠倒是非，扰乱国政""是何居心"？并立予革职，发往边陲充军。

乾隆十三年（1748 年），御史冯钤参奏去山东查办赈务的官员需索地方一事，乾隆力担主管此事的大员说："现在高斌（大学士）、刘统勋（左都御史），朕可保其本人必无需索之事"，并指斥冯钤"不问虚实，有所闻即入告"。可见，皇帝对朝廷及地方大僚多有倚重，只要无犯上作乱及其他严重危害国家的行为，一般性的徇私枉法为科道所参，往往以"其事不干大戾"而不予深究。雍正七年（1729 年）上谕中明白表示：国家大臣"所办公务既多，岂能保其无所错误"，若因一般过愆而指摘，"殊非情理"。嘉庆十二年（1807 年），巡漕御史举发漕运官员不法事，奏请整顿漕务弊政，仁宗却申斥该御史"吹毛求疵，徒事空言，毫无实效""巡漕惟当以督淮漕船为第一要务"，只要漕粮如期运到，保证"天庾正供"，其他一概置若罔闻。不仅如此，皇帝针对监察事务所颁发的上谕，往往前后矛盾，使一些制度常处于不确定的状态。例如，清帝向许科道"风闻言事"，如某省某部门发生侵贪案而科道不行纠参，便严斥科道失察失检；但科道如果以风闻入奏，却又时常受到"遇事生风""信口讥弹""既有所闻，应有确据""以市井游谈，妄行入奏"一类的斥责。又如，皇帝声称对科道"所言不当，不予加责"，但实际上科道因奏事不合上意而遭斥罢者，屡见不鲜。乾隆二十三年（1758 年），御史周照奏折中有"行政急于观成，必条理繁多，法令严密，承于下者转得以空文相应"等语，顿时触怒高宗发谕厉问："试问今日之行政，有视昔加严者乎？繁者何条，密者何令？"周照受到"严行申斥"。

嘉庆二十年（1815年），御史夏国培就宗室移住盛京一事，上陈己见，被认为"妄行陈奏，干预多事"而被罢职。嘉庆二十五年（1820年），给事中叶继雯对刑部定拟的绞刑妇女案提出异议，认为该犯"情有可原"，刑部不应列入秋审情实，而应拟为缓决。立遭仁宗驳斥："刑名案件遇有伦纪攸关者，刑部执法定拟，例应拟实，至情节不同，将来勾决时，其权衡出自上裁"，若拟缓决，"朕亦无可免勾之案矣"，遂将叶继雯降调。

按法科道奏事"措词失当"不受追究，但实际上因奏事偶失检点而遭处罚的科道，不乏其例。乾隆五十年（1785年），御史费孝昌在奏折内有"君设身以处""并若日"等语，高宗顿时大怒，严斥费孝昌"岂不知君臣之际，体分尊严，乃以此等字样，竟比寻常泛论，公然直陈朕前乎。是费孝昌之罪，不在言事不当，而在措词乖体，伊在京服官有年，而奏章全不知敬谨之道"，遂令费孝昌休致回籍。

在都察院宪纲中，还可以发现同一位皇帝颁发的上谕前后矛盾、相互抵牾之处。例如，高宗登基后下诏求言，称科道以"随时献替为专职，而进谏之道，莫大乎绳愆纠谬，上佐君德，其规切用人行政"。但至乾隆十一年（1746年），却又颁谕严斥科道干涉用人大权："国家用人，其权断不可下移，或依照定例，或偶尔变通，朕心自有权断，岂臣下所可意为进退者。"又如，嘉庆四年（1799年）上谕命都察院对所有京控案一概"不准驳斥"，但在嘉庆二十五年（1820年）上谕中针对贾允升奏各省京控案件无论"案情大小不准驳斥"一事，却认为"所奏非是"。如果对"一切户婚田土钱债细事""一概准理，于政体非宜"，若"以部院衙门理及琐屑之务，则直省地方官所司何事"？

可见，在清朝皇帝绝对专制的条件下，法无常规，都察院及科道各官的正常行使职权得不到确实保障，稍有不慎，即至获罪。根据周继中主编《中国行政监察》一书，有清一代共三百一十九人的科道官接受处分，其中，五人被处死，六人流刑，六十七人被革职，八十五人进行了降职，二人被罚俸，交部议处九十人，申斥六十四人。在皇权高压下，监察官员或者缄默无言，噤若寒蝉；或者"揣摩旨意"，取悦媚上，很少体现监察的主动性、自觉性。既不可能实现监察法的要求，也很难取得法定的监察效果。

影响监察法实施的另一因素是政治形势与政策的变动。清代各朝的政治形势与采取的政策不尽相同，其对监察法实施的影响也有所不同。崇德年间，皇太极称帝日浅，统治集团内与皇权相抗衡的诸王势力依然很强，为了巩固和加强皇权，皇太极采取了各种手段打击诸王势力。其中建立都察院，遏制诸王势力，使之听命于皇帝，就是措施之一。都察院主掌纠劾"骄肆慢上，贪酷不清，无礼妄行者"和"旷废职事，耽酒色，好逸乐，取民财物，夺民妇女，或朝会轻慢，冠服不具及以不适己意，托病偷安，不朝参入署"等行为，明显是针对慢上不轨的诸王贝勒。正由于都察院是巩固皇权的工具，皇太极对都察院也采取较为优遇的政策，风宪大臣多能有所建树，著名的有阿什达尔汗、满达海等人，实心任事，政绩显著。

顺治入关定鼎之后，面临安定人心、稳定社会秩序、巩固统治的严峻形势，力图建立一个比较廉洁、具有行政效率的政权机构。因此，必然注意发挥监察机关察官勤政、巡视地方的作用。顺治一朝，多次派出巡按御史和其他专差御史，巡视各省和各项政务，打击贪恶不法势力。尤其对科道建言持鼓励态度，涌现了一批笃求治理、谏君之失的台垣直臣，如御史赵开心疏陈时政，恳劝世祖摒弃畋游，常见诸臣，"亲奏对，遴坚才，原过误""重法司职掌"。给事中朱之弼上疏痛陈时弊，尖锐地指出："今之病在六部，六部之病在尚书，尚书之病在推诿推诿，之病在皇上不择人，不允任，不责成效，不定赏罚。"锋芒旁及世祖。

顺治朝科道官的直言议政虽然受到肯定和赏识，但因形势复杂，科道官又多为汉员，因此防范极严，有的科道官竟然成为政治倾轧的牺牲品。如顺治八年（1651 年），御史张煊弹劾大学士陈名夏植党营私、铨选不公等十罪、两不法，事闻，下诸王部臣议。当时吏部尚书谭泰为陈党，"务欲杀张煊以塞言路，诸王大臣惮其凶锋，有随声附和者，亦有俯首无言者"。以至在谭泰的祖护下，陈名夏等人安然无恙，而张煊却被定为诬陷大臣，反坐论死。

康熙时期，国基大定。在遇事能以国家大业为先，以法为治，特别重视科道建言政事。他说："国家设立都御史、科道官，以建白为专责，所以达下情而祛壅蔽，职任至重……故广开言路为图治第一要务。"希望科道官"皆能奉法秉公，实心尽职，则间阎疾苦何一不上闻，官吏贪邪何一不厘剔"。康熙对于科道官依法行使职权也给予了必要的支持。一次，御史任葵尊巡城时，杖责了某王所嬖的千金旦（戏子），该王震怒，上奏皇帝。圣祖曰："非凌汝，行者吾法，汝庇优，亏吾法。"某王恐惧，请罪。某次，任葵尊执法遭到某外戚亲贵的威胁恫吓。任葵尊"庭发其奸，某矫辨，圣祖令掌其颊三十，又声九门提督罪，诏立斥罢"。任葵尊慨然流涕曰："宏嘉（葵尊）之得保首领，天子赐也。"

由于圣祖维护法制，支持科道工作，促使科道官多能信守职责，秉公奉法，对于澄肃吏治，整饬纲纪，起了积极的作用。但是，康熙之世党争激烈，始有鳌拜、索额图、明珠、噶礼等广植党羽，翦除异己；继有皇子之间竞争帝位，互相倾轧。在这种背景下，有些科道官也产生了徇私朋党之心。因此，圣祖对科道的奏章"其可行者见之施行，其不可行者概置废用"。而且多次训示科道力诫"所奏不实""言之无据"。科道"风闻言事"之权，在各朝多获允准，唯康熙朝禁谕煌煌。

世宗即位以后，改变了康熙晚期对臣下的宽容政策，对百官督责甚严，科道官密折奏事与轮班条奏制度就是在这样的背景下产生的，凸显了都察院及各科道作为皇帝"耳目之司"的性质。世宗又将六科并入都察院，使"封驳"权力无形取消，彻底实现了乾纲独断。

高宗勤求治理、宽猛相济，使经济发展，社会稳定，监察制度的规制较为详备，监察法的实施也较为切实。但从乾隆中叶以后，军机大臣和珅秉政，招权纳贿，婪财枉法，整个官僚阶层趋于腐败，流风所及，都察院及各科道也都怠于政事。以至"六科给事中、十五道御史所办案件，俱系笔帖式代为呈画，惟京畿道办理案件，偶有上堂之时，其余六科并不进署，其十四道虽同京畿道进署，并不上堂"。乾隆五十五年（1790年），左都御史舒常到任一年，对属下给事中、御史"认识尚未周遍"，其旷职废事可见一斑。

嘉庆时，国势衰败，社会矛盾加剧，吏治继续下滑，科道官很少实心任职，"相互推诿""随同画诺"，而且不断发生风宪官吏贪赃枉法之事。仁宗为此曾数下诏令，整饬监察机关作风，还特制《谏臣论》一篇，令都察院官员每人照录一遍，以为明诫。此后，虽有的科道官侃侃直言，力图改变吏治颓风，但在清朝衰败的大趋势下，各项整治之法都难以奏效。

至道光朝，列强入侵，外侮频发，严重的民族危机引发了社会危机和政治危机。在这种形势下，一些正直的科道官受到强烈的震撼，纷纷建言奏事。就目前所见的科道奏疏，以道光朝为最多，被采纳的数量也居首位。但宣宗晚年，听信大臣曹振镛的逸言，对科道所上章奏肆意苛求，但有疑误，立即交部议处。一时间，科道纷纷相戒以言事为禁，坐视纲纪废弛，即使宣宗督催，也无济于事。例如，从道光十八年（1838年）至道光二十一年（1841年），为解决各省京控案件逾期未结问题，曾经连下五道谕旨，严申"毋再任意宕延"，但也并没有改变"任意宕延"的弊端。具体如下，道光十八年（1838年）七月谕内阁："都察院奏查明各省京控咨交案件，逾限未结，并上次展限已逾，仍未审结各案……着各督抚、都统府尹……迅速审办完结，毋再任意宕延，致于咎戾。"道光十九年（1839年）二月谕内阁："都察院奏，查明各省京控咨交案件，逾限未结，并上次展限已逾、仍未审结各案，着各督抚、都统、将军、府尹，迅速审办完结，毋再任意宕延，至于咎戾。"道光十九年（1839年）七月又谕："都察院奏，查明各京控咨交案件，逾限未结，并上次展限已逾，仍未审结各案……似此任意积压，玩泄已极……着各督抚、都统、府尹，将未结各案，迅速审办完结，毋再任意悬宕，致于咎戾。"道光二十年（1840年）二月又谕："都察院奏，查明各省京控咨交案件，逾限未结，并上次展限已逾，仍未审结各案，开具清单呈览……似此任意积压，玩泄已极，着吏部即将承审逾限各督抚都统府尹及委审各员应得处分，查取职名，分别议处。并着将未结各案迅速审办完结，毋再任意宕延，致于咎戾。"道光二十一年（1841年）七月再谕内阁："都察院奏，查明各省京控咨交案件，逾限未结并上次展限已逾，仍未审结各案，开单呈览……似此任意积压，玩泄已极，着吏部即将承审逾限各督抚都统府尹及委审各员，应得处分，查取职名，分别议处，并着该督抚等，将未结各案，迅速审办完结，毋再任意宕延，致于咎戾。"

咸同两朝，内乱外侮，日甚一日，广大民众处于水深火热之中，整个社会岌岌可危，监察活动已无成效可言。

到光绪朝，各种反抗斗争逐渐酝酿成熟，猛烈地冲击着腐败不堪的清王朝，专制皇权受到前所未有的陵夷。尤其是义和团运动以后，在亡国灭种的威胁下，一些科道官愤然上书，辛丑回銮之后，竟有七御史一日七奏之事。另有御史屠仁守、宋伯鲁、吴兆泰疏抗慈禧，朱一新弹劾宠宦李莲英，赵启林、江春霖、赵炳麟弹劾庆亲王奕劻。这些奏疏虽然没有产生预期的效果，但如此直言切谏对整个社会都有所震动，从某种意义上可以说是监察制度的回光返照。

可见作为政治制度重要组成部分的监察制度，是适应特定的政治形势和政策需要而建立的，它的发展同样受制于政治形势与政策需要。这在清代监察制度的发展轨迹中，可以得到验证。

最后，监察官个人的品质也影响着监察法的实施。中国历代开明统治者都是既重治法又重治人，力求法与人统一，以发挥法制之效。清朝统治者对于监察官员的要求，除文化知识与实际施政经验外，更看重的是公平无私、敢于纠正不法与直言善谏的品质。有清朝监察官中不乏直言敢谏之士，但更多的是缄口不言。尤有甚者，职司"整纲饬纪""察纠官邪"的执法之臣，竟然贪赃枉法，党同伐异，

"为犯法之事"。例如，乾隆十三年（1748年）山东省遭受自然灾害，"民食艰难"，而奉差出使山东省查办赈务的科道官及其家人吏役等，竟借机需索，加重了受灾地区的负担。嘉庆十三年（1808年）、十四年（1809年）御史广兴两次奉差前往山东审案，"擅作威福，赃私累累，声名狼藉"，而与其一同前往的风宪长官左都御史周廷栋对此竟然听之任之，他本人生活也是所费浮糜，每日需银十余两。当时的民间歌谣说："周全天下事，广聚世间财。"（周指周廷栋，广指广兴）事过不久，御史英纶巡视东漕，又"诸凡挑斥婪索多赃，与广兴如出一辙，甚至唤妓住宿，较广兴尤为卑污"。

有些科道官竟以奏事"为纳贿之具"。嘉庆二十二年（1817年），御史肖镇受人请托，收受贿赂，代为陈奏。这种"言以贿行"，充分说明了言官的堕落。

监察官员本应以"辨明冤枉"为己任，但有的监察官却在制造冤、假、错案。嘉庆二十二年（1817年），巡视南城御史广泰等人，不问事实情况将一处花炮作坊人等当作私造火药案犯予以拘拿。嘉庆二十二年（1817年），西城也发生御史毫无实据查封某米铺之事，无端被捕之民待讯明无辜，"始行释放，而人业已家产荡然"。

清朝统治者对臣下结党深恶痛绝，并以此作为监察官缉查的重点。但在实际生活中，监察官也往往利用职权，纠参异己，沦为党争之具。世祖鉴于明朝朋党之弊，于顺治二年（1645年）曾下谕都察院："明季台谏诸臣，窃名贪利，树党相争，眩惑主心，驯致丧乱。今天下初定，百事更始，诸臣宜公忠体国，各尽职业，毋蹈前辙，自贻颠越。"然而，顺治时期，有以摄政王多尔衮为代表的一派和以鳌拜为代表的一派之间的权力争夺，也有陈名夏为代表的南方籍官僚与冯铨为代表的北方籍官僚之间的"南北党之争"。至康熙朝，先有索尼、苏克萨哈、遏必隆、鳌拜四辅臣之争，后有索额图与明珠两党之争。乾隆朝，有以鄂尔泰为代表的满族官僚与张廷玉为代表的汉族官僚之间的党争。在层出不穷的党争中，科道官逐渐沦为党同伐异的工具。史载：康熙年间，科道官"潜通声气，网利徇情，私卖本章，赫诈财贿，荐举悉出于请求，参劾多由于嘱托……及至败露之后，则藉口风闻言事，未曾访确，以解免其罪"。左都御史王鸿绪与少詹事高士奇"植党为奸""招权纳贿"，给事中何楷等也"依附坏法"。乾隆年间左副都御史仲永檀与大学士鄂尔泰之子鄂容安"结党营私，纠参不睦之人"，"于未奏以前先行商量，即奏以后复行照会"。

党同伐异，相互倾轧，不仅丧失了监察机关"纠举不法，整肃官常"的职能，损害了监察法的权威，还加剧了统治集团内部的矛盾。

晚清伍廷芳在论述清代科道的这种弊端时说："前清每当弹劾一人或条奏一事，每至派员查办，非必尽属要政，而或出各部之陈请，视作差事之调剂。既需给以盘川，又累地方之供应。所带不法人役，时或狐假虎威，苛索抽丰，沿途骚挠，是为耗费病民之一害。"

总之，清代监察法是在传承历代监察法基础上的集其他之大成之作，形成了一种特有的结构形式和相对独立的体系。它给予清代监察官员依法行使监察权以法律根据，而且随着形势的需要不断发展。由于《钦定台规》之首列有历朝上谕，大大增加了它的权威性；其法律规范涉及方面的广泛，规制内容的细密，不仅为前代所未有，也为世界法制史上所仅见。在实践中奉监察法为圭臬的清朝监察活动，在一定程度上起到了纠正官邪、维持纲纪、保持吏治、推动国家机器正常运行之中，将作用发挥到了极致。但在乾纲独揽专制主义高度发展的清朝，监察法的规定和实施之间存在着矛盾，既定的《钦定台规》无法抵制一时的圣谕，监察对皇帝的命令，必须服从，因都察院是耳目之司，这是封建专制政治制度的本质所决定的。因此，监察官员的作用只是有限的，国家之间的权力制衡关系由监察法确定也是不稳定的。

1840 年鸦片战争以后改革思潮遽然兴起，其锋芒所及也指向传统的监察制度。

地主阶级改革派魏源曾撰文批判封建时代的谏官。他说："古无谏诤之官，人人皆谏官；不惟广受天下之言，亦所以广收天下之才。自后世立谏官，而人无言责者，始不得尽其言。自谏官不选天下英才，惟取科目资格，上焉不知君国远忧为何事，下焉藉经市恩、报怨、希进，否则摭肤词琐事塞责，愈不足动人主之信。知者不必言，言者不必知，自谏官之设始也；张一目之罗以求禽，张二面之网以觊鳞，自谏官之设始也。"

维新派代表人物康有为，从改革君主专制政体为君主立宪政体出发，指出中国政治的主要弊端是"皆上下隔塞，民情不通所致也……皇上仅寄耳目于数人，而数人者又畏懦保禄，不敢竭忠，甚且炀灶蔽贤，壅塞圣聪，皇上虽欲通中外之故，达小民之厄，其道无由"。为此，他提出："下诏求言，破除壅蔽，罢去忌讳，许天下言事之。人，到午门递折，令御史轮值监收，谓之上书处，如汉公车之例，皆不必由堂官呈递，亦不得以违碍阻格，永以为例。若言有可采，温旨褒嘉，或令台对，霁颜询问，庶辟门明目，洞见万里。"梁启超则借用西方政治学说，提出改革传统制度的方案："若立法、司法两种之独立，政党之对峙，皆其监督之最有效者也。"维新派官员郭嵩焘更以愤激的言辞痛陈监察机构的弊病，他说："臣愚以为言官之职，匡正朝廷过失，诋斥权奸……三四年来，言官毛举细故，见事生风，大率因睚眦之小怨，用影响疑似之传闻，胪列入告。朝廷遣使四出，驿站之骚扰，州县之供给，已不胜其惫，而又内顾言官之意旨，经营附会，以定爱书。朝廷用是以求通民隐，而民隐愈蔽；求申冤抑，而冤抑愈深，则亦言官无能读书通知事理，徒用苛察评告，窥求影射以为直也。所苛求者一言一事之微，而所关国家大局固已巨矣。其甚者，疆吏之贤否，藩臬之迁擢，皆取决言官一疏，断行不疑。太阿倒持，尤乖政体。迄于今日，吏治日偷，民生凋蔽，所在愁叹，而言官所陈，但举虚小节，未尝深念民生休戚与朝廷措置之宜，崇奖太过，徒长虚诼，实为害政。"

　　面对批评与改革传统监察制度的声浪，德宗下谕："都察院为朝廷耳目之官，于一切政治阙失、民生疾苦，自应留心考核，据实指陈。近来科道等官，识见通达议论纯正者，固不乏人，而毛举细故无当大体者，亦时不免。兹当新定官制预备宪法之时，该衙门纠察行政，责任綦重，务令举能其官无忝阙职，庶几广忠益而通下情。嗣后应如何激扬风宪，整饬台纲，以及保送御史应如何慎加遴选，严定考成，俾无滥列之处，着军机大臣、大学士、各部参预政务大臣会同都察院堂官一并妥议具奏。"以德宗的谕旨为基础，弈劻在《复奏会议都察院官制折》和《奏厘定中央各衙门官制缮单进呈折》中仍将监察院列为直属朝廷的五院之一，以制衡内阁。他说："内阁大臣不可以兼充繁重差缺，犹虑其权太重也，则有集贤院以备咨询，有资政院以持公论，有都察院以任弹劾，有审计院以查滥费，有行政裁判院以待控诉。凡此五院，直隶朝廷，不为内阁所节制，而转足以监内阁，皆所以巩固大权，预防流弊。"

　　然而无论是晚清的官制改革还是预备的立宪，都不过是一个王朝败亡前夜的自救挣扎，已经无力回天。随着清王朝的覆灭，中国监察法制的历史也揭开了新的一页。

第五章 清代监察立法及实施的当代启示

第一节 清朝监察法制的指导思想的历史镜鉴

一、清朝监察法制的指导思想

德国历史法学派的代表萨维尼认为："一个民族的法律应是这个民族发展的历史决定的产物。"监察制度作为中国古代封建专制制度的重要组成部分，在历史的发展进程中不断发展。从监察制度的历史发展规律来看，历朝历代的统治者一般都在总结前一朝代的监察制度的经验教训上，对上一朝代的监察制度予以继承、发展，因而使监察制度随着历史的演进而不断走向完善。清代作为我国最后一个封建王朝，其监察制度相当成熟，尤其是清朝监察立法堪称集古代监察立法之大成，其体系完备，规范细致、周密，即使在今天，对清朝监察立法及其实施进行深入的了解与研究仍具有重要的借鉴意义。正如钱穆先生所说："今天我们的政治已经走上了一条新路，似乎以前历史上的往事，可以一切不问了。其实这观念还是错误的。传统政治的积弊，虽是历史，同时也还是现实。外貌变了，实质仍未变，如何能不仔细研究呢？"●

（一）维护皇权的指导思想

中国古代监察制度是封建国家政治制度的重要组成部分，监察立法无论从整体的设计，还是到具体的规定均以维护统治者的权威和利益为目的。清朝统治者制定监察立法的出发点和最终目的都是为了维护皇权。作为治官之法，清朝监察

● 钱穆.中国历代政治得失 [M].北京：生活·读书·新知三联书店，2001:175.

法制无疑是清朝统治者维护自身利益的工具。皇帝作为最高统治者，拥有至高无上的监察权，即"黜陟大权，操之自上"。同时，皇帝又不是清朝监察法制中的监察对象。清朝前期，清朝监察立法赋予六科官员"封驳"诏书的权力。当然，清朝监察法制只是以此形式上对皇帝进行劝谏与牵制。然而，自雍正皇帝通过修改监察法制实行"台谏合一"，清朝监察法制连形式上对皇帝的监察规定也没有了。因此，清朝监察法制中自始至终都坚持着一个最基本的原则，即是监察官员履行监察职责，依据的监察立法必须反映皇帝的意志，时刻维护以皇帝为代表的统治阶级的利益。纵观清朝监察法制的体系，其在实体与程序方面的规定都是紧紧围绕阐释皇帝的权威并进而予以保障。从这个意义而言，清朝监察立法逐步完善的过程，也是清朝统治者强化皇权的过程。以《钦定台规》为例，该法典将清朝历任皇帝对监察机关和监察官员的命令和指示，即"圣制""圣谕""上谕"等进行汇总，列为第一部分并命名为"训典"，而《大清会典事例》中《都察院》的谕旨内容约占全部内容的 40%。

　　清朝监察立法以维护皇权为指导思想必然影响其实施的效能。首先，皇帝的个人意志凌驾于法制之上，必然对监察官员的选任制度造成破坏。例如，在清朝监察官员的选任方面，被称为"不通御史"的钱以垲，就是因雍正皇帝的一句"看其老成"被任命为御史，雍正三年（1725 年），钱以垲上书言三事，雍正皇帝责其"钱以垲以此三事陈奏，甚属鄙琐不通"。❶遂将钱以垲退回原籍。实际上，监察官员的选任，监察立法在实体和程序上均有明确、详细的规定，皇帝牢牢掌控监察官员的选任的权力。雍正皇帝不但使不具有监察立法要求的素质的官员被任命为监察官员，而且将符合监察立法要求的候选人排除在外。其次，监察官员行使监察职权及监察对象承担何种责任，受皇帝的影响甚大，监察立法的实施效果往往取决于皇帝的个人意志与相关素质。皇帝根据政局的情势甚至个人喜好左右监察的过程和对监察对象惩处的程度。而在这种极端专制的体制下，监察官员这一群体，势必形成"惟上是从"的工作方式，其行使监察职权的初衷，或是政治投机，或是怀私报复，抑或是敲诈勒索。因此，皇帝的专制独裁与监察官员的私心，使监察立法沦为统治者随意使用的工具。

　　在中央层面，以张煊弹劾陈名夏案为例，顺治八年（1651 年），御史张煊

---

❶（清）允禄奉敕编，（清）弘昼续编.世宗宪皇帝上谕内阁[M]// 商务印书馆.《景印文渊阁四库全书》.台北：台湾商务印书馆,1984 年:337.

参劾吏部尚书陈名夏与都察院左都御史洪承畴、礼部尚书陈之遴等人，火神庙结党营私、铨法不公等，同为吏部尚书的谭泰祖护陈名夏，并指张煊挟私诬蔑且其罪当死。顺治皇帝允谭泰之奏，御史张煊被处以绞刑。顺治八年（1651 年）八月，谭泰被治罪，顺治九年（1652 年）正月，顺治皇帝为御史张煊平反，顺治九年（1652 年）三月，又追赠张煊为太常寺卿，仍录其子以太常寺卿。顺治十一年（1654 年）正月宁完对陈名夏进行弹劾，"陈名夏痛恨我朝薙发，鄙陋我国衣冠。蛊惑故绅，号召南党"等罪行，顺治皇帝将陈名夏处以绞刑。结合当时中央政权的权力格局对此案的分析，可以说，张煊被处死及死后被平反、陈名夏均被罢免到被起复再到因本案被处死，都是中央政治权力博弈的结果。此案发生于顺治皇帝亲政的第一年，年仅十四岁的顺治皇帝政治经验不足且权力受到限制，而以济尔哈朗为首的满洲贵族，通过操纵议政王大臣会议掌握了极大的权力，他们既对多尔衮时期的势力进行打击，又较多尔衮时期更加排斥汉官。顺治八年（1651 年）闰二月，顺治皇帝罢黜冯铨等汉官，以洪承畴、陈名夏、陈之遴等汉官取而代之。顺治八年（1651 年）五月，张煊发起弹劾，年轻的顺治皇帝依谭泰之奏处死了张煊。然而，随着济尔哈朗集团处死了属于多尔衮势力的谭泰，御史张煊被平反。宁完我在成为满洲议政大臣的当日即弹劾陈名夏，陈名夏即被处死。此案涉及了两个政治因素，一是亲政之初政治经验不足与大权在握的济尔哈朗集团的权力博弈，二是满洲贵族集团与汉官之间的权力争夺。这两种因素主导了监察活动，而以监察立法的规定，对监察对象实施监察均从属于这两种政治因素的动态博弈。值得一提的是，此案的缘起，即御史张煊弹劾吏部尚书陈名夏的动机，此案之发端为"张煊本受洪、陈等优遇，时常参议机密。因外转怀恨，遂上疏举告"。❶ 然而，这一说法与谭泰的指控如出一辙，其准确性与公正性值得怀疑，御史张煊启动监察程序的真实动因有待史学界进一步深入研究。笔者认为，清朝监察官员行使监察权很少独立进行，都会受到政治因素及其他因素的影响，御史张煊发起弹劾的动机有赖于相关史料的发掘和相关史学研究的深入，是否出于更深层次的政治原因，其中是否有遵照统治者之意图行使监察权还有待考证。

在地方层面，清朝监察立法做了严密的设计和详细的规定。清朝统治者为实现对地方的掌控，任命地方官员管理地方事务，与此同时，清朝统治者在地方大致设有巡按御史（顺治时期裁撤）、钦差、巡盐（雍正时期撤销）、巡酒、巡台等

❶ 谈迁 . 北游录·纪闻（下）[M]. 北京：中华书局，1960:362.

御史、十五道监察御史、督抚、按察使、守巡道等监察官员对地方官员如何履行职责进行监察。以维护皇权为目的监察立法及其实施，必然以执行皇帝的意志为目的。然而，由于地方管理事务纷繁复杂，皇帝不可能事必躬亲，监察立法的实施效果基本上取决于监察官员在多大程度上依照监察立法对地方官员和胥吏贪腐行为的纠举。但是问题在于以维护皇权为目的的清朝监察立法，注定是"人治之法"，尤其在无官不贪的社会中，地方监察官员纠举贪腐行为势必因人而异，其履行监察职责并非出于自觉，其行使监察权之动机或为挟私报复，或因他人之授意，或为自己的贪腐，等等。同时，地方监察官员所处的政治环境普遍较为恶劣，其行使职权往往遭受攻击与迫害，使得监察立法的实施举步维艰。

（二）保护特权的指导思想

清朝统治的特权集中体现为两个方面：官员与平民不平等和满汉之间不平等。皇帝作为最高统治者拥有最大的特权，除此之外，清朝的满洲贵族及官员均享有不同程度的特权。清朝统治一直坚持"首崇满洲"的原则，皇族宗室、宗室以外的旗人及清朝官员依其所处的阶层享有不同程度的优渥待遇。清朝监察制度的设计无疑要体现和贯彻保护特权的思想，即在监察立法及监察立法的实施方面，对特权阶层的特权予以确认和保障。

清朝监察立法规定了特权阶层的特权，为保护特权提供了依据。在管辖方面，朝廷设立宗人府，管辖满洲宗室贵族案件，地方设立步军统领衙门、将军或正副都统管理等部门管理旗人案件，满汉之间的诉讼，普通司法机关虽可受理但专门司法机关才有权裁判。在责任的追究方面，皇族宗室不仅在程序上享有经皇帝批准等特权，在实际的惩戒还享有"八议"等优待。宗室以外的旗人享有"枷号替刑"和进辛者库服刑等特权。比如，乾隆时期规定的"议罪银"制度，清朝官员可以通过缴纳金钱来逃避处罚。

以保护特权为目的的监察立法的实施必然会破坏监察的公正性，从而影响整个监察效能。首先，保护特权这一指导思想的确立与贯彻，使整个官场中各级官员基于"权大于法"而追逐、依附权力，而监察官员畏于特权阶层的权势，往往不敢履行监察职责，甚至与监察对象沆瀣一气。其次，保护特权思想的实施，极大地增加了监察的成本，加大了监察的难度。以乾隆时期的"王亶望案"为例，这一百多名官员受到处罚的群体性腐败的案件，就是利用了"捐纳"这一特权制度。因此，保护特权的思想极大地损害了监察的公正性，从而在整体上大大削弱了监察的效能。

二、清朝监察法制的指导思想对当前的借鉴

当前我国人民民主专政的社会主义制度的优势，自然是清朝封建专制制度不可比拟的。以史为鉴，清朝监察法制的成功经验与种种弊端可以为当前监察立法及其实施提供宝贵的借鉴。我国的政治体制与法律文化不同于西方的民主制度，探索如何通过监察制度的运行对权力形成有效的制约，是中国特色社会主义建设的重要组成部分。因此，如何参考与借鉴我国古代监察制度尤其是清朝监察制度的经验与教训，是我国坚持走中国特色监察道路的重要方法。近年来，我国加快了完善监察制度的步伐，2018 年 3 月，我国通过了《中华人民共和国监察法》（以下简称《监察法》），为监察活动提供了强有力的法律依据。不过，我国监察立法制度还需完善，2018 年 12 月 13 日，习近平总书记指出，"配套法规要跟上。要制定同监察法配套的法律法规，将监察法中原则性、概括性的规定具体化，形成系统完备、科学规范、运行有效的法规体系。"同时，为保障监察立法的实施，习近平总书记还提出四个"要跟上"："工作职能要跟上""各项规则要跟上""配套法规要跟上""协调机制要跟上"等。可见，以习近平同志为核心的党中央准确地指出了我国监察制度完善的目标与方向。

（一）继续深化全面从严治党的政策

习近平总书记指出："权力是一把双刃剑，在法治轨道上行使可以造福人民，在法律之外行使则必然祸害国家和人民。""我们说要把权力关进制度的笼子里，就是要依法设定权力、规范权力、制约权力、监督权力。"历史证明，领导中国的中国共产党始终是与人民共呼吸、同命运的党，始终是"为人民谋幸福，为民族谋复兴，为世界谋大同"的党，这是我国监察制度必然完善、权力必然规范运行的最有力的保障。

中国共产党立足于国情，坚定不移地推进以人民促进权力规范运行为目标的监察改革，基于领导中国改革开放过程中出现的腐败状况且监察制度相对不完善的现实，在深刻总结经验教训后，构建并发展的理论体系。中国共产党自建党以来，始终高度重视党的纪律方面的建设，始终将严格党的纪律，作为为人民服务的基本支撑点。全面从严治党的理论体系随着国情的变化而不断发展、完善。自党的十八大以来，以习近平同志为核心的党中央不断提出并完善党的纪律制度。在规范的制定方面，中国共产党针对党员先后出台或完善了《中国共产党廉洁自律准则》《中国共产党巡视工作条例》《中国共产党纪律处分条例》等一系列具有政

策约束力的规范，为了贯彻实施上述规范，中国共产党还出台了《中国共产党纪律检查机关监督执纪工作规则（试行）》等规范。在实践层面，中国共产党坚决执行全面从严治党的政策，坚决打击贪污腐化行为，清除党内利用公权力谋取私利的不合格党员。可以说，从党的十八大以来，中国共产党全面从严治党理论体系适应了改革开放后的新形势，全面从严治党的政策的制定与实施展开了我国监察制度的新篇章。

（二）充分发挥人民代表大会制度的监督作用

当前我国的政治制度从本质上不同于我国古代封建专制制度，又与西方"三权分立"的民主制度相区别。我国政治制度的出发点是人民当家做主，"人民—人大—国家机构"的制度设计中，人民代表大会制度是实现人民当家做主的最重要的制度。因此，人民代表大会制度在运行过程中，对于利用公权力对贪腐的行为进行监督是我国政治制度的题中应有之意。从监察体制的设计来看，2018 年通过的《监察法》规定，国家监察委员会作为最高监察机关由全国人民代表大会产生并对全国人民代表大会及其常务委员会负责且接受其监督。地方各级监察委员会由本级人民代表大会产生并对本级人民代表大会及其常务委员会和上一级监察委员会负责且接受其监督。上述规定为人民代表大会履行监察工作的监督职能提供了立法依据，同时为保障人民对监察的监督作用提供了立法方面的支持。

"徒法不足以自行"，清朝监察立法及其实施的教训表明，再严密、完善的监察立法，人民监督的缺位会导致监察立法在实施效果方面大打折扣。当前我国政治制度的优势是以人民当家做主为出发点，充分发挥人民代表大会制度这一根本政治制度的优越性，必然能从根本上保障监察立法实施的效能。

1. 积极完善促进人民代表大会履行监督、监察工作的职能的制度

在坚持中国共产党的领导这一前提下，按照习近平总书记"与时俱进完善人民代表大会制度"的要求，积极探索完善人民代表大会制度。笔者认为可从如下几点着手。首先，健全畅通的民意表达机制。人民代表大会是人民选举产生的权力机关，也应按照人民的意志行使国家权力。当前我国人民代表大会制中的民意表达制度还有很大的发展空间。民意的表达大致可分为搜集与收集、汇总、整合分析、吸收与处理、反馈等过程。通过民意表达机制，人民代表大会可以了解与监察有关的信息，调查监察机关行使权力的具体状况，从而为及时纠正监察中的问题提供路径。其次，培养和提高人大代表的监察业务素质。依据我国政治制度的原则，人民代表大会作为权力机关自应对公权力是否依法运行进行监察，而

人大代表在监察方面的业务素质对人民代表大会了解民意并监督监察立法的实施状况有重要的影响。因此，国家有必要规定人大代表进行监察知识及业务培训的制度，不断提高人大代表在监察领域的整体素质。最后，建立并落实人大代表关于民意表达的责任制度。这一制度的实质内涵是要求人大代表了解选民对公权力运行的意见并对发现的问题进行处理，如果人大代表未履行上述职责，其应承担相应的责任。需说明的是，每个人大代表均无权直接处理问题，但是，人大代表有义务听取选民的意见，并以间接处理的方式将民意传达给有关机关。

促使人民代表大会履行监督监察工作的职能的制度的完善，需要一系列与之相配套的举措来支持。比如，为人大代表提供必要的工作人员及必要的经费，切实保障人大代表的人身安全，并且保障人大代表享有履行相关职责时的权力等。

2.进一步理顺人民代表大会和监察机关的关系。

2018年我国通过了《监察法》，该法对全国人民代表大会及其常务委员与国家监察机关的关系、地方各级人大及其常务委员会与地方监察机关的关系做出规定。不过，该法未规定上级监察委员会能否监督下级人民代表大会及其常务委员会。理顺人民代表大会及其常务委员会与监察机关的关系，对立法方面的规定具有指导意义。

首先，明确监察机关能否对人大代表进行监察。随着《监察法》的出台，在当前监察体制改革的新形势下，对此有两种不同的观点，第一种观点认为，"监察委员会是能够监察人大代表的"。该观点从"监察委员会监察的对象应为人员而非机构"出发，认为中国共计300万的人大代表不应成为监察对象的缺口，在此基础上，笔者认为，监察委员会监察人大代表应在职责、措施、程序等三方面有一定的限度。[1] 第二种观点认为，"监察机关只能监察人大机关工作人员，不能监督人大及其常务委员会组成人员"。笔者认为，"人大代表不能简单地被视为公职人员，对于人大代表的违法、违纪问题，应该建立特殊的惩戒制度来予以处理。"[2]

笔者认为，明确监察委员会与人民代表大会的监察关系，实际上是完善人民代表大会制度从而保障人民行使当家做主的权力这一议题的一部分，同时，我国监察制度的构建与完善亦是在中国共产党领导下惩治腐败、预防腐败从而最大限

❶ 郭文涛.监察委员会监察人大代表的理解与论证 [J].西南政法大学学报,2018（4）:80.

❷ 秦前红.国家监察法实施中的一个重大难点：人大代表能否成为监察对象 [J].武汉大学学报（哲学社会科学版）,2018（6）:139.

度地保障人民实现当家做主的制度建设。因此，监察委员会能否对人大代表进行监察属于如何完善我国人民代表大会这一根本政治制度的课题。

上述两种观点各有其合理之处，第一种观点认为人大代表应当接受监督的立论是正确的，人大代表行使的权力是人民赋予的，每一位人大代表均应对其选民负责。人大代表在履行职责过程中难免会出现未在法律框架内行使权利的情形，因此该观点对人大代表进行监督的立论是正确的，其积极意义在于促使人大代表积极依法行使代表的职权，尤其是对改善人大代表不作为的整体状况有促进作用。但是，人大代表由监察委员会予以监察既与我国政治制度设计的原则与主旨相悖，又不符合《监察法》的立法精神。人民代表大会是权力机关，其产生监察委员会，该监察委员会要对本级人大及其常委会负责，且要接受本级人大及其常委会的监督。人民代表大会无疑是由各个代表组成的，如果监察委员会对每个人大代表都有进行监察的权力，那么《监察法》规定的人民代表大会产生监察委员会并对监察委员会进行监督很难得到实施。第二种观点认为监察机关不能监察人民代表大会及其常委会组成人员，但能监察人大机关工作人员。该观点切合了我国当前监察的体制设计，其"监察机关不能监察人民代表大会及其常委会组成人员"符合我国政治制度设计的原则。笔者认为"监察改革必须尊重人民代表大会的宪制地位"，人大机关工作人员行使的职权应当属于人民代表大会的职责范围。该观点"人大代表不能简单地被视为公职人员，对于人大代表的违法违纪问题应该建立特殊的惩戒制度来予以处理"的主张符合我国人民代表大会制度的基本法理。但是，笔者并未将人大代表违纪违规的情况加以细分，如可将人大代表的违规违纪情况划分为人大代表取得资格前的违规违纪和取得资格后的违规违纪，以通过贿选取得人大代表资格和合法取得人大代表资格受贿进行比较，其对人大代表应否属于监察的对象的分析会更有合理性、说服性。

监察委员会能否监察人大代表需要有明确的法律法规作为依据，而法律法规的出台既应以符合法理的分析为基础，又要考量中国共产党的领导下的监察体制的设计所依据的现实因素。从法理上，监察委员会能否监察人大代表应当与宪法的立法精神和相关规定相一致，同时应与人民代表大会相关的《中华人民共和国全国人民代表大会和地方各级人民代表大会代表法》（以下简称《代表法》）等法律法规的立法目的和具体规范相协调。笔者认为，一方面，人大代表由人民选举产生，代表人民行使权力，人民代表若接受监察委员会的监察显然在法理上缺乏必要的支持；另一方面，人民代表大会制度下的人大代表如果存在违法违纪的情形，其应当受到某种机制的追究与惩处。该机制的构建与完善存在两方面的困境：一是人民代表大会中的人大代表的责任的界定及追究机制尚不完善，其中较为突出的问题是人大代表是否属于刑法范畴的国家工作人员尚未在理论上的辨析和立法中明晰，因而包括人大代表不作为在内的责任的界定及追究有待进一步讨论；二是人民代表大会及其常委会监督人大代表的效果往往乏力。从衡阳和辽宁人大代表贿选案反映出来的问题来看，其自身尚存在严重的违法违纪的问题，如何能依法、有效地监察本级人民代表大会的人大代表以及下级人民代表大会的人大代表？笔者认为，实现对人民代表大会及其常委会的相关工作人员进行有效的监察，离不开中国共产党的领导，离不开中国共产党领导下对人民代表大会的违规违纪的查处的制度建设。因此，笔者认为，在人大代表责任追究制度日益完善的情况下，我国在符合宪法的精神和具体规定的前提下，可出台类似于《中国共产党巡视工作条例》的规范性文件，确定特定的机关或部门对人大代表违规违纪的行为进行监察。当然，必须厘清的是，这种规范性文件与人民代表大会制的政治制度并不相悖，而且符合监察的本质。

其次，细化人民代表大会及其常委会对监察机关的监督制度。我国当前立法中缺乏人民代表大会对监察委员会监督的可操作性规定，2018 年通过的《监察法》第七章"对监察机关和监察人员的监督"第五十三条的规定较为笼统，对于人民代表大会及其常委会对监察委员会的监督，有待规定详细、可操作性的规范。为此，可在以下几个方面做出努力。第一，我国人民代表大会及其常委会对"一府一委两院"的监督是有限的，正如吴邦国同志所说，"这与西方国家议会、政府、法院'三权鼎立'有着本质区别。人大与'一府两院'不是相互掣肘，不是唱对台戏"。❶因此，人民代表大会及其常委会若否定监察委员会的核心功能，势必会影响中国共产党对各个国家机关的领导与协调，也必然会影响甚至破坏我国权力配置结构的平衡。鉴于此，人民代表大会及其常委会对监察委员会的监督的完善，尤其是监督的刚性与权威性的变化，应当符合当前我国权力配置下国家权力的实际运行状况。第二，细化人民代表大会及其常委会对监察委员会的监督的权力，使人民代表大会及其常委会的监督在实体和程序方面均有法可依。《监察法》第五十三条就人民代表大会及其常委会对监察机关和监察人员的监督做了概括性的规定，同

❶ 吴邦国.吴邦国在十一届全国人大常委会第一次会议上的讲话（ 2008 年 3 月 19 日）[R]全国人民代表大会常务委员会公报，2008（ 3 ）：443.

时《中华人民共和国全国人民代表大会议事规则》《中华人民共和国各级人民代表大会常务委员会监督法》等法规也做出了较详细的规定。综上所述，由于监察委员会职权的特殊性，人民代表大会及其常委会对其进行监督应在立法上做出相应的完善，如对监督的问题或事项进行特定化、细化的界定，为人民代表大会及其常委会的监督常态化提供依据。再如，就人大常委会对监察委员会的执法调查的程序做出细致的规定。

第二节　清朝监察立法技术对当前监察规范的完善的启示

清朝监察立法是我国封建专制制度下监察立法发展的最高阶段，以《钦定台规》为代表的清朝监察立法规定之严密、立法技术之高超，远远领先于同时代其他国家。当前，随着《监察法》的出台，加快配套法律法规的制定与完善，参考清朝监察立法技术是实现上述任务的重要路径。

一、清朝监察立法对监察官员的管理制度对当前的启示

清朝统治者认为，监察官员是"治官之官"。同时，清朝统治者对监察官员的管理做出了详细的规定。从整体上而言，清朝监察立法对监察官员的管理全面、严格、细致，有利于监察制度的实施。需说明的是，清朝监察立法作为法律制度，必然是当时清朝政治制度的体现和反映，因此清朝监察立法对汉族监察官员的选任远远严格于满族。由于对满族监察官员的管理处处体现着民族不平等的国家政策，其具体规定倾向于维护满族尤其是满族贵族的利益，因此清朝监察立法对满族监察官员的管理对当前的借鉴意义不大，本书主要考察清朝监察立法对汉族监察官员的管理制度对当前的启示。

（一）清朝监察立法对监察官员选任的规定及历史镜鉴

以《钦定台规》为统领的清朝监察立法对监察官员的管理制度做了极为严密的规定。为保障监察官员具备监察制度要求的素质，清朝监察立法既规定了候选人在范围、年龄、出身等方面应具备的条件，又在程序上对回避、考选和行取、引见、任命等做了严密且细致的规定。当前，我国还未出台关于监察官的法律，《监察法》等法律法规也未就监察人员的选任做出具体规定。我国构建监察人员的选任制度，可从清朝监察立法对监察官员尤其是科道官的选任的规定获取一些灵感。

1. 清朝监察立法对候选人范围的划定及启示

（1）清朝监察立法对候选人范围的划定。《钦定台规》要求监察官员"上之则匡过陈善，下之则激浊扬清，务求知而不言，言无不尽，乃称厥职"。该规定体现了清朝统治者总体上对监察官员的要求：监察官员应具备两方面的具体要求，一是要有忠诚于皇权的政治素质；二是要有较高的包括文化水平和政务能力的监察业务素质。为保障选拔出的监察官员具备上述要求，清朝监察立法划定明确的候选人的范围。清初，《钦定台规》规定六科给事中和监察御史的候选人的范围是"大理寺评事、太常寺博士、中书科中书、行人司行人历俸二年者，及在外俸深有荐之推官、知县考取。若遇缺急补，间用部属改授"。康熙元年（1662 年），科道官员均由六部郎中改授。康熙七年（1668 年），推官、知县又被纳入候选人范围。《钦定台规》规定："（康熙）九年，取消由郎中补授资格，而以六部主事及中、行、评、博和知县考选。并规定六部主事由中、行、评、博升者，通理前俸，准予考选，由别项升者须历俸二年，方准考选。"雍正时期，科道官员的候选人基本沿袭前制。乾隆二十九年（1764 年），科道官的候选人以"编修、检讨、郎中、员外郎、内阁侍读"为限，且编修、检讨须历俸三年。至此，清朝科道官员的候选人范围基本确定。

（2）清朝监察立法对候选人范围划定的启示。当前监察立法可参考清朝监察立法的上述规定，即对监察人员的资格进行明确的限定，以保障监察队伍整体上具备执行监察职能所要求的必备素质。从我国现行监察立法来看，2018 年通过的《监察法》第十四条规定："国家实行监察官制度，依法确定监察官的等级设置、任免、考评和晋升等制度。"但该法没有就监察人员的资格乃至素质做出具体规定，我国亟待填补这一立法空白，即监察人员应具备何种资格和素质。

目前争论比较激烈的是监察人员是否应当取得法律职业资格。第一种观点认为，监察人员不须取得法律职业资格。其认为要求监察人员取得法律职业资格"实乃强人所难，因为监察官行使的是监察权，而执行监察权不以取得法律职业资格为前提条件，此诚由监察权的性质所决定"。❶第二种观点认为，监察人员应当取得法律职业资格，持该观点者或认为"从我国现行法律资格考试制度的立法初衷以

---

❶ 刘练军．监察官立法三问：资格要件、制度设计与实施空间 [J] 浙江社会科学，2019（3）：52.

及规制范围而言，监察官亦当通过法律资格考试"。❶ 或认为"以确保监察官的高素质、高专业水平，实现资源整合的最优化，也有利于保障人权"。❷

笔者认为，应否对监察人员要求取得法律职业资格应当在厘清监察权的本质及实现监察立法的立法目的的基础上，明晰监察人员何种素质对其行使监察权以实现监察的目的构成实质性影响，从而得出监察人员应当具备的何种资格。第一种观点从监察权的性质出发探讨监察人员取得法律职业资格是否符合逻辑。但是，第二种观点"从法律资格考试制度的立法初衷及规制范围而言"这一出发点是值得商榷的。原因在于，首先，我国《监察法》依据国情的变化于2018年方始出台，而法律资格考试制度已经存在二十余年，法律资格考试制度当初设计之时无法预见我国监察制度的变化。其次，监察制度有其自身的特殊性，监察制度的运行有其自身的规律，监察制度运行过程中对监察人员掌握法律知识的程度亦应当遵循监察运行规律，即对监察官法律知识的要求是否必须达到法律资格考试制度的水平。这是法律资格考试制度的立法初衷所不能事先考量的。综上所述，以法律资格考试制度的立法初衷要求监察人员达到其要求的法律知识水平难以成立。最后，认为监察人员应当取得法律职业资格的人得出"行使监督权的监察官并不需要特定的职业教育和工作经验"的论断的过程无疑缺乏充分的逻辑推理。原因在于，在以下两点未予涉及并论证：第一，任何一项公权力的行使均要求行使职权人员具备一定的业务素质，任何公权力的行使均是由特定的人员代表其机关执行立法意图和立法具体规定的过程，该特定人员如不具备行使公权力的必备知识和技能，必然导致相对人的权利受到不同程度的侵犯。鉴于此，监察权行使的过程就是对相对人问责的过程，也是可能剥夺相对人行使公权力的资格并对其人身权、财产权进行处分的过程。因此，行使监察权的监察人员具备一定的素质，是监察权得以高效、公正实施的重要保障，也是监察权行使的应有之义。换言之，我们应对监察人员的业务素质，对监察权行使的效能的影响有足够充分的认识。第二，其主张"可以毫不夸张地说，国家监察工作之良莠，端赖用人的适当与否"。依此观点，监察工作实现良好的效能在于监察人员作为个体的作用的发挥，依此逻辑，监察人员发挥作用亦应当以具备包括监察知识在内的一系列素质为前提条件。另外，如上所述，监察人员行使的监察权对相对人的权利影响极大，如监察人员对

---

❶ 曹志瑜.监察官亦当通过法律资格考试[J]学习论坛，2019年（2）:21.

❷ 李鼎楚，刘颖新.应将初任监察官资格纳入"司考"[N]民主与法制时报，2018-3-1（6）.

法律规定的理解出现错误，必然会出现侵害相对人权利的情形，也有违我国"依法治国"的基本思想。概言之，监察人员必须在监察权行使的过程中具备包括法律知识在内的必备素质，即监察人员的准入规则中应当设立包括法律知识在内的门槛，以保障监察权被依法行使。

综上所述，笔者认为，当前我国对监察权的本质的探讨虽然有利于厘清监察人员应具备何种素质，但在学界形成通说或立法明确界定之前，我国立法有必要尽快建立监察人员准入制度，要求监察人员应具备一定的素质。素质主要分为专业知识素质和监察能力素质，具备何种素质及素质达到的程度可参照《监察法》中的具体规定。对于知识素质的要求可确定如下：依"第一章总则"的指导思想和具体规范，监察人员应当熟悉并掌握"政治学""宪法学"等知识；依照"第四章监察权限"的立法精神和具体规定，监察人员应当掌握"刑法学""侦查学"等专业知识；依照"第五章监察程序"的立法规定，监察人员应当掌握"刑事诉讼法学"等专业知识。监察人员具备上述素质有利于依法、高效地行使监察法赋予的职权。除此之外，我国在构建监察人员准入制度时，可在面试环节过程中予以创新，在遵循监察的相关理论实践的规律的基础上，要求面试对象既熟悉贪污腐败的具体形态，又掌握行使监察权、查处监察对象不法行为应当具备的心理素质、技能、技巧等。另外，监察人员素质的提升是长期的过程。因此，监察人员的准入门槛不宜过高，在入职以后，监察人员继续接受监察机关的指导和培训，不断提升监察职能要求的素质。如果监察人员在入职后被确定不能胜任的，可依照人事制度安排至其他机关工作。

2.清朝监察立法对监察官员资格的其他规定及启示

（1）清朝监察立法对监察官员资格的其他规定。第一，对年龄的规定。依《清会典事例》第五十六卷的规定，嘉庆时期，选任科道官员的候选人年龄应在三十岁至六十五岁之间，年龄过轻或年龄过大均不得充任科道官员。如此规定之目的在于保障监察官员既具备良好的身体条件和稳定的心理特征，又具备一定的政务经验。

第二，对出身的规定。《钦定台规》规定，汉人充当科道官人选，向来惯例是要求必出正途。据《国朝御史题名》记载，清代科道官三千零八十七人，其中汉人为二千一百五十三人。百分之九十五汉人御史来自正途，其中属于进士出身者约占百分之八十，即科道官员绝大部分为科甲贡监及荫生出身者，按照举荐而入仕者不得考选。对出身的严格规定很好地说明了清朝统治者认为监察官员是"治官之官"的理念。

第三，对选任回避的规定。清朝在文官选任制度中就官员的铨选明确规定了包括亲族、籍贯、拣选和科场四方面的回避制度，以防止官员之间形成利益关系、密切的群体或派系。而监察官员作为"治官之官"，其铨选还有特殊的回避制度。一是监察官员亲族回避制度。《钦定台规》规定，康熙三十年（1691年）定例："凡父兄现任三品京堂、外省督抚，子弟不准考选科道。其父兄在籍起文赴补，及后虽升任者，有子弟现任科道，皆令回避，改补各部郎中。"上述立法规定三品以上京官和督抚大员的子弟不得选任科道官员。清朝监察立法依次规定防止位高权重的官员的子弟成为监察官员，避免科道官员基于亲属关系枉法包庇不法行为。另外，由规定可知，科道官员选任的回避的范围比较狭窄，清朝统治者将科道官员选任的回避限定在三品京官和督抚，其意图在于防止高官大员的子弟成为科道官员后结党营私。《钦定台规》规定，光绪十三年（1887年）监察官员的铨选扩大亲族回避的范围，"嗣后现任满洲科道各官，如有父子、胞伯叔、胞兄弟、胞侄升任三品以上京堂并外任督抚者，即比照汉员科道回避之例一律办理。该科道应自行呈明都察院具奏，令其回避。各衙门保送宗室满洲、蒙古御史人员，如有前项应行回避者，亦应比照考选汉御史之例，一概不准保送"。另外，清朝监察立法还规定了监察官员铨选的省籍回避制度。《钦定台规》规定，乾隆十三年（1748年）遵旨议准："御史需回避本省，除现任御史所任之道不得在本省外，遇有御史缺出，如有记名及应补人员应回避本省者需查明扣除。"

（2）清朝监察立法对监察官员资格的其他规定的启示。我国尚未就监察人员的选任建立统一的规范，监察人员的资格因而未能得以明确的界定，但清朝监察立法的上述规定为当前监察人员的资格的限定提供了有益的启示。监察人员的资格除符合《中华人民共和国公务员法》和《党政领导干部选拔任用工作条例》等的要求以外，还应在年龄方面做出年富力强等特殊要求并考察候选人的学习、工作经历。就监察官员的选任的回避制度而言，清朝监察立法在继承明朝的规定的基础上进行了发展，对监察官员选任的回避的制度设计比较全面、周密，可以为当前监察官制度的构建提供重要的启迪意义。首先，监察人员的选任应当按照监察的特殊性对回避做出明确、详细的规定。监察人员承担纠举监察对象不法行为惩治贪污腐败的职责，为防止监察人员出于私利包庇、保护监察对象，也为了降低对监察人员的监督与监管的难度，应当全面、审慎地确立监察人员选任的回避制度。其次，级别较高的监察范围内的人员的近亲属不宜成为监察人员。原因在于，级别较高的监察范围内的人员权力较大且影响力的范围较广，其近亲属如成为监察人员，有可能不利于监察事项的保密，也不利于监察机关公正地行使监察权。最后，对监察范围内的人员监察的监察人员不应是其近亲属。监察官制度的设计应严格把握监察人员不得享有监察近亲属的职权的原则，如果监察人员的近亲属职务调动与本原则相冲突，监察官制度应明确规定相应的人事安排制度。

3.清朝监察立法对考选、引见和任命的规定及启示。

（1）清朝监察立法对科道官员考选或行取、引见、任命的规定。清朝监察立法就科道官员的选拔的程序做出了详细、严密的规定。如前所述，清朝监察立法划定一定范围内的候选人，通过考选或行取的程序确定补授的人选。取得考选资格后，在外者由督抚引见，在京师者由各主管堂官引见。经过引见后，如有科道官员缺出则依据登记的次序由皇帝选择任命。

（2）清朝监察立法对科道官员考选或行取、引见、任命的规定的启示。清朝监察立法的上述程序性规定为当前我国监察人员的选任带来启示。第一，我国应建立监察人员的选拔制度。如前所述，监察人员应当具备相应的素质，以保障监察队伍从整体上具备行使监察权的条件。因此，我国可采用考核制度录取监察人员。第二，我国可建立监察队伍领导干部储备制度，将具备较高的素质的监察人员纳入人才储备库，并重点加以培养、考察，为以后监察领导队伍的调整做好准备。

（二）清朝监察立法为保障监察运行对监察官员管理的规定及启示

1.清朝立法对适用立法的规定及启示

清朝立法规定对立法的适用主要应当按照援法定罪和类推裁断两种途径。援法定罪的规定见于《大清律例·断罪引律令》"凡断罪，皆须具引律例，违者，笞三十"。例如，雍正元年（1723年）复准："考官士子交通作弊，一应采名受贿听情关节中式者，审实，将作弊之考官并贪缘中式之举子处斩，俱立决。"❶律例中未加以规定的，清朝立法允许以"比附援引"的方式进行类推裁断。例如，光绪二年（1876年）议准："嗣后各省学政查出窝枪、包揽、招摇，饬令提调缉拿之案，不能获一者，比照枪手脱逃不实力严缉例，加等议处。初参罚俸一年，再限一年缉拿，限满不获，罚俸二年，人犯照案缉拿。"❷除此之外，在无立法可以援引的情况下，甚至还有"酌议"的制度。

---

❶ 故宫博物院.钦定科场条例（卷三十三：《严禁贪缘诸弊》）[M]: 海南出版社,2000.

❷ 李国荣.科场与舞弊 {M}. 北京：中国档案出版社,1997:163.[M]

清朝立法对司法者如何适用立法的规定做了较严格、细致的规定，尤其是严格要求司法者援法定罪，违反者还处以刑罚。但是，清朝立法允许类推裁断，必然会导致司法官员因个人之动机而积极寻找类推裁断的依据并按照最贴近自己愿望的方式去适用立法的规定，也势必造成大量的案件被"合法化"地轻判或重判，同时增大了司法监察的困难。当代刑法禁止类推的原则和做法已经被贯彻于世界上绝大多数的国家。不过，清朝立法对适用法律的规定仍然对当前的监察立法具有积极的借鉴意义。第一，监察权对监察对象的影响极大，监察对象的定罪量刑亦应当严格遵守刑法范畴的罪刑法定原则，严禁适用类推的方式对案件进行裁判。第二，为保障监察行为的合法性并提升监察的效能，如在定罪量刑时缺乏相关的刑法依据，则应当坚持依照罪刑法定原则裁判案件，不得以类推的方式裁判案件。对于有必要在刑法中加以规定的，立法机关应当及时按照程序修改刑法的规定。

2.清朝监察立法对监察官员公开巡察信息的管理及启示

《钦定台规》规定："入境三日内，将御史出巡禁约及皇帝的有关敕谕誊黄刊刻，每一司道发十张，每一府州县各发十张，遍示城乡绅士人民。如不刊刻，不遍示，经都察院举劾，即以违旨论处。"清朝统治者已经认识到了公开监察调查相关信息对监察权的行使的两方面的重大作用：一是有利于出巡御史寻找调查线索和搜集信息；二是有利于清朝统治者通过百姓对信息的了解与反馈来监督出巡御史的监察工作。鉴于此，清朝监察立法规定御史出巡应当公开相关信息，并对信息公开的方式及宣传范围进行了明确的规定，且规定了违反信息公开规定的御史的法律责任。但由于历史局限性，清朝监察立法对信息公开的范围和程度对监察效能的影响较小。

当前，我国监察体制改革日益走向深入，相关配套法律法规正在按照整体部署加紧酝酿、讨论。清朝监察权运行过程中对信息公开制度中的监察官员的管理的规定对当前我国促进监察机关公开信息的制度建设具有启迪意义。

《监察法》第五十四条规定："监察机关应当依法公开监察工作信息，接受民主监督、社会监督、舆论监督。"但该条规定对监察工作信息的公开方式和公开范围并未做明确规定，亦未对违反信息公开规定法律责任。《中国共产党党务公开条例（试行）》《政府信息公开条例》和《人民检察院案件信息公开工作规定（试行）》等规范性文件对信息公开的内容、范围、程序、方式及违反的责任等方面有较详细的规定，监察工作信息的公开制度的构建可参考上述规定。笔者认为，监察工作信息公开制度的构建应着重注意以下两个方面。第一方面，完善各级人民代表大会及其常委会监督监察委员会的信息公开制度。《监察法》明确规定人民代表大会及其常委会有权监督监察委员会的工作，而作为权力机关，人民代表大会有义务向人民公布其监督监察工作的详细情况。构建人民代表大会信息公开制度的意义在于，第一，从现实情况来看，人大代表往往缺乏对监察工作的专业性的了解，也不具备提高监察效能的能力，因此将人民代表大会监督监察委员会的信息向人民公开，有利于人民及时了解监察工作的运行状况，从而有助于集思广益，发现监察工作中亟待改进的问题并提出相应解决的对策。第二，监察委员会年度计划、专项工作报告等信息向人民公开，能够增进人民对监察工作的安排的了解，容易提升人民对党领导下的监察工作的信心。第二方面，强化监察委员会内部监督信息公开制度。监察机关的内部监督对防止监察机关机构臃肿、效率低下甚至团体腐败有积极的作用，相对于人民代表大会及其常委会等主体的监督而言，监察机关的内部监督有便捷、高效的特点，其不但更有利于促使监察机关和监察人员依法行使监察权，而且也能有效地预防、惩处监察人员的腐败犯罪行为。从个别行政机关的工作人员的蜕变规律来看，内部监督流于形式是行政机关效率低下、工作人员贪腐状况加剧的主要原因。为预防监察机关出现管理滑坡的状况，加强监察机关内部监督的信息公开制度建设是必由之路。从当前学术界的研究和实务界的通行做法来看，监察机关内部监督信息的公开制度并未得到足够的重视。笔者认为，当前，全世界廉政建设比较完善的国家均将信息公开制度作为重要的监督方式。鉴于信息公开制度在促进公权力依法行使和预防、惩处腐败的重要作用，我国应当建立健全监察机关内部监督的信息公开制度，督促监督机关依法对违法违纪的监察人员的查处，从而形成监察人员不敢腐、不能腐的制度环境。

　　构建监察工作信息制度是我国监察制度完善的重要任务之一，当前我国可参考清朝监察立法的指导思想和立法技术，并在符合我国国情的前提下积极学习西方监察信息公开制度的指导思想和具体规定。笔者认为，我国监察信息公开制度的主要架构包括如下几个部分：第一，明确监察信息公开的主体为人民代表大会及其常委会、中国共产党的纪律检察机关监察委员会。人民代表大会及其常委会有监督监察委员会的职责，因而人大及其常委会应当就履行该职责的信息向公众公开。中国共产党的纪律检察机关和监察委员会作为主要的信息公开主体应按照监察的职责向公众公布信息，其不但要公开监察工作的有关信息，而且要公开监察机关内部监督信息。第二，明确公开监察信息的范围。笔者认为，采用列举法容易遗漏公开的监察信息的事项，因而宜采用排除法，即除涉密、有可能侵害被监察人或其他人权利、不宜公开的事项外，其他监察信息均应向公众公开。第三，规定公开监察信息的程序。一是要明确依申请公开监察信息的程序。当前我国各地监察机关对是否允许依申请公开监察信息的做法不一，只有少数监察机关依申请后公开监察信息。笔者认为，监察权的行使基于人民的授权而纠举监察对象违规犯罪行为，从法理而言，没有特殊情形均应公开，因而应当将当事人申请公开监察信息纳入程序。二是要厘定公开监察信息的平台，即对全国范围内公开监察信息的平台做出统一的规定。第四，规定违反监察信息公开制度的法律责任。鉴于信息公开制度对监察效能的重要作用，监察信息制度在实施层面不得流于形式，否则监察信息公开制度就极有可能仅仅停留于纸面上。因此，监察信息公开制度有必要针对违反公开的相关规定的情形规定相应的法律责任。

3. 清朝监察立法对监察官员回避的规定及启示

清朝监察立法为防止监察官员在监察的过程中徇私枉法，就回避制度做了相关规定，"五十九年议定在京巡城满汉御史承审案件时，遇有闾旗同籍之案，如满御史需要回避的，则会同别城的满御史一同审理，汉御史需要回避的，则会同别城的汉御史一同审理，满汉御史都要回避时，则将全案移交别城的满汉御史审理，以杜瞻询"。❶除此之外，还有监察官员兼职之禁止制度。《钦定台规》规定，乾隆三十三年（1768 年）上谕："向来各部司员补授御史，该堂官等有奏请仍兼本部行走者，虽为熟谙部务起见，但御史有稽察各部之责，若令兼司办事，不无意存瞻顾，究于政体未协。嗣后司员改任御史奏请留部之处，着永行停止。其现在御史中兼部行走者，并着撤回。"清朝立法还规定了案件办理过程中违反回避的责任追究制度。乾隆五十九年（1749 年）规定："凡官吏于诉讼人内关有服亲及婚姻之家，若受业师（或旧为上司，与本籍官长有司），及素有仇隙之人，并听移文回避违者，（虽罪无增减）笞四十；若罪有增减者，以故出入人罪论。"❷

《监察法》第五十八条规定了监察人员在办理监察事项时应当自行回避的四种情形。除此之外，《监察法》未就监察人员的回避做出任何规定。笔者认为，监察人员的回避制度的完善应明确如下问题。第一，是否可比照《中华人民共和国刑事诉讼法》（以下简称《刑事诉讼法》）关于回避的规定增补法条？笔者认为，监察人员行使法律赋予的监察权这一公权力的同时，监察对象的权利亦应当得到保障，

---

❶ 故宫博物院 . 钦定台规二种（第二册）[M]. 海口：海南出版社，2000：277.

❷ 允裪纂大清会典（乾隆朝卷六十九：《刑部·听断》)[M]. 南京：凤凰出版社,2018:613.

这一点作为当代法治的基本原则已无须赘述。监察对象处于被监察的特定环境内，其程序权利自应被法律所赋予并受法律保护，且如监察人员出于"仇嫌"之主观状态行使监察权，自然有侵害监察对象实体权利之可能。而《刑事诉讼法》关于回避的立法精神与此如出一辙，其细致规定也在符合法理的基础上保障相对人的权利不因公权力行使人员与相对人之特定关系而受到侵犯。因此，笔者认为增补监察人员回避的法条可以参考《刑事诉讼法》的相关规定。第二，监察人员的回避应比照《刑事诉讼法》中哪类人员的回避？尽管监察权的本质和监察调查权的属性仍处于探讨阶段，但在回避的制度设计上，监察人员的回避与《刑事诉讼法》中"审判人员、检察人员、侦查人员"中的"侦查人员"回避的相关规定一致应无争议。第三，如监察对象构成违法违纪而不构成犯罪，监察人员的回避应如何规定？监察人员的监察权毕竟不同于刑事诉讼领域中的侦查权，侦查权是行使刑事追诉权能，而监察权除调查监察对象是否构成犯罪外，还要调查监察对象是否有违纪违法行为。因此，如监察对象不构成刑事犯罪，以不构成犯罪但构成违法违纪的结论为时间界限来看，在结论得出前，监察人员可比照侦查人员的回避加以规定，而结论得出后，监察人员依照《监察法》第四十五条对监察对象予以处置的过程中亦应遵守回避之规定，其详细规定比照侦查人员回避之规定应不存在争议。

4. 清朝监察立法对监察官员考核和奖惩的规定及启示

清朝将对官员的考核形成定制，以京察对京官进行考核，以大计对地方官进行考核，并按四格（"才、守、政、年"）六法（"不谨、罢软无为、浮躁、才力不足、年老、有疾"）对官员的考核结果进行评定，官员考核的结果影响升转等奖励和降级罚俸甚至降罪等处罚。基于监察官员行使纠察百官的职权，清朝对监察官员的考核有其特殊性规定，且总体上严格于其他官员，依考核结果予以奖惩的规定亦有特殊性。《钦定台规例》规定，顺治十七年（1660 年）议准："御史有参大奸大蠹、兴利除弊者，另为一册，以定本官优劣，升转时可即据为甄别。至科员升转亦应详开平日奏章旨意，题请钦定。"乾隆五十二年（1787 年）奉上谕："嗣后满、汉科道，遇有应升缺出，该部开列具题，及带领引见时，著将各科道有无条奏，其所奏事件部议，或准或驳并奉特旨允准，或当经驳饬之处，均于各科道名下，及缘头签上注明，以便驳其优劣，著为令。"总体而言，清朝统治者注重对监察官员履行监察职能的实效进行考核，包括敢于参劾权臣、参劾后的处理结果及参劾的效率等，并以此为依据确定对监察官员进行奖励或处罚。值得一提的是，清朝监察官员的升迁一般以奖励为参考依据，如《钦定台规》规定，"汉御史内升外转，俱由都察院论资俸酌定，咨送吏部升转"。另外，清朝监察立法就监察官员的不同情形相应地做出奖惩的规定体现了其严谨、细致的立法技术。比如，《钦定台规·宪纲》规定，嘉庆十二年（1807 年）议准："督抚亲提审讯，不得有逾例限，如无故迟延至三月以上，即将该督抚照任意耽延例降一级调用，如无故延迟过半年以上，即将该督抚照易结不结例，革职。"

《监察法》第十四条规定："国家实行监察官制度，依法确定监察官的等级设置、任免、考评和晋升等制度。"笔者认为，监察人员的考核可确定"考核—留用并培训—考核"的模式，即根据监察人员入职年限的不同，确定不同的考核要求和考核内容，对达不到考核要求的，对其留用一段时间，同时对其实行培训，留用期内考核合格的继续任职，对于考核后仍不合格的可按照监察人员退出机制安排至其他单位。

二、清朝监察立法对监察运行的规定对当前的启示

（一）清朝监察立法保障监察官员监察权的规定及启示

清朝以科道官为主的监察官员在行使纠察百官的监察权的过程中，要行使调查权，深入调查被参官员隐瞒或销毁证据等逃避责任的行为，在这一过程中可能面临被参官员的对抗乃至官僚集团的攻击。另外，在行使调查权的过程中，可能利用权力谋取私利甚至以手中权力党同伐异。清朝统治者在吸取了前朝监察制度的经验与教训的基础上，对监察官员的监察权一直在保障监察官员的权威性和约束监察官员的权力之间进行权衡，其目的有两个：一是防止出现南北朝"台使之害"和明朝中后期言路膨胀等监察权过度膨胀的局面，加强对监察官员的管理，防止监察权的扩张和膨胀；二是赋予监察官员一定的权限，保障监察官员顺畅地行使监察权。《钦定台规·训典》规定，监察官员可以对"上自诸王，下至诸臣，孰为忠勤，孰为不忠勤，及内外官员之勤惰各衙政事之修废，皆令尽言"。同时，清朝统治者注重保护监察官员免受被参官员的攻击、反噬和官僚集团的报复，即使皇帝处分监察官员也非常审慎。在这两个原则的指导与权衡下，清朝监察立法通过一系列的制度对监察官员的权力予以保障。当前，《监察法》第四章"监察权限"赋予了监察人员行使监察权的合法性和正当性，第七章"对监察机关和监察人员的监督"保障了监察权在法律框架内行使，对监察人员法律责任的规定见第八章。《监察法》的出台使监察人员的监察权具备了立法依据，与此相关的配套法规的构建可参考清朝监察立法的有关设计。

1.清朝监察官员相对优渥的待遇及启示

作为"治官之官"的监察官员享有其他官员所不可比拟的优待。第一，清朝统治者基本上不会因监察官员履行监察职权而杀掉监察官员。尽管清朝的监察立法没有明确的规定，但从结果来看，整个清代基本没有监察官员因履行监察职责而被处以死刑。比较有代表性的事件是雍正时期言官谢济世因参劾田文镜而触怒雍正皇帝，以雍正皇帝之驭官严猛亦不得不将谢济世革职后发往军前效力。第二，监察官员尤其是科道官员在仕途上与其他官员相比有更好的升迁出路。以雍正年间（1723—1735 年）为例，六十二名汉给事中，内升至寺卿以上京堂者二十二名，外转至道员以上者二十二人，计升职者占总数的百分之七十弱。第三，监察官员的事项保密的制度。为防止监察官员因参劾而遭受打击报复，鼓励监察官员尽职尽责，皇帝允许监察官员通过封章密奏的形式向皇帝报告，皇帝本人率先垂范为监察官员保密，对外隐去监察官员的姓名或称"有人奏"。同时，监察官员也应当公正地行使监察权。比如，一般官吏不准私谒监察官员，故监察官员的住宅都贴有"文武官员，私宅免见""一应公文衙门投递"。

清朝监察官员在监察制度中享有的优渥待遇对当前我国监察立法保障监察人员的监察权的行使有一定的启示。首先，保障监察人员及其家人的人身安全，并尽快制定相应规范。监察人员行使监察权纠举贪腐等不法行为，因而可能与地方保护主义的包庇纵容做斗争，也有可能受到监察对象的报复及某些利益集团的算计与围攻等。鉴于此，相较其他公职人员，监察人员的人身安全容易受到威胁和伤害，我国监察立法中应对监察人员及其家庭成员的人身安全的保障做相关规定。其次，制定有利于调动监察人员积极性的晋升制度。从管理的角度而言，监察人员畅通的晋升制度能够对监察人员行使监察权起到激励作用。最后，确立监察人员行使职权的保密原则。当前的监察制度与清朝的监察制度有在本质的不同，监察权的行使应当接受人民的监督，监察权行使的有关信息应当向社会公开。但是，鉴于监察人员工作的特殊性，监察立法中应当对保护监察人员的保密制度进行相应的规定，如监察委员会集体决策的保密，监察人员启动监察程序的过程及监察人员行使调查权的细节等应当尽量保密。另外，对违反保密规定的，应当根据不同的情节规定相应的法律责任，以保障保密制度的实施。

2.清朝监察立法对监察官员的监督及启示

清朝统治者在吸取前朝经验和教训的基础上，对监察官员也实施监督，其目的主要有三个：一是督促监察官员积极地行使监察权；二是防止监察官员结党后利用手中权力党同伐异；三是防范监察官员倚仗皇权作威作福、谋取私利。为此，清朝监察立法规定了一系列监督监察官员的制度。首先，清朝监察立法规定了全面的监察官员管理制度。清朝监察立法对监察官员的选任及规范监察官员行使监察权有极其严格的规定。清朝统治者牢牢掌握着对监察官员尤其是科道官员的人事管理权。《钦定台规·升转》规定，科道官之考选、差遣、内升、外转俱由皇帝裁定。清朝监察立法对监察官员人事制度管理的加强无疑有利于实现对监察官员的监督。其次，清朝监察立法赋予科道官员互相纠察的权力。清初，《大清会典事例》中的《都察院·宪纲》规定："如本院堂官及各监察御史，不公不法、旷废职事、贪淫暴横者，令互相纠举。"科道合一后，此规定仍然继续实行。这是因为监察官员互相纠察的制度能够起到互相监督与互相限制的作用，所以一直得到清朝统治者的沿用。再次，清朝监察立法对监察官员故意枉法和结党营私的行为做了严厉处罚的规定。《钦定台规·宪纲》规定："言官结党挟私、肆行陷害者，反坐。"清朝统治者吸取了明朝中后期监察官员作为"治官之官"而徇情枉法、结党营私的教训，在立法中明确对此予以了规定。再次，清朝监察立法规定对贪污受贿等违法行为予以重惩。可见，清朝监察立法对监察官员廉洁性的要求比其他官员要严格得多。最后，清朝监察立法要求监察官员保密的制度。《钦定台规·宪纲》规定："内外大小官员，但有不公、不法等事，俱得纠劾……若系机密重事，实封御前开拆。""言官题奏，应密不密者，罚俸六个月。"

当前监察立法对监督监察人员制度的完善可参考清朝监察立法的上述制度。《监察法》在第七章对监察人员的监督做了专门的规定，在第八章"法律责任"的第六十四条和第六十五条规定了监察人员的法律责任。可见，《监察法》构建了监督监察人员的制度。不过，笔者认为上述规定大都比较笼统，且缺乏针对。监督监察人员的制度制定应当厘清两个问题：第一，对监察人员的监督是否应当做出特殊的规定？第二，监察人员徇私枉法应不该当比照其他行使公权力的人员从重处罚？对于第一个问题，笔者认为，是否对监督监察人员的制度进行特殊设计，应当结合监察权的属性和当前我国的国情进行论证。监察权的属性在于"行政权、司法权与监察权在立法权之下，独立行使、互相制约、分工合作，是极具中国特色的国家权力配置模式，既体现了我国传统国家治理的体系和方式，又融合了当代代议制民主政治的权力监督思想"。❶从监察机制运行的目的来看，监察权有其自身的特点，监察权的理论基础和运行规律也因而具备特殊性。另外，当前我国存在的贪腐现象对国家公权力的运行了造成阻滞，也影响了中国共产党在人民群众心中的形象，因而自党的十八大以来我国加快了监察制度的建设并逐步地推进监察制度改革。从这一点来看，对监察人员的监督是监察制度建设的必然要求，对监察人员的监督做出特殊性的规定也是有必要的。第二个问题建立在第一个问题的基础上，因监督监察人员的制度需要做出特殊性规定，如果监察人员违反有关接受监督的规定，就应承担相应的法律责任。问题在于，监察人员所承担的这些责任从整体上是否比其他行使公权力的人员更重？笔者认为，监察人员违反监督规定应依主观状态区分为过失和故意，因过失而违反监督制度的，不宜比照其他行使公权力的人员从重处罚。而对故意违反监督规定的，能否因为监察对象是特殊群体或后果严重等因素对监察人员从重处罚？笔者认为是否定的，原因是，在民主法治背景下，监察对象不应因其身份而享有特权，而监察人员违反监督规定亦不应承担更重法律的责任。从监察人员违反监督规定而侵犯的客体来看，该客体是国家监察权力行使的公正性，与其他因行使公权力而侵犯的客体比较，监察人员承担更重的法律责任明显缺乏合法性依据和正当性依据。

　　当前监察立法中监督监察人员制度的完善可从以下方面着手。首先，加强党对监察队伍的领导。坚持中国共产党的领导是我国社会主义建设包括监察制度建设的根本保证，可以从根本上保证监察队伍的廉洁性与公正性。其次，细化《监察法》第五十五条的规定。该规定明确了内部监督形式，这一监督形式具有及时、直接、高效等优势，但该规定对监督的方式、程序、救济等未做进一步的阐释。笔者认为，监察人员内部监督制度对预防监察队伍腐败、保障监察效能起着巨大的、不可替代的作用，因此我国宜尽快完善《监察法》第五十五条的规定，使监察人员的内部监督制度趋于完善。最后，监察立法体系应细化、完善监察人员的保密义务规定。监察人员对监察事项的保密是行使监察权实现监察目的的基本要求，而《监察法》第五十九条的规定相对笼统，对违反保密的情形及承担的相应责任均未明确界定，因此我国监察立法宜细化监察人员的保密义务及相应责任。

---

❶ 宗婷婷，王敬波．国家监察对象的认定标准：核心要素、理论架构与适用场域 [J].中共中央党校（国家行政学院）学报，2019（4）：98.

3. 风闻言事的制度设计及启示

风闻言事之制明确规定于立法肇始于魏晋南北朝时期，其后风闻言事被历朝统治者在不同程度上认可、继承、调整，清朝统治者鉴于明朝之风闻言事制度沦为官员党同伐异之工具，在顺治二年（1645年）明令禁止御史风闻言事，但顺治皇帝意识到完全禁止"风闻言事"必然会限制御史监察权之行使，于是在顺治六年（1649年）做出了调整性规定："以后言官论人善恶，虽有不实，不得竟送刑部，必命廷臣公同议拟。如果挟仇诬陷，革职，下刑部治罪。"❶康熙二十六年（1687年）对"风闻言事"做出规定："今再行此例贪官似有儆惧。若有挟仇参劾者，必须审明，审明果系挟仇自有反坐之典在。"❷"御史列款纠参贪婪官吏，有一二事审实者，即可免议；若审问全虚，或御史条陈事件隐含讽刺，或不据实回奏，或参官员老病衰庸涉虚者，皆降二级调用。御史凡事不据实陈奏，或并无实据，只称风闻具题者，降一级调用。御史结党营私，有意陷害他人，则实行'反坐'，并坐令御史之间'互相纠举'。"从清朝风闻言事制度的演变来看，清朝统治者对监察官员滥用监察权风闻言事的危害有比较深刻的认识，因而始终在监察立法中对监察官员出于个人动机而风闻参劾官员加以提防，即清朝统治者设计风闻言事的制度既要考虑监察效能的增强，又要防范监察官员滥用监察的公权力实现个人目的。总体而言，清朝监察立法一直严厉打击监察官员"挟仇诬陷""挟仇参劾"的行为，对所言不实者亦有处罚之规定。

清朝风闻言事制度在纠举官员不法行为的效率方面有积极意义。首先，风闻言事提高了监察的效率和效能。在古代，由于官官相护、地方保护等因素的层层阻隔以及通信的困难、举报人安全无法得到保障等，监察官员的调查取证工作极为艰巨，再加上科道官员的工作地点大都在京城，因而科道官员风闻社会舆论，对监察对象启动监察程序，有利于监察官员发现线索，进而比较高效地行使监察权力。以顺治十四年（1657年）的丁酉科场案为例，刑科给事中任克溥风闻顺天乡试"途谣巷议，啧有烦言"后上疏"伏乞皇上大集群臣，公同会讯"。❸后经调查确系科考舞弊。其次，风闻言事使监察官员对文武百官产生了一定的震慑力。在普遍贪腐的清朝官场，摄于风闻言事之威势，官员实施不法行为必然因顾忌社

---

❶ 清朝史官 . 清实录·世祖章皇帝实录（卷四二）[M]. 中华书局,1986:338

❷ 戴逸，李文海 . 清通鉴 [M]. 太原：山西人民出版社，1999：1881.

❸ 华尔嘉 . 清代贪污受贿大案 [M]. 北京：群众出版社，2007：17.

会舆论的负面影响而有所收敛。然而，风闻言事制度的消极影响也是显而易见的。首先，监察官员风闻言事的参劾之权使文武官员对其产生畏惧，从而大大增加了监察官员利用权力谋取私利的可能性。其次，风闻言事制度容易为别有用心之人所利用，如果通过散布谣言引起监察官员的重视，启动调查程序，从而导致冤假错案的发生。最后，风闻言事的监察方式容易成为官僚集团党争的利器。被参劾者一旦因监察官员风闻而参奏，极有可能被罚俸降职甚至丢掉性命，因而风闻言事制度的存在使封建官场党争的斗争方式更加多元化，也更加剧烈，增大了统治者掌控政局的难度。可见，"风闻言事"实乃监察制度中的一把"双刃剑"。

《监察法》第十九条规定："对可能发生职务违法的监察对象，监察机关按照管理权限，可以直接或者委托有关机关、人员进行谈话或者要求说明情况。"中共中央纪律检查委员会法规室和中华人民共和国国家监察委员会法规室编写的《<中华人民共和国监察法>释义》第十九条规定："谈话工作应当在谈话结束后的规定时间内，由承办部门写出情况报告和处置意见后报批，根据不同情况做出相应处置：（1）反映不实，或者没有证据证明可能发生职务违法行为的，予以了结澄清；（2）有证据证明可能发生职务违法行为但情节较轻的，按照管理权限，由监察机关直接或者委托有关机关、人员进行批评教育、责令检查，或者予以诫勉；（3）反映问题比较具体，但被反映人予以否认，或者其说明存在明显问题的，应当再次谈话或者进行初步核实。"上述规定与"风闻言事"制度具有较高的相似性，该法条之规定与适用必然有一个逐渐完善的过程，所以尽管当前我国人民当家做主的政治体制不同于封建专制制度，但是《监察法》第十九条之规定仍然可以参考、比照、借鉴清朝监察立法中关于"风闻言事"的制度设计。

监察机关可以对可能发生职务违法的监察对象"进行谈话"的规定应考虑三种可能：一是监察人员出于挟私报复等个人原因而要求监察对象谈话；二是监察对象权利受到非法侵害，如他人捏造事实、散布谣言或监察人员违反程序等；三是监察机关可能选择性适用该法条。鉴于上述考量，《监察法》第十九条宜做出如下补充性规定。第一，监察人员挟私报复且符合"反映不实，或者没有证据证明可能发生职务违法行为的"应做出明确的法律责任规定。另外，如果监察人员有捏造事实、制造或散布谣言的情形，影响监察权的权威性，应对其从重处罚。第二，细化监察对象接受谈话的程序性权利。立法中缺乏监察对象程序性权利的规定，极易导致监察权被滥用，因而监察对象的程序性权利应在立法中尽快进行细致的规定。同时，立法应就保障监察对象的程序性权利做出规定。第三，对"可能发生职务违法行为"做出明确的、可操作性强的规定。在"可能发生职务违法行为"的语境下，监察机关与监察对象直接谈话的任务极其繁重，换言之，监察机关不可能对每一个"可能发生职务行为"的监察对象直接谈话，因而监察机关必然会出于一定的考虑对谈话的监察对象加以拣选。因此，"可能发生的职务行为"有必要在立法中加以厘清，如社会舆论的范围、影响程度以及信息来源的可靠程度等。

为保障当前《监察法》第十九条之实施，立法应做出针对性的规定。首先，确立适用该条之审查制度。如上所述，该条的随意适用容易导致公权力的滥用和侵害监察对象的权利，因此监察立法体系中应对《监察法》第十九条的适用做出明确、细致的规定。比如，监察委员会充分发挥民主集中制的制度优势，对"可能发生职务违法行为"进行专业的预判，以确定是否对监察对象谈话。其次，对谈话的处置方式做进一步明确、细致的规定。依据《〈中华人民共和国监察法〉释义》第十九条"反映问题比较具体，但被反映人予以否认，或者其说明存在明显问题的，应当再次谈话或者进行初步核实"，对于再次谈话的，应当明确规定谈话的次数限制和时间限制等内容。另外，《监察法》第十九条实施中应当严格依照《监察法》《中华人民共和国刑事诉讼法》《中华人民共和国刑法》等立法规定，不能仅依照未经调查的证据对监察对象采取进一步的监察措施。乾隆二十二年（1757年），山西巡抚塔永宁风闻参劾刚刚升任山东巡抚的蒋洲，乾隆皇帝不问情由就将蒋洲缉拿。尽管后来查出贪腐窝案，但乾隆皇帝仅基于监察官员之"风闻"而在未经调查的情况下就缉拿蒋洲显然是典型的"人治"方式。因此，现代法治原则要求，在《监察法》第十九条的适用过程中，监察机关及监察人员应当严格遵守相关法律的程序性和实体性规范，以免侵害监察对象的程序性权利和实体性权利，从而保证《监察法》第十九条实施的合法性与正当性。

（二）清朝监察运行具体制度的启示

1.京控与叩阍的启示

清朝察吏安民的监察制度设计中还有官民检举、控告官员"京控"与"叩阍"程序。京控的概念及制度始于清代，"其有冤抑，赴都察院、通政司或步军统领衙门呈诉者，名曰京控"。❶雍正三年（1725年）始对京控在立法中加以规定，但直至乾隆三十四年（1769年），清朝立法方明确受理的条件、方式以及审理机构。"阍"意为天门、宫门，"登闻鼓，顺治初立诸都察院。十三年，改设右长安门外。

---

❶ 赵尔巽等.清史稿（卷一四四：刑法志三）[M].上海：上海古籍出版社，1986：553.

每日科道官一员轮值。后移入通政司，别置鼓厅。其投厅击鼓，或遇乘舆出郊，迎驾申诉者，名曰叩阍"。❶清朝统治者设计京控与叩阍的初衷是为其治下之官吏与百姓构建直达中央层面的通道，以实现政权的长治久安。但京控与叩阍制度的实行存在诸多问题。首先，大量的案件使清朝统治者和相关中央机构疲于应付，尤其是嘉庆皇帝放开京控以来，大量的案件及各种问题纷纷涌入中央机构，中央机构因无力应对而不得不将之发回地方处理。地方官员迫于中央之压力反而行使权力或屈打成招或诬告陷害，强行制止百姓上京控告。其次，清朝京控与叩阍实施效果总体较差。统治者运用道德手段和奖惩机制要求地方处理京控与叩阍的案件与问题，这种"头痛医头，脚痛医脚"的处理机制不可能从根本上解决纠纷，因此无论京控还是叩阍都无法有效地化解社会矛盾。

清朝的京控与叩阍难以有效化解社会矛盾的根本原因在于封建专制下监察制度无法对日益膨胀的公权力进行有效的纠举、监督。日益复杂的社会矛盾与逐渐加剧的官场腐败使受历史局限的清朝统治者无法从根本上对制度进行调整以提升公权力行使的效能。从清朝统治者应对京控与叩阍的表现来看，清朝的相关机制亦极其被动。清朝统治者疲于应付大批呈控者的申诉，而未建立主动收集信息、分析信息、处理问题，从而缓解社会矛盾的机制。可见，封建专制下充满人治色彩的京控与叩阍制度无法建立健全稳固的制度以达到实现维护社会平衡与稳定的目的。

当前监察制度的建设可从清朝京控与叩阍制度的设计及运行中汲取营养。首先，监察权的行使应是主动的，不应如司法权那样"不告不理"，因而监察权理应按照立法赋予的职权积极搜寻信息、分析信息、处理信息。监察机关应当充分利用发达的信息技术，包括收集信息的技术和分析信息的技术，主动地发现社会矛盾中监察对象的违法违纪线索，而不能仅仅坐等检举人向监察机关反映问题。其次，《监察法》第九条规定，地方各级监察委员会对本级人民代表大会及常务委员会和上一级监察委员会负责，并接受其监督。为使监察机关系统掌握的信息尽量全面、准确，笔者认为上一级监察委员会应当在下级监察委员会的监察范围内构建自己的信息搜集和分析的系统，而不是仅依赖下级监察委员会上报的信息。这样做的目的是既能掌握更多的线索。更准确地发现社会矛盾，为化解社会矛盾提供有利的条件，又能防止下级监察委员会搜集的信息不够全面、准确，甚至隐瞒

---

❶ 赵尔巽等.清史稿（卷一四四：刑法志三）[M].上海：上海古籍出版社，1986：553.

或伪造信息蒙蔽上级监察委员会。再次，监察委员会应当构建基于监察权的社会矛盾分析与解决制度。可以说，监察制度是了解、分析、解决社会矛盾的一线阵地，监察制度运行中各种违法违纪行为的纠举最能反映和体现社会矛盾，同时对相关信息的收集、整理、分析、处理，亦能为当前监察体制改革的完善所依托的社会主义建设提供客观、翔实的理论和实践依据。最后，在依法行使监察权的过程中，监察机关应当在法律的框架内充分了解社会矛盾，并以此为监察工作的起点，积极发现社会矛盾，努力探寻解决社会矛盾的途径与方法。换言之，监察机关负有国家治理的权力和责任，如何解决社会矛盾，促进社会协调发展，是监察机关应当始终牢记的使命。

2. 清朝出巡监察制度的启示

为加强中央对地方官员的监察效能，清朝监察制度借鉴前代的经验确立了出巡地方对地方官员予以监察的制度。较有代表性且对当前监察制度借鉴意义较大的是钦差的出巡制度。"清代的钦差可以分为两种：一种是以差为差的临时性钦差；另一种是以官为差的固定性钦差。"❶前者是清朝统治者依照情势临时向地方派出的钦差；后者是清朝统治者任命、派遣的固定性的钦差，如驻藏大臣、西宁办事大臣等。顺治十八年（1661 年）巡按御史制度被废除后，作为中央监察地方官员的一种方式，钦差出巡得到统治者重视。钦差出巡在《大清会典》中的记载较少，清朝整体制度的设计和运行来看，钦差在各项制度（包括监察制度）中发挥了独特的作用。

清朝钦差出巡的制度主要包括六方面内容。第一，钦差的人选。"皇帝可以派遣任何官员为使者（钦差）。"❷纵观整个清朝，两类钦差对政治生活的影响较大：一是大学士和军机大臣；二是部院大臣。两类钦差往往有纠举地方官员不法行为的职责。例如，刑部官员作为钦差审理案件，自应肩负为皇帝监察官员有无徇情枉法的职责。第二，选定钦差的程序。皇帝对派遣何人为钦差有决定权。比如，道光五年（1825 年）二月，钦差左都御史松筠欲携带同内阁中书徐松一同前往，但松筠未经道光皇帝同意而只是将此事上报给了道光皇帝，道光皇帝大怒并降旨申斥松筠。第三，科道官员可以和钦差一同前往地方处理其弹劾的官员，康熙四十一年，刑科给事中陈诜弹劾山东武定府蒲台县知县俞宏声，康熙帝命令刑

---

❶ 杨春君 . 钦差与清代政治变迁（1644—1850）[D]. 天津南开大学，2014.

❷ 廖伯源 . 秦汉史论丛（增订本）[M]. 北京：中华书局，2008:183—184.

部右侍郎吴涵、翰林院检讨阿金和陈诜一同前往审理。第四，要求钦差廉洁自律。钦差因身挟皇命而权威极大，地方官员对其畏惧之深可想而知，钦差若贪赃纳贿不但不能公正地完成皇帝交办的事务，而且对皇帝的权威会产生负面影响。例如，"广兴案"，嘉庆十一年（1806年）、十二年（1807年），钦差大臣广兴在河南、山东审理京控案件期间，大肆贪污受贿，其所得白银达数万两之多。又如，钦差宋大业勒索赵申乔案，赵申乔因廉洁正直而被康熙皇帝赏赐白银，但在宋大业的勒索之下，赵申乔也不得不向宋大业两次行贿达七千九百两白银。对于钦差故意枉法者，清朝统治者会比照一般官员从重处罚。顺治时期，钦差麻勒吉逼直隶总督张玄锡自尽之极端事件，顺治帝认为"麻勒吉系简任近臣，奉命出差，乃敢于逼迫大臣，任意妄行，负朕委任之恩，深为可恨。著九卿科道会审，从重议处具奏"。❶皇帝不但要求钦差本人行为检点，对钦差的随从人员亦做出规定，"其不能检束者，不独沿途需索驿站陋规，竟有收受馈送、屈法徇情之事。即钦差尚知自爱，而跟随人等勒索使费供应，扰累地方。州县办差家人、长随等亦藉端滥行开销"。❷第五，钦差的奖励与惩罚。皇帝对钦差的奖励并不明确、明朗，钦差得到的奖励往往是象征性极强的物质奖励和精神褒扬。对钦差的处罚则是基于其是否完成了皇帝交办的使命，如"凡奉制敕出使，不复命，杖一百"。❸第六，钦差的职责范围。钦差最主要的职责是完成皇帝交办的事务，除此之外，皇帝还要求并鼓励钦差积极了解地方事务，积极探索治国之策。

　　清朝关于钦差的规定比较凌乱，未形成专门的、体系化的制度，而清朝钦差出巡履行监察职责的规定与做法可为当前带来启迪。2017年修改的《中国共产党巡视工作条例》为党的巡视工作提供依据的同时，指出了巡视工作的方向并明确了巡视工作的内容。党的全面巡视是实现全面从严治党的政治要求的重要方式。党的巡视制度对加强党的领导、打击腐败、预防腐败、净化政治生态具有重要意义。首先，党的巡视工作深入一线，能够对被巡视单位的政治工作和生态有客观、准确的了解，进而发现党的建设存在的问题并有针对性地进行改进。其次，党的巡视工作通过有效运用巡视手段履行巡视职责，可以从整体上提升党员的纪律意识，提升党员廉洁自律、为人民服务的政治素质。党的巡视工作可在借鉴清朝出

❶ 清官修.济世祖实录（卷一一八）[M].北京：中华书局影印本，1985.

❷ 清仁宗实录（卷六五）[M].北京：中华书局，1986:877.

❸ 田涛，郑秦点校.大清律例（卷七：出使不复命）[M].北京：法制出版社，1999:162.

巡监察的基础上考虑四方面内容。第一，加强巡视组工作人员的遴选工作。鉴于巡视工作的重要性，巡视组工作人员具备要求的政治素质和业务素质是实现巡视工作目的的重要保证。第二，巡视工作可依照监察思维来开展。《中国共产党巡视工作条例》第十五条对违法违纪行为做了精准的概括，巡视工作的开展如果采用监察的思维，有利于巡视组纠举不法行为。第三，细化巡视组收集信息、反馈信息的程序。《中国共产党巡视工作条例》第五章对"工作程序"做了较为详细的规定，在此基础上，可对巡视组收集信息的渠道、信息公开的方式、反馈的途径与处理等进行细致的规定。第四，根据被巡视单位的职能，细化巡视工作的开展方式。被巡视单位的职能大都具有特殊性，被巡视单位履行职能的状况是巡视组考察的主要内容，巡视组可依照被巡视单位在履行职能的过程中出现的问题予以了解、分析，从而明确被巡视单位在党建工作中存在的问题。

3. 清朝监察事项专门化的启示

六科按照六部的职能进行对口的监控与监察，《钦定台规·六科》对六部的监察依照其职能做了具体规定，清朝监察立法对监察事项做专门化的区分并具有针对性地予以专业性的监察，体现了清朝监察立法技术的高超。

现代社会专业化分工下，清朝监察立法中六科的监控模式早已被专业的机关或部门的监控所代替，如审计机关或部门对有关财政事项的计划、收支等情况进行监控，检察系统对法院系统裁判案件的公正性进行监控。另外，《监察法》语境下监察权对"公职人员和有关人员"进行监察而非对机关或机构进行监察。尽管如此，清朝监察立法对监察事项做出专门化的划分而进行专业性的监察模式仍然可以为当前监察制度尤其是监察程序方面的完善提供参考。原因是，当前严峻的反腐形势在一定程度上反映出有监控职能且具有专业知识和技能的专责机关或部门并未充分发挥对相关机关或部门的监控作用，同时当前职业化背景下监察对象往往具备专业的知识和技能，有较强的反侦查能力，为监察人员发现犯罪线索并搜集、分析证据带来巨大困难，因而监察机关及监察人员行使调查权必须借助相应的专业知识和技能才能发现案件的线索，进而对证据进行收集、分析。简言之，监察权的充分行使有赖于与监察对象行使的公权力相关的专业知识和技能的掌握与应用。

当前，监察制度的设计可从外部层面和内部层面加以完善。在监察委员会外部层面，监察制度应构建监察委员会与其他机关（如行政机关、司法机关等）的协调机制，该机制主要有两方面的内容：一是监察机关督促有权监控的机关加大监控的力度；二是就监察案件涉及的专业知识和技能，相关机关有义务为监察机关提供咨询、指导等服务。在监察委员会内部层面可做如下建设。第一，监察委员会要设立监察技术部门。该部门主要负责如下事项：①结合监察对象所涉罪名及其具体行为明确和厘清应具备的专业知识和技能；②掌握办理案件要求的取证等专业技术，对未掌握的专业知识和技术可向机关或社会的专业人士咨询、论证。当然，依照司法分工的原则，在办理案件阶段监察委员会的技术部门不宜与检察机关、司法机关就案件涉及的专业知识和技能进行交流；③对有权监控的机关的工作进行监督，督促其尽职尽责地履行监控职责。第二，监察委员会要如侦查机关一样设立预审部门。在"依法治国"的时代要求下，监察委员会应对监察对象的行为的法律适用做出判断，避免冤假错案的发生。同时，为保障监察对象的程序权利发表意见和提供指导。因此，监察委员会内部应当设立法制部门等机构行使预审职能。第三，完善技术部门、预审部门等内部机构的协调机制。如上所述，在监察权的行使过程中，案件线索的发现、证据的取得与分析、案件事实的法律适用等均要求监察委员会的工作人员具备相应的专业知识和技能，因此应当掌握何种专业知识和技能以及达到何种程度才能满足办案的要求，需要监察委员会内部各机构尤其是技术部门和预审部门之间互相沟通和协调。鉴于此监察机关有必要在统一管理的前提下对各部门的协调机制的各个环节做出细致的规定。

4. 清朝对官员行政处分规定的启示

清朝《钦定吏部处分则例》是吏部对官员不法行为进行行政处分的主要立法依据，其依照六部的职权来划分条目：吏部十五类、户部十二类、礼部六类、兵部六类、刑部八类、工部两类。在这一体系构架中，《钦定吏部处分则例》既规定了行政处分的程序，又按照行为的不同情形相应地规定了行政处分的种类。清朝行政处分立法的主要内容有四方面。第一，对官员行政处分的提出。主要有皇帝的特旨、监察官员以题本或奏折对官员参奏、官员陈情自请处分、官员自我检举四种方式。第二，对官员行政处分的议处。议处的机构主要是吏部和都察院，皇帝特旨交议的案件往往由不同级别的会议议定后由皇帝最后裁决。议处环节在适用《钦定吏部处分则例》等立法时主要考量两个因素：一是依照拟行政处分的行为属于公罪还是私罪；二是有无情有可原与罪无可逭的情节。对于前者，《大清律例》规定："凡一应不系私己，而因公事得罪者，曰公罪，凡不因公事，己所自犯，皆为私罪。"❶ "公罪谓得罪由于公错，在事有罪，于己无私，无心过误，失于觉察者皆是。私罪谓得罪出于私意，有心故犯，非因公错事，即因公实有私者，皆是。"❷ 公罪的主观状态为执行公务中的"过失"，私罪的主观状态为执行公务过程中谋取私利，即"故意"。按照官员笞杖刑罚以行政处分折赎来看，"笞五十"可以公罪的"罚俸九个月"折赎，以私罪的"罚俸一年"折赎。一般而言，对官员行政处分的议处应当明确区分，且对公罪从轻从宽处理。"各将处分则例悉心确核，于各条下皆注明公罪私罪字样。其公罪有至降调革职，非事关重大者，酌改从宽。"❸ 对于后者，议处时，对行为人行为时的情势及主观状态进行综合考量后归入"情有可原"还是"咎无可逭"？清朝立法并未如公罪与私罪的区分那样对"情有可原"和"咎无可逭"进行明确规定，因而在适用时主要依自由裁量而确定。第三，依照立法的规定拟定行政处分。《钦定吏部处分则例》规定行政处分的种类主要有三种：罚俸、降级、革职。每种又细分为若干等级。罚俸分为八等，即一月、二月、三月、六月、九月、一年、二年、三年；降级分调用、留任，其中降级调用划分为从降一级到降五级五等，降级留任从降一级到降三级三等；革职细分为革职留任、革职、革职发军台效力、革职永不叙用、革职交刑部审拟。第四，对官员的奖励可以抵销处分。《钦定吏部处分则例》规定"若纪录浮于降罚之数者，除抵销外，所余仍留注册。如应罚俸一年，止有纪录一次者，准其抵销罚俸半年，仍罚俸半年"。❹ 其他以官员得到的奖励抵销行政处分的规定还有很多。

清朝以《钦定吏部处分则例》为主的关于官员行政处分的立法的弊端之一是条文过多，光绪《清会典事例·吏部处分例》涉及罚俸的有 2 754 条，降级留任 1 108 条，降级调用 1 974 条，革职留任 68 条，革职 1 161 条，革职永不叙用 9 条"❺，以致官员整日惴惴于违反立法规定承担行政处分之忧而不能全身心投入政务工作，"外官参罚处分日密一日，降级革职动出意外，是以各官救过不暇，徒务虚文以为弥封旦夕之计，不能为地方尽心爱民"。❻ 当前，监察立法制度的完善

---

❶ 田涛，郑秦点校.大清律例（卷 4）[M].北京：法律出版社,1998:90.

❷ ［日］织田万著.清国行政法[M].李秀清，王沛,点校.北京：中国政法大学出版社,2003:425.

❸ 清官修.清宣宗实录[M].北京：中华书局，1986—1987.

❹ 清官修.清会典事例（卷 86）:吏部·处分例·官员降罚抵销康熙元年例:111.

❺ 许颖.清代文官行政处分程序研究[D]天津：南开大学，2010.

❻（清）贺长龄.皇朝经世文编（卷 15）吏政—吏论上[M].清光绪十二年思补楼重校本.

可以在避免清朝弊端的基础上，汲取其可取的指导思想和立法技术，从而逐步改进当前监察立法。《监察法》颁布后，2018 年 4 月 16 日中纪委、国家监委颁布《公职人员政务处分暂行规定》。另外，2018 年修改的《中华人民共和国公务员法》的第 61 条和第 108 条的规定明确了政务处分的惩戒权集中于监察机关，有利于克服政出多头的问题。为进一步健全政务处分制度，笔者认为，在明晰清朝官员行政处分立法制度对监察效能的利弊的基础上，清朝监察立法中对官员予以行政处分的指导思想和立法技术可以为当前的立法提供借鉴。第一，在立法的法理概括性与法条的详细列举之间进行平衡。清朝关于行政立法的法条极多，缺乏必要的法理概括，导致被监察的官员深受其苦。当前，政务处分的规范的突出问题是法条内容过于笼统，在以后的增补与完善的过程中，立法机关宜把握可操作性强与法条简当之间的平衡。第二，规定人民监督政务处分的条款。清朝封建专制制度是清朝监察立法无法真正发挥作用的根本原因。当前，政务处分接受人民的监督，符合我国人民当家做主的根本政治制度，同时人民的监督能够促进政务处分依法、高效地实施，有利于提升我国廉政建设的整体水平。第三，对政务处分的种类做出细化的规定。《监察法》和《公职人员政务处分暂行规定》规定政务处分有六种：警告、记过、记大过、降级、撤职、开除。参考清朝的立法，当前立法可将上述六种政务处分予以细化，比如，对于降级立法可做出给予监察对象降几级的规定。第四，明确政务处分的种类对应的情形。《公职人员政务处分暂行规定》并未规定政务处分的种类依据的情形，尽管第 3 条规定了监察机关实施政务处分的依据，但是由于政务处分的权力由监察机关集中行使，政务处分所依据的法律法规无权就政务处分的具体内容做出规定，况且这些法律法规就监察对象法律责任的规定亦相当笼统，很难为政务处分的实施提供可操作性的立法依据。因此，缺乏政务处分的种类对应的情形，有可能导致监察机关对监察对象做出政务处分时缺乏必要的立法依据，从而对监察对象做出畸轻或畸重的政务处分。立法规定政务处分依据的情形可参考清朝立法，首先，依照监察对象的主观状态做出政务处分。清朝行政处分依照当事人是基于"公罪"还是"私罪"予以拟定，当前依照监察对象的主观状态是故意还是过失决定政务处分，符合当代法治语境下立法的法理。其次，考虑监察对象的特殊情形。清朝行政处分的实施考虑"情有可原"这一因素，当前公权力的行使过程中，不排除某些监察对象基于一定的情境下在不得已的情况下实施违法行为，因此政务处分应当结合监察对象的动机、监察对象造成的后果及社会影响、受到的胁迫或压制的程度等因素，考量监察对象有无"情有可原"的可能，如果符合"情有可原"，则从轻做出政务处分。

第三节　清朝监察立法的实施对当前的启示

清朝在继承和发扬前代尤其是明代监察制度的基础上构建的监察制度在纠举百官不法行为，缓解社会矛盾，从而维持清王朝政权的正常运转起到了一定的作用。清朝监察立法较前代更加发达，为监察官员行使监察权提供了全面且可操作性强的依据。然而，同其他制度一样，清朝监察制度因受到历史局限性的限制始终体现出专制与集权的特点，因而无法克服由封建专制的基本属性而衍生出的一系列问题。清朝监察立法的实施亦体现出这一规律，享有最高特权的统治者对享有一定特权的官员实施监察，因而监察立法的实施无法从根本上消除被监察官员基于特权的利益而织造的社会关系。在吏治相对清明的康熙时期，康熙皇帝尚叹曰："所谓廉吏者，亦非一文不取之谓。若纤毫无所资给，则居官日用及家人胥役何以为生？"❶即使是作为"治官之官"的监察官员，其整体上亦无法做到廉洁自律、独善其身。另外，清朝监察立法在实施过程中暴露出很多问题，如监察立法条文过多导致胥吏擅权、官员无所适从，对地方官员的监察乏力。可见，监察立法的完善只是监察制度完善的必要条件，而非充分条件，监察制度运行的状况最终还是要以监察立法的实施状况来衡量。当前监察立法的实施可以从清朝监察立法的实施的经验、教训中汲取营养。

一、充分发挥民众在监察制度运行中的参与、监督作用

清朝监察立法基本上排除了民众乃至一般官员在监察制度运行中的参与和监督，《钦定六部处分则例》明确规定："无言责官员将公事妄行具奏者降二级调用（公罪），系私事均革职治罪（私罪）。"虽然雍正时期建立密折制，但拥有密折奏事权力的官员范围极小，而且以皇帝个人之精力、能力很难对全国做一般性的监察。另外，清朝的"京控"与"叩阍"制度实质上具有监察地方官员的作用，但是社会下层人士启动京控与叩阍的代价高昂，在地方保护主义、相互庇护的官僚集团等因素的压制下，社会下层人士在监察制度中发挥的作用比较微弱。

---

❶ 蒋良骐.东华录[M].北京：中华书局,1980:167.

鉴于此，当前监察制度运行中，我国应当完善民众参与监察的制度，使广大民众与党领导下的监察机关形成合力，应对严峻、复杂的反腐形势。为此，我国监察制度可做出如下探索。第一，逐步构建并完善有利于民众监督公权力运行的政务信息公开制度。我国已经建立了比较完备的信息公开规范体系，如《中国共产党党务公开条例（试行）》《中华人民共和国政府信息公开条例》和《人民检察院案件信息公开工作规定（试行）》等规范性文件就公权力行使过程中信息的公开做出了较明确、细致的规定。但是我国信息公开制度在实施层面不尽如人意。"阳光是最好的防腐剂"，关于公权力的信息公开既有利于监察机关惩治腐败，又能减少和预防监察人员隐瞒、包庇贪腐行为，因此公权力的行使向社会公开对遏制贪腐行为具有重要意义。而相关规范性文件中"监督和保障"条款的实施对信息公开的范围和程度具有决定意义，因此为促进信息公开制度在实施层面取得长足进展，我国可加大信息公开规范性文件的执行力度。第二，重视社会舆论信息的收集与分析。民众通过网络等渠道传播的信息所形成的观点、看法已经成为当今发现案件线索从而惩治腐败的重要方式，可以说，网络技术的日新月异及民众对相对公平、公正的政治法律诉求结合在一起，为监察制度的运行提供了历史性的机遇。监察机关运用社会舆论的信息行使监察权已经成为惩治腐败的重要方式，当前监察机关宜对网络等渠道的社会舆论中的违规违纪信息建立制度，如关于社会舆论信息的收集机制、分析机制，从而根据得出的结论依法行使监察权。当前社会舆论中的网络环境存在诸多问题，如举报人得不到保护，网民侵犯他人隐私权等权利。监察机关有责任在通过网络渠道等社会舆论行使监察权的情况下保护举报人的人身安全，对捏造事实诬告他人的行为进行辨别并移交相关的机关进行处理。第三，建立健全民众检举的保密制度和人身保护制度。民众在检举监察对象的过程中极有可能遭到报复，而民众个体的力量与行使公权力的人员甚至群体的影响力不可同日而语，因此监察机关应为检举监察对象的民众尽到保密义务，并保护其人身安全不受侵害。《监察法》未就保守检举人的秘密、保护检举人的人身安全做出制度性的安排。因此，在以后的监察立法建设中，立法应当对保守检举人的秘密及保护检举人人身安全做出详细、明确的规定。监察机关在相关立法规范出台以前，应当恪守职业要求的职责，严格为检举人保守秘密并周全地保护检举人的人身安全。

民众参与监察制度的另一内涵为合整个社会之力筑造反贪腐的堤坝。中国共产党始终坚持群众路线，一切为了群众，一切依靠群众，从群众中来，到群众中去。中国共产党领导下的监察体制改革从本质上而言是人民在反贪污、反腐败的制度建设进程中的调整，因而合社会之力反贪腐是监察制度完善过程中的题中之义。换言之，当前监察体制改革是在中国共产党领导下整合社会力量而形成反贪腐合力的过程。因此，监察制度的设计应促进各个社会团体、个人在党的领导下积极贡献自己的力量。比如，科研单位及高等院校应加强反腐倡廉的理论研究，深入监察范围内的人员宣传廉洁奉公的理念与知识，积极为监察人员做好科学技术、人文社会科学等方面的培训工作；广大学校注重对青少年的廉洁教育，培养青少年为人民服务的观念和意识；民营企业的协会等团体与监察委员会加强联系，双方就公权力的行使状况深入沟通、交流。

二、建立科学的监察效能监测体系

监察效能是对监察立法的原则和具体规定加以适用而达到的效率或效果。学术界对当前监察立法实施所实现的效能的研究较少，然而研究监察效能对考察监察立法的实施在多大程度上实现了监察制度设计的目的无疑具有重要意义。学术界对清朝监察立法实施效能的研究大多概括性强，缺乏以当代理论进行体系性分析的成果。笔者认为，清朝立法者（统治者）在监察立法实施过程中，依据当时的经济、政治、文化等环境对不法的官员进行惩处，其惩处官员的范围与力度往往基于在多大程度上与立法者设计的监察目的（立法者设计的经济、政治、文化等方面的愿景）相契合。但是，清朝统治者并未构建监察效能的体系，也不能超越历史的局限性对影响监察效能的因素做出种种分析、规划。当前，我国对监察效能的理论探索仍在摸索阶段，原因在于监察效能涉及的学术领域不仅包括监察法学，还和行政管理学等密切相关，监察法学和行政管理学等学科的交叉研究的发展状况影响和制约了监察效能的理论研究。笔者认为，监察效能体系的构建意义在于其能对监察制度的运行在整个社会中发挥的作用做出比较客观、准确的判断，在此基础上分析监察立法及其实施的不足，并在监察目的的指引下有针对性地加以改进。因此，我国可着手构建监察效能监测体系。笔者认为应从如下几个方面进行探索。第一，建立科学的信息采集平台。当前，可借助大数据等技术，搭建具备全面、准确地收集信息的能力的平台。第二，构建科学的分析模型。依据管理学、数学、经济学、心理学、计算机技术等知识和技术，构建监察效能分析的指标体系，并对各指标的具体数据做出科学的分析。第三，得出监察效能与监察目的的差距。通过监察目的的各项指标和要求与实际监察效能的对比，可以明确实际监察效能与监察目的存在的差距。第四，制定实现监察目的的举措。为了缩小实际监察效能与监察目的的差距，科学地分析差距产生的原因，并有针对性地制定改进的举措。可见，上述以监察效能的考察与改进为核心的分析指标体系的构建是不断改进的动态过程。需要说明的是，尽管上述体系无法精确地得出监察立法实施的所有问题，而且监察制度的运行并不能被精确地量化，但是，上述体系可以为监察制度的完善提供宝贵的参照工具。

三、建立健全监察官制度，打造素质过硬的监察队伍

清朝的监察官员尤其是科道官具有较高的政治素质和文化水平，由于受到统治者的指挥与牵掣、科道官人数少且常年驻京等因素的影响，科道官并未充分行使监察职能，然而清朝监察制度基于监察官员是"治官之官"而对其有高于一般官员的素质要求的做法对当前具有借鉴意义。根据《监察法》第14条，我国将构建监察官制度，在以后的制度建设中打造政治素质与业务素质过硬的监察队伍是我国完善监察制度的重要组成部分。对于监察官队伍的素质乃至监察官职业化在监察制度运行中的作用，有观点认为"如果说二十余年来，我国法官和检察官职业化建设取得了一定的成就，那也并非得益于《法官法》和《检察官法》的出台，而主要是由法院和检察院的经费管理体制、上下级领导体制、内部管理制度及人事制度等方面的改革所推动的，此乃法官和检察官职业化建设的基本经验。对于监察体制改革来说，推进监察官规范化建设，首要的是汲取法官和检察官职业化建设的基本经验，而不是仓促地制定'监察官法'"。❶ 该观点对《法官法》和《检察官法》就素质的提升对法官与检察官职业化所起的作用持否定态度，从而得出监察官制度对监察制度运行的作用亦是如此的结论。笔者对这一观点不敢苟同，《法官法》和《检察官法》的出台和实施使检察官队伍和法官队伍的整体素质得到了很大的提升，这是不争的事实，而检察官队伍和法官队伍整体素质提升对我国司法水平的整体提升无疑极具支持作用。因此，监察官制度宜尽快得以建立健全，以保障监察队伍整体具有较高的政治素质和业务素质，从而适应监察工作的要求。另外，上述观点仍具有参考价值，关于监察官的人事制度、经费管理制度亦应与监察官素质的提升同步完善。

---

❶ 刘练军.监察官立法三问：资格要件、制度设计与实施空间 [J].浙江社会科学，2019（3）：52.

四、把握立法细密与"法贵简当"的关系

清朝监察立法体系庞杂，且各法典相互协调，法条复杂浩繁，构建了全面、严密的监察法网，用"滴水不漏"形容亦不为过。当前，我国监察立法体系已经具备基本构架，但从整体而言，当前监察立法规范数量较少，且现行规范概括性的内容较多，细致性的规定较少，很多条文可操作性较差。因此，我国制定并完善监察立法可参考清朝监察立法的经验与教训，在弃其糟粕的基础上继承其立法技术。

清朝统治者非常重视监察立法的制定，《钦定台规》是我国第一部以皇帝名义命名的监察法典，体现了皇帝对监察立法的重视。另外，清朝历代皇帝不断对之前的监察立法进行增补，使监察立法不断丰富、细化。以统领清朝监察立法的《钦定台规》为例，其自乾隆八年（1743 年）始纂后，历经嘉庆、道光、光绪朝的重大调整，至光绪朝，《钦定台规》增辑为四十二卷之多。除《钦定台规》外，清朝还制定、颁布了《都察院则例》等专门监察法规及《大清律例》《大清会典》《钦定吏部处分则例》等配套法律法规。可见，清朝监察立法可谓纷繁复杂，"到了清末，仅律例类已接近 1 800 条"❶，以至于清末修律时，沈家本奏称《大清律例》"见行律例款目极繁"❷。

清朝监察立法的完整、细密对监察立法的实施起到了积极的作用。清朝立法的适用规定为"凡官交部者，皆按条以定议""例无正条则引律，律无正条则比议，无可比则酌议"❸。同时，清朝立法对违反规定的官员明确了适用法律责任，《大清律例·断罪引律令》中规定"凡断罪，皆须具引律例，违者，笞三十"。因而，全面、细致的清朝监察立法规范为监察立法的适用提供了较充分、准确的依据，比较有效地限制了适用者的自由裁量权，对适用者利用立法漏洞徇私舞弊起到了一定的预防作用。但是，清朝监察立法的浩繁也带来巨大的负面作用。首先，浩繁的法条为胥吏擅权提供了土壤。清朝官员在就任前一般不具有法律知识和政务能力，而在就任后，各种政务均须依法处理，纷繁复杂的立法规定令官员茫然失措，在此背景下，胥吏发挥出了极大的作用，胥吏大都常年从事政务工作，熟悉立法

---

❶ 白钢.中国政治制度通史（第十卷／清代）[M].北京：人民出版社，1996：609.

❷ 赵尔巽.清史稿·刑法志[M].北京：中华书局,1977.

❸ 清官修.清会典（卷 11）[M].北京：中华书局,1991:254.据光绪二十五年原刻:128.

的规定，胥吏在政务中发挥作用的同时往往"于字眼内出入"而营私舞弊、破坏法纪。另外，胥吏的总体规模非常庞大，"全国总计胥吏约有一百四五十万人之多"❶。因此，清朝为数不多的监察官员要应对数量如此庞大且狡黠圆滑的胥吏，其难度可想而知。其次，法条浩繁对官民造成滋扰。

鉴于此，为保障当前监察立法实施的效能，我国在完善监察立法时，需要在法条繁多的特点与法条过于简单导致自由裁量权过大两者之间进行权衡。2018 年，我国出台《监察法》，以此为核心的配套法律法规正在逐步酝酿或已经出台。总体而言，当前监察立法的条文较少，指导性规范较多，而具体性规范较少，笼统性规范较多而可操作性强的条款较少。未来我国监察立法的主要任务之一是丰富立法的具体规范，为监察制度的运行提供依据。

---

❶ 郭建 . 师爷当家 [M] 北京：中国言实出版社，2005：91.

参考文献

[1] 蒋良骐.东华录[M].北京：中华书局，1980.

[2] 清代督察院编.钦定台规[M].香港：香港蝠池书院出版有限公司，2004.

[3] 沈之奇.大清律辑注[M].怀效锋，李俊，点校，北京：法律出版社，1988.

[4] 怀效锋点校.大明律[M].北京：法律出版社，1998.

[5] 鄂海.六部则例全书（清）[M].清康熙刻本（国家图书馆藏）.

[6] 张廷玉，等.钦定吏部处分则例[M].清乾隆七年刻木（中国社科院法学所图书馆藏）.

[7] 张友渔，高潮.中华律令集成（清卷）[M].长春：吉林人民出版社，1991.

[8] 苏树蕃.清朝御史题名录（近代中国史料丛刊第十四辑）[M].台北：台北文海出版社，1967.

[9] 李国祥，杨昶.明实录类纂：司法监察卷[M].武汉：武汉出版社，1994.

[10] （唐）吴兢.贞观政要[M].北京：团结出版社，1996.

[11] 台湾"中央研究院历史语言研究所"编.明清史料[M].北京：中华书局，1987.

[12] 王钟翰点校.清史列传[M].北京：中华书局，1987.

[13] 徐珂.清稗类钞[M].北京：中华书局，1986.

[14] 张晋藩.中国法制通史：第八卷[M].北京：法律出版社，1998.

[15] 张晋藩.清朝法制史[M].北京：中华书局，1998.

[16] 白钢.中国政治制度通史：第十卷[M].北京：人民出版社，1996.

[17] 王钟翰点校.清史列传[M].北京：中华书局，1987.

[18] 怀效锋点校.大明律[M].北京：法律出版社，1999.

[19] 艾永明.清朝文官制度[M].北京：商务印书馆，2003.

[20] 曾小萍.州县官的银两[M].董建中，译.北京：中国人民大学出版社，2005.

[21] 李乔.清代官场图记[M].北京：中华书局，2005.

[22] [俄]叶·科瓦列夫斯基.窥视紫禁城[M].阎国栋，译.北京：北京图书馆出版社，2004.

[23] 郭建.师爷当家[M].北京：中国言实出版社，2005.

[24] 瞿同祖.清代地方政府[M].北京：法律出版社，2003.

[25] 张德泽.清代国家机关考略[M].北京：学苑出版社，2001.

[26] 许大龄.清代捐纳制度[M].北京：燕京大学，哈佛燕京学社，1950.

[27] 钱穆.国史大纲[M].北京：商务印书馆，1994.

[28] 钱穆.中国历代政治得失[M].北京：生活·读书·新知三联书店，2003.

[29] 陶百川，陈少廷.中外监察制度之比较[M].台北：中央文物供应社，1982.

[30] [日]织田万.清国行政法[M].李秀清，王沛，点校.北京：中国政法大学出版社，2003.

[31] 瞿同祖.清代地方政府[M].北京：法律出版社，2003.

[32] 陶希圣，沈任远.明清政治制度[M].台北：台湾商务印书馆股份有限公司，1967.

[33] 张晋藩，李铁.中国行政法史[M].北京：中国政法大学出版社，1991.

[34] 张晋藩.中国法律的传统与近代转型[M].北京：法律出版社，1996.

[35] 张晋藩.中国近代社会与法制文明[M].北京：中国政法大学出版社，2003.

[36] 艾永明.清朝文官制度[M].北京：商务印书馆，2003.

[37] 郭松义，李新达，李尚英.清朝典制[M].长春：吉林文史出版社，1993.

[38] 李乔.清代官场图记[M].北京：中华书局，2005.

[39] 牛创平，牛冀青.清代一二品官员经济犯罪实录[M].北京：中国法制出版社，2000.

[40] 任恒俊.晚清官场规则研究[M].海口：海南出版社，2003.

[41] 王春瑜.中国反贪史[M].成都：四川人民出版社，2000.

[42] 李治安，杜家骥.中国古代官僚政治[M].北京：书目文献出版社，1993.

[43] 黄惠贤，陈锋.中国俸禄制度史[M].武汉：武汉大学出版社，2005.

[44] 陈茂同.中国历代职官沿革史[M].天津：百花文艺出版社，2005.

[45] 王天有.中国古代官制[M].北京：商务印书馆，2004.

[46] 刘永信.中国官文化批判[M].北京：中国经济出版社，2000.

[47] 吴宗国.中国古代官僚政治制度研究[M].北京：北京大学出版社，2004.

[48] 邱永明.中国封建监察制度运作研究[M].上海：上海社会科学院出版社，1998.

[49] 刘社建.清代监察官员是这样选拔的 [N].社会科学报，2019-07-04（08）.

[50] 赵利栋.1905 年前后的科举废止.学堂与士绅阶层 [J].商丘师范学院学报，2005（1）：8-14.

[51] 吴漫.清代吏治的历史透视及启示 [J].沧桑，2008（4）：23-24，39.

[52] 陈光中，杨芹.中国古代监察法律的历史演变——以清代"台规"为重点的考察 [J].甘肃社会科学，2018（5）：97-104.

[53] 明晨.反思与借鉴：清代地方监察制度探析 [J].法律史评论，2017，10（00）：154-162.

[54] 章燕.清代监察制度的主要特征与法理分析 [J].北方工业大学学报，2018，30（1）：36-41.

[55] 赵子方.中国清代监察制度的现代启示 [J].法制与社会，2017（22）：277-278.

[56] 高进，华君夫.清代陈廷敬的监察思想 [J].廉政文化研究，2017，8（1）：86-90.

[57] 邢早忠.清代监察制度的特点 [J].贵州社会科学，1985（3）：61-64.

[58] 金玲玲.清代监察制度之原籍地回避研究 [D].呼和浩特：内蒙古大学，2016.

[59] 林乾.巡按制度罢废与清代地方监察的缺失 [J].国家行政学院学报，2015（4）：88-92.

[60] 梁海峡.清代回疆司法监察制度述略 [J].青海民族大学学报（社会科学版），2011，37（4）：104-108.

[61] 魏光奇.清代督抚监司监察制度的弊端与异化 [J].河北学刊，2010，30（2）：55-59.

[62] 邹毓瀚.浅论清代的监察、司法审判制度 [J].法制与社会，2009（29）：57.

[63] 徐明一.清代监察官员管理制度探析 [J].西南大学学报（社会科学版），2009，35（3）：58-63.

[64] 焦利.清代监察之法镜鉴 [J].国家行政学院学报，2006（4）：35-38.

[65] 杨军，周湘荣.论清代监察体制的三重性 [J].湖南工程学院学报（社会科学版），2005（4）：90-92，96.

[66] 刘战，谢茉莉.试论清代的监察制度 [J].辽宁大学学报（哲学社会科学版），2001（3）：62-66.

[67] 刘凤云.清代督抚及其对地方官的监察 [J].明清论丛，1999（00）：280-297.

[68] 丁华东.清代会典和则例的编纂及其制度 [J].档案学通讯，1994（4）：50-52.

[69] 倪军民.试论清代监察制度机能萎缩及其原因 [J].上海社会科学院学术季刊，1994（2）：88-95.

[70] 倪军民. 试论清代监察官的权威及其保障机制 [J]. 东岳论丛, 1993（2）：64–69.

[71] 倪军民. 试论清代廉政与监察制度的局限性 [J]. 民主与科学, 1990（3）：14–15, 10.

[72] 武晓华. 略论清代监察制度 [J]. 山西大学学报（哲学社会科学版）, 1989（3）：10–13.

[73] 韩嫣. 清代监察官员管理制度研究 [D]. 郑州：郑州大学, 2019.

[74] 杨立. 清代文官升转制度研究 [D]. 上海：上海师范大学, 2018.

[75] 王国朋. 清代钦差大臣的监察权研究 [D]. 兰州：甘肃政法学院, 2018.

[76] 赵春萍. 清代地方监察制度初探 [D]. 福州：福建师范大学, 2015.

[77] 刘鹏超. 奕劻贪污与晚清政局 [D]. 天津：南开大学, 2014.

[78] 王新龙. 清代财政监察制度研究 [D]. 湘潭：湘潭大学, 2013.

[79] 华晓皓. 清代监察效能初探 [D]. 苏州：苏州大学, 2009.

[80] 孔艳晓. 清代监察机制运行特点研究 [D]. 南昌：南昌大学, 2007.

[81] 李巧. 试论清代监察制度的建置及其监察机能萎缩的原因 [D]. 郑州：郑州大学, 2004.

▌后记

本书为作者 2019 年承担的河北省社会科学基金项目，项目编号：HB19FX010。

清朝监察立法是我国历史发展的产物，亦是我国封建监察立法制度发展的巅峰。在漫长的历史演变过程中，封建统治者不断在总结前人的经验教训的基础上对监察立法制度进行调整，至清朝，监察立法制度无论是在实体层面还是程序层面都已经相当完善。

当今，在中国共产党的领导下，我国已经深入探索并构建更加符合社会发展规律的监察制度。作为具有中国特色的监察制度，其逐步完善离不开对本国历史的思考与借鉴，本课题基于上述认识，展开了对完善我国当前监察立法制度的思考。当然，鉴于作者水平有限，作者研究本课题的主要目的是抛砖引玉，意在引起相关人士的注意和重视，因此，文中内容如有不当之处敬请批评指正。

在本书的写作过程中，作者借鉴了众多学者们的研究成果，正是他们勤勉钻研的研究成果，为本课题的完成创造了坚实的基础和有利的条件。在此，作者对他们表示最诚挚的谢意。

感谢我的家人，任何时候，他们都是我坚强的后盾。在本书写作过程中，家人帮我承担了大部分家务，在生活中的各个方面给了我无微不至的关怀。因为有了亲人的陪伴和他们的关怀，我才能够心无旁骛地完成本书的写作。

感谢在我写作过程中提供给我帮助的同事、同学以及朋友，他们的建议对作者完成这本书的帮助很大，与他们的交流也能让作者迸发出新的灵感和火花。

最后，感谢本书的编辑同志，感谢他们的细心、耐心和认真，正是他们辛勤的劳动才成就了学者的光荣与梦想。

薛秀娟

2019 年 12 月